古代・中世経済学史

バーリ・ゴードン 著
村井明彦 訳

晃洋書房

First published in English under the title
Economic Analysis before Adam Smith: Hesiod to Lessius by Barry Gordon
by Palgrave Macmillan, division of Macmillan Publishers Ltd.

Japanese translation published by arrangement with
Springer Nature Customer Service Center GmbH
though The English Agency (Japan) Ltd.

刊行によせて

経済学史・経済思想史研究は、これまで近代社会生成史あるいは資本主義発達史の研究とリンクさせて行われる傾向があった。したがって、近代社会の生成とともにその分析理論として経済学という新興科学が出現するが、この近代社会を支える経済システムは資本主義のそれであるから、近代社会の自己認識としての経済学は、なにより資本主義の経済システムの解剖学であると理解されることになる。戦後日本の近代化・民主化・産業化を切実な課題とした戦後啓蒙の文脈を意識するところのあったわが国の研究においては、とくにそうである。こうして、名誉革命体制のもとでいち早く産業革命を成し遂げ、資本主義のシステムを実現させたイギリスにおける経済学・経済思想の展開がもっぱら脚光を浴びることになる。経済学の誕生を告げたのはアダム・スミスの『国富論』であり、経済学の歴史は、スミス以前の約二百年もの時代の経済思想・政策を重商主義として一括りにした上で、重商主義から『国富論』への収束がどのようになされ、さらにそこからどのような展開が生じていくかを軸にして捉えられることになる。

そのような歴史の捉え方には理由があり、いまや無効である、ということにはならないとしても、しかしそれは一つの限定的な視点に立つものであるという自覚は必要であろう。経済学・経済思想の歴史研究を近代社会への理解を深める手段と捉えて、その生成・発展と経済学の歴史をパラレルに論じる場合でも、伝統的な分析視角にとらわれない多様な視点からの研究が必要であろうし、なにより、そのような一つの視点に拘泥するとき、経済学・経済思想の歴史の巨大な全体像を見失うことになる。

経済学が対象とする生産・消費・分配にかかわる経済活動・経済現象は、いうまでもなく近代社会に特有のものではない。本書が明らかにするところでは、古代ギリシャのプラトン以前に、デモクリトスが効用主義的で主観主義的な価格の決定を論じているように、欲求を媒介にした人間と財（富）との関係は普遍的であると言ってよい。市場の強制力とそれによる価格の決定や、そこで用いられる貨幣の機能をどのように考えるか、さらには商業活動の活発化とともに問題が顕在化していく利子徴収の根拠をどこに求めるか、などの経済問題が、それぞれの時代の社会制度や人々の想念を支配する価値規範との関係において問われることになる。こうした市場、価格、貨幣、利子は経済学の重要な構成要素をなすが、それらは古代から中世へと時代が移るとともに、どのように認識されていくのか。この知見はそれぞれの要素の本質の理解に資するとともに、従来の経済学・経済思想の歴史の理解に修正を迫ることにもなろう。

近代以前の経済学・経済思想にまで分け入った研究は、わが国では、高橋誠一郎や上田辰之助などによって戦前期には活発に行われていたものの、全体としてみれば、十分な蓄積を見なかったと言わざるを得ない。一方、本書で参照されている数多くの文献が示しているように、欧米ではこの分野の研究は、シュンペーターの代表的な研究（『経済分析の歴史』一九五四年）以降も、営々と積み重ねられてきた。著者ゴードンは、この豊かな蓄積の上に古代・中世の経済学・経済思想の歴史を概観する。これにより、この学問分野のパースペクティブは一挙に拡大し、個々の論点についても、その理解がいっそう深められることになる。

例えば、本書により、十九世紀後半のオーストリア学派の主観価値説の淵源ははるか古代・中世にまで遡ることになる。プラトン以前にすでに見られた効用価値への着目はアリストテレスからスコラへと至り、後期スコラ学において大きく前進するが、著者があげている十三世紀のピエール・ド・ジャン・オリヴィの効用価値説は、十八世紀フランスのグラスランやコンディヤック――彼らはオーストリア学派の主観価値説の源流と見なしうる――の先駆者と言ってよいほどの高みに達している。人間の欲求の普遍性を映し出したこの系譜は、生産局面を重視する（スミス中心、イギリス中心の）これまでの経済学史研究のアプローチからは見落とされがちであったが、その連綿たる歩みが今後さらに解明されていけば、主観価値説の普遍性が明らかにされるとともに、その対極に位置する、スミス以降のイギリス古典派経済学に特徴的な労働価値説や生産費用説といった客観価値説の歴史的な意義が逆に浮き彫りにされることにもなろう。

さらに、本書が描き出した経済成長をめぐる議論の変遷は、経済学・経済思想の展開の中心軸の一つがどこにあったかを教えてくれる。古代ギリシャの時代に見られたように、政治的不安定などの原因により富の成長を展望しにくくなると、経済学の方向性が変わり、安定が、あるいは成長によらない「幸福」が求められるようになる。プラトンやアリストテレスがそうであり、彼らの分析を導いていたのは、定常的な経済状態を確立することが望ましいとする信念であった。その背景には、人間は社会的存在として社会のあり方に合わせて自己を形成するのであって、欲求充足を含めて主体的に自己実現を目指す存在ではないとする人間観――本書では「可塑的存在理念」と呼ばれている――があったことが指摘されている。このような認識が影響力を持ち続けるかぎり、革新的活動によって成長を目指すといった発想は生まれようがない。本書によれば、数世紀を経て、ルネサンスの時代に人格概念が変化して以降、もっぱら損得計算に基づいて振る舞う経済人が出現し、これとともに成長を求め、そのために革新にコミットする新しい状況が生まれた（あるいは復活した）。近代以降の急激な経済成長を可能にした要因は何であったのか、という問いに本書が応答するとすれば、それは非スコラ的で非アウグスティヌス的な社会観の成立にある、ということになる。近代の成長主義の呪縛もまたそこに由来する。こうして、この重要な論点に関して、新たな視点から理解を深めることができるのである。

ヨーロッパの近代思想はヘレニズムとヘブライズムの二つの潮流の上に形成されていくが、本書をみれば、近代以降の経済思想・経済学もまたこの二つの潮流の延長上にあることがよく分かる。ただし、そこに見られる連続性は一様ではない。著者によれば、ウィリアム・ペティの価値・価格論に、さらに他の論点でも重商主義期の経済学者に後期スコラ学者の影響が強くうかがえる一方、利子概念や貨幣理論の面では、後期スコラ学は重商主義、重農主義、古典派を飛び越えて、ジェヴォンズ、ワルラス、マーシャル、ケインズら、十九世紀後半から二〇世紀前半までの経済学に繋がっていく。効用価値説の系譜はすでに述べた通りである。このような連続と非連続のあり様は、著者が期待するように今後の研究が進めば、変わりうることは言うまでもない。

このように、本書によって、わが国の読者は経済学・経済思想の歴史的展望を一挙に拡大し、新たな知見の数々を手に入れることになる。とくに、レオナルドゥス・レッシウスをはじめとする後期スコラ学者が成し遂げた達成には目をみはることになろう。

大阪産業大学教授　米　田　昇　平

著者序文

近代の経済分析の発端は、いま経済学を学んでいる何人もの人たちが教わっているよりもはるかに遠い昔に遡る。最も広く読まれていて視点が一般的な経済思想史でさえ、意味のある始まりはヨーロッパの重商主義時代か重農派の誕生、またはもっと下って十八世紀に設定できるという印象をかもし出している。本書の目的の一つはこの間違った考えを正すことである。もっと積極的に言うなら、本書は現代において経済学を学ぶ者が私たちの時代にある経済学の範囲と内容について「いかに」と「なぜ」を見定められるように、彼らをもっと優れた場所に連れて行くことである。古代、中世、ルネサンスの観念、人物、出来事が、右の範囲と内容に影響を及ぼし続けており、それを条件づけている。学ぶ途上にある経済学者が自分の同時代人が理解する限りの専門分野が指示するものから卒業し、それが本来求めるものへと進んでゆくための道をくぐり抜けるには、そういう条件づけを受けていると気づくことが重要なきっかけとなる。

ジョーゼフ・シュンペータは「〈経済分析の歴史〉という語を用いるとき意味しているのは、人間が経済現象を理解し、同じことだが経済思想の分析的または科学的な側面の歴史を理解するために行われてきた知的努力の歴史である」と書いた。[1] ここに言う努力には、社会における人間存在の一側面として統合的にとらえられた経済現象の意味に分け入ろうとする試み、その現象群のある特徴を説明しようとする試みが含まれる。したがって本研究は経済生活の本質と意義をめぐる評価の変遷だけでなく、商品の価格決定、貨幣の機能、利子徴収の根拠の検討といった問題にも光を当てている。

人間存在の一側面としての経済活動の地位をめぐる一般的な問いについて考えることは、ここ数十年の多くの経済学研究に近視眼や視野狭窄が見られるいま、とりわけ重要だと思われる。近年の少なからぬ専門家がこの欠点を憂慮しているが、次のように述べるポール・サミュエルソンもその一人である。

……アメリカの経済学者、および西洋の経済学者一般はある統一戦線をなしているが、この戦線が示すのは、競争しあう幾多の学派にあまりに分かたれているどころか基本的な部分であまりに不一致が少ないということである。アメリカを代表する大学院を見渡してみると、いまや同じ人物をめぐって競争し、同じ経済学説と方法を教わっている。これには一つか二つ、または三つの例外はあるが、それですら共通の類型《パタン》をめがけて歩んでいる。ところで、われら偉大な国民にあっては、いかなる単一類型《ワンパタン》にも無数の例外があるべきだと期待してよくはなかろうか。(2)

本書は経済生活に関する対立し合う評価を扱うが、そのために社会の研究の一形態である経済学の適切な方向性と範囲についての多様な考え方を見る。それゆえ本書は、サミュエルソン教授のように一様性に苛立ちを覚える人たちにとっては特段の関心をひくであろう。

以下本書の全体において経済思想史の中の重要人物数人の主だった観念を、早期の思想家たちの思考展開の眺望を得るために引合いに出した。とりわけアダム・スミスを用いた。スミスを特に目立った目印として用いた理由の一端を挙げよう。まず彼が後代に影響を及ぼしたこと、次に彼の思想には読者も通じている可能性が高いこと、さらに現代的な意味での経済学の生誕に彼が決定的な役割を果たしたこと、これらである。サー・アレグザンダー・グレイの「アダム・スミス以前に経済をめぐる議論 economic discussion は多いが、彼をもって私たちは経済学を議論すること discussing economics に到達するのである」(3)という言明には一握りの真実以上のものが含まれる。

本書はアダム・スミス以前の経済学のあらゆる分析的営みを包括的に扱う試みではない。特記すべき省略としては、宗教改革の担い手たち、自然法理論家、各派の重商主義者たち、重農派たちがある。英語で書かれた経済学史書の現状に照らせば、それを学ぼうとする者は本書が取り上げた書き手たちの思考展開を吟味するよりも上の各群に入る人たちの思想を詳述する本に出会う方がはるかに容易である。〔ただ〕現段階では相対的に軽視されてきた領域に焦点を当てることが最も意義深いと思われる。

本書の少なくないスペースが途中で取り扱った優れた書き手たちの著作から重要なくだりを訳出するのに捧げられている。これらのくだりの特定箇所を探し出して訳す仕事は、とりわけスコラ学者の場合は容易ではないので、多くの学者の既発表の研究に依拠して初めて仕上げることができた。何人かのアメリカ人の観念史家による仕事が特に有用であった。ジョン・W・ボルドウィン、バーナード・W・デムシー、ジョン・T・ヌーナン、レイモンド・ド・ルーヴァーらの原典からの研究は明記すべきであろう。ミドルセクス州エンフィールドの聖イグナティウス大学のマイケル・ベイリ・S・J〔イエズス会士〕には大変快く翻訳を引き受けていただき、この訳業も利用させていただいた。

出版元および筆者は著作権のある文献の採録をお許しいただいた。クラレンドン社にはハーバート・ダンビー『ミシュナ』（一九七三）とF・デ・ズルエタ『ローマ法売買契約論』（一九四五）、ペンシルヴァニア大学出版局にはロバート・バークによるガブリエル・ビール『貨幣の力能と効能』の訳（一九三〇）からの抜粋の許可に感謝する。

ロンドン大学ヒースロップ・カレッジ図書館准局員J・S・ポール氏には、スコラ学者の書き手による著作を利用するための作業で大変お世話になった。ニューカッスル大学大学院助手エレイン・シーハン夫人にはいつもの手際と効率によって大量の手稿をタイプしていただいた。作業の全体にわたって妻は細心の注意を払う刺激的な批評家として活動し、自分の研究時間の多くを犠牲にしてくれた。

バーリ・ゴードン

オーストラリア、ニューサウスウェールズ州、ニューカッスル大学熟達した経済学者は才能の稀有な組合せをもたねばならない。彼はいくつかの異なる方向で高い基準に達していなければならず、共存していることがあまりない才能を併せもたなければならない。彼は数学者、歴史家、政治家、哲学者でなければならない——ある程度までは。彼は記号を解するものの言葉で語らねばならない。彼は一般論を念頭に置いて各論に集中しなければならない。同じ思考の飛翔一回の中で抽象と具体に接さねばならない。彼は将来の目的のために昔のことを手がかりにいまを研究しなければならない。人間の本性や制度のどの一部も視野に収めねばならない。彼は目的をもたねばならず、しかも同時に囚われなき人でなければならない。芸術家同然に超然として腐敗を免れ、しかも時には政治家同然に地を這う位置にいなければならない。

J・M・ケインズ[1]

原注

（1） Joseph A. Schumpeter, *History of Economic Analysis*, New York: Oxford University Press, 1959, p. 3

（2） P. A. Samuelson, *Collected Scientific Papers*, ed. by Joseph E. Stiglitz, Vol. 2. Cambridge, MA: M. I. T. Press, 1965, p. 1652.

（3） Alexander Gray, *The Development of Economic Doctrine*, 1931, London: Longmans, 1959, p. 123.

訳注

［1］ ケインズ「アルフレッド・マーシャル」『人物評伝』熊谷尚夫・大野忠夫訳、岩波書店、一九五九年、一三六頁。

目　次

刊行によせて　　米田昇平
著者序文
凡　例

第1章　プラトン以前……1
1　ヘシオドスと自己充足の経済学　(2)
2　ソロンと紀元前六世紀のアテナイ　(5)
3　ペリクレス期アテナイの劇作家とソピスト　(7)

第2章　ソクラテス派経済学の考え方……15
1　都市国家の衰退　(15)
2　プラトンとアリストテレス　(16)
3　ソクラテス派経済学の基盤　(17)
4　特化と反成長論　(19)
5　目的の科学としての経済学　(23)
6　手段の獲得　(25)
7　クセノポンほかのソクラテス派の寄与　(26)

第3章　ソクラテス派経済分析の四論点……30

1　貨幣の本質と機能　(30)
2　利　子　(34)
3　共同所有と私的所有　(36)
4　価　値　論　(37)
(1)　公正の類型
(2)　効用価値説の一面
(3)　労働‐コスト価値説の一面
(4)　比例的応分論の定式
(5)　世帯対市場

第4章　経済活動に関する聖書や教父の見解……49
1　旧約聖書　(50)
(1)　モーセ五書
(2)　預言者たち
(3)　知恵文学
2　新約聖書　(56)
(1)　共観福音書
(2)　使徒書簡
(3)　ヨハネ文書
3　東方教父　(61)
4　西方教父　(64)
(1)　アウグスティヌス以前
(2)　アウグスティヌス

第5章　三つの法学的伝統　ユダヤ法、ローマ法、教会法……80
1　ミシュナ　(80)
(1)　交換と価格
(2)　後見制、貸付、預託
(3)　所得と仕事
(4)　のちの発展と影響
2　ローマ法の伝統　(87)
(1)　販売と物々交換の違い
(2)　価　格
(3)　価　値
(4)　貨　幣
(5)　利　子
3　教 会 法　(97)
(1)　グラティアヌス以前
(2)　グラティアヌスとその後

第6章　聖トマス・アクィナス……112
1　経済学の位置づけ　(114)
2　貨幣・利子・銀行業　(116)
(1)　交 換 手 段
(2)　共通標準または計算単位
(3)　保有残高としての貨幣
(4)　銀行業の地位
3　価値と価格　(125)

4 価値、所有、所得、仕事（128）

第7章 スコラ貨幣思想 一三〇〇―一六〇〇年 …… 138

1 貨幣悪鋳が投げかけた問題（139）
2 停止利益の容認（142）
3 商品としての貨幣――為替と年金（148）

第8章 スコラ思想における価格と価値 一三〇〇―一六〇〇年 …… 160

1 十三世紀後半と十四世紀――オリヴィ、スコトゥス、ビュリダン、ランゲンシュタイン（162）
2 十五世紀――ジェルソン、ニーダー、サンベルナルディーノ、コンソブリヌス（167）
3 十六世紀――カエタヌス、ソト、アスピルクエタ、モリナ、ほか（170）

第9章 偉大なるレッシウス …… 179

1 停止利益（181）
2 貨幣喪失（182）
3 貸付と為替（185）
4 価格と市場（187）
5 賃金の決定（189）
6 独　占（192）
7 後代との対比（194）

訳者あとがき …… 201

索　引

凡　例

一、原書頁を【　】で示す。区切りはおおよその目安である。
二、原書では英語以外の名前の表記言語に一貫性がない。日本では原語発音が原則だが、特定言語への帰属が定めにくい人物では原書のままにした例がある。
三、文献表示でも原書は一貫性を欠くので、表記を一部改めた。
四、邦訳書の頁指示は容易に手に入る刊本に原典の頁が付されている場合は煩雑さを避けるために省いた。本書で英語表記される場合の略記法とともに挙げる。

プラトン

『国家 The Republic』藤沢令夫訳、岩波文庫、一九七九年。

『法律 The Laws』森進一・池田美恵・加来彰俊訳、岩波文庫、一九九三年。

アリストテレス

『政治学 Politics』山本光雄訳、岩波文庫、一九六一年。

『ニコマコス倫理学 Ethics』高田三郎訳、岩波文庫、一九六一年。

『弁論術 Rhetoric』戸塚七郎訳、岩波文庫、一九九二年。

『トピカ Topics』村田能就訳、全集第二巻『トピカ、詭弁論駁論』岩波書店、一九七〇年。

シュンペータ

『経済分析の歴史 History of Economic Analysis』東畑精一・福岡正夫訳、岩波書店、二〇〇五―六年。

五、聖書（およびその外典）についても原則として邦訳頁数は省いた。
六、邦訳がある文献の文面も必ずしも邦訳に従っていない。原語が英語でないものは基本的に英訳を訳した。
七、［　］は著者補足、〔　〕は訳者補足、（　）内の割注は説明を示し、長い場合は訳注を立てた。
八、人物の生没年は原書を一部改めた。これは研究の進展次第で今後も変わりうる。
九、アラビア数字で示された章（第2章、など）は本書の章を指す。

第1章 プラトン以前

【1】西洋で経済分析が生まれたのはギリシア思想の二つの要素が結合したおかげであった。その第一は、一般的または抽象的な形で社会関係について論じる能力である。その第二は、輸出主導での成長が勃興した時代に形づくられた先端的経済環境における生活についての省察である。これらが結合した背景には深く根を張る人間主義が横たわっており、それは外国人と奴隷を排除したので範囲が限定的ではあったが、同胞と認められる者についてはその幸福に純粋な関心をもつことにつながっていた。

経済思想の生誕を描き出そうとするとき参照すべき最も早い対象は紀元前七〇〇年頃にある。当時ギリシア文化においては論説と教育を口頭で行う伝統全体が、文字を介したやり取りにとって変わりつつあった。初めの意義ある一歩は、ホメロスやヘシオドスの詩を手書きで文字化することであった。それらは紀元前九世紀から八世紀にかけて行われ、ギリシア世界の道徳、歴史、社会秩序を教え導くための支柱であった。のちにギリシア人民の教育に資する新たな文学形態ができた。これは紀元前五世紀のアテナイにおいて劇作家アイスキュロス、ソポクレス、エウリピデスらが開拓したものである。彼らの戯曲はそれまでの詩と同じく当時の経済学的探究がどんな状態にあったかに関して知見を与えてくれる。

早くも紀元前六世紀に、社会的な論点を理解する際に科学的接近法を用いる傾向を示す証拠が見つかる。サモスのピュタゴラスの仕事が多大な影響を及ぼした。彼は紀元前五八〇年頃生まれ、同世紀末には永遠の生のための備えとして財産を供託して暮らし、魂の浄化を追究する思想家の同胞団を形成していた。彼らは当時の社会・政治問題にも関心をもち、それらについて数を用いて思考を展開するという新たな技法に力を入れた。純粋数学の可能性がこのように発展させられたことが大きな刺激となった結果、【2】社会思想がこれまでにない程度まで抽象化、概念化されるに至る。同じ方向でのもう一つの寄与がアテナイの東、イオニアの海沿いの町ミレトゥスに始まる。いまに伝わる当時の文献が示すところではタレスがこの分野での開拓者で、そのあとアナクシマンドロスやアナクシメネスが続いた。

叙事詩や戯曲が求める語りの枠組を必要としない新形態の推論法はアブデラのデモクリトゥスの著作断片に跡をとどめてい

ることがわかる。紀元前五世紀後半のアテナイに住んだ彼は経済行動の諸側面を一般化した。同時に同じアテナイにヨーロッパ初の高等教育を組織した人たちが、自ら教える科目の中に経済学を含めたと見られる。こういう初の職業的経済学教師がソピストである。プロタゴラス、ヒッピアス、ゴルギアス、トラシュマコスらが当時教えている。残念ながら彼らの考え方については素描程度の典拠しかなく、かつ多くがもっぱら彼らを批判した哲学者たちによる報告である。

アテナイで経済学が勃興した背景としては、紀元前五世紀の半ばに同市が純粋に現地周辺のみで重要な小さな拠点からヨーロッパで最高の豊かさと国力ゆえに注目される拠点に変化したことがある。紀元前六世紀には経済成長のプロセスへの胎動が生まれて新機軸群をもたらし、ヨーロッパには後期中世までそれに並ぶ例は現れなかった。これらの新機軸群が一つの中心都市に集中したため新たな経済関係の複雑な網の目ができあがり、それが社会的、政治的な変動をそそのかした。自分たちの社会の運命に関心を寄せた人たちは、変転激しい取引や金融のしくみを研究するよう迫られていた。ペリクレス期アテナイの経済構造とその複雑性が生み出した歪みとが、経済思想の道筋を定めるうえで決定的なものとなる。

1　ヘシオドスと自己充足の経済学

経済分析の最も早期の勃興を見るには、アテナイと周辺のアッティカ地方が経済的に支配的になるより前の時代に戻る必要がある。この勃興は【3】紀元前八世紀半ばごろつくられたヘシオドス（Hesiod 8th–7th century BC）の詩に顕著に姿を現す。彼が描く経済像は、のちにアテナイ人の間で常識となるようなそれとは好対照をなす。特筆すべきは、かの詩人は経済成長をかすかに把握していただけだという点である。それでもなお彼の『仕事と日々』には数多い今日の経済学の教科書の書き手たちが理解していると思われる「経済問題」が提出されている。事実、ヘシオドスと、影響力のあったロビンズ卿の『経済科学の本質と意義』（一九三二）とでは、問題の描き方に強い類似性がある。

ヘシオドスはボエオティア生まれで、彼自身の言では「ヘリコンの近くのアスクレーという貧しい地、冬はひどく、夏は厳しく、決して素晴らしくはない」地の住人である。[1] 彼の世界は小規模で生存がやっとの農場で、市場とのやり取りはなく、自給自足の維持を目指している。紀元前一一七五年にミケーネが滅びてドーリア人がペロポンネソス半島に侵入するとギリシアは暗黒時代に入り、生産と消費はその時代を貫いて見られるような自給的世帯が成りたつ程度の水準になった。詩には小作農とボエオティアやその近辺のアッティカで栄えていた地主貴族との間に潜む対立関係が反映されている。ヘシオドスは経済的に裕福な人たちによる恣意的な力の行使に対して弱者を守るために社会的公正の規準を確立するよう求めている。

ホメロスでも言えるが、ヘシオドスは詩の中で芸術家、演出家として語ってはいない。むしろ教育者の役どころをとり、公私とも法を組織するときの伝統的な知恵を伝えている。ホメロスと違うのは、詩句のストーリーの流れを中断して指針となる明示的規則をつくり、手近な材料をもとに一般化しようとしている点である。この抽象化の傾向は文学上の新たな現象で、このあと二百年以上たって哲学者とその直接の後継者たちが到達したものを予見させる。それはまた経済分析の初の試みももたらした。ヘシオドスは個別的問題の解決に余念がない。それはなぜ働く義務があるのかを人はどうすれば説明できるかという問題である。彼は驚くほど短い中座しかとらずに中心問題の分析に移る。

『仕事と日々』は伴奏つきで上演するために書かれた。【4】全八百二十八句の同作は独唱で演ずる必要に合わせた各部分に分けられる。作品の性質上は仕事に関する学問的な論文のように一つながりの論理展開によるのがふさわしいが、同作の中では歌うのに都合がいいようにこの中心テーマが別々の詩句群の中で各側面から取り上げられる。そのうち初めの三百八十三句の部分が最も興味をひく。稀少性、選択、資源配分といったミクロ経済学的水準の問題がそこで熟考されているからである。人間が幸福を成就するためにこれらの問題の解決が決定的に重要だとされている。

ヘシオドスはまず経済問題の輪郭を描くことから入る。彼はそれがどこでも喫緊の課題であることと、何に淵源するかを強調する。彼の信ずるところでは、人間存在は要約すれば「安寧と平穏」の保持という目的を達成したいとの欲求に支配されている。それは黄金時代には見られた。けれどもそうした大望が完全には成就できないのが常である。現在は黄金時代とはほど遠く、「人は昼には労働と哀しみのために、夜は消耗のために休息を得られない[1]」〔第一七七句〕。この矛盾を説明する際にヘシオドスは資源の稀少性の観点に訴える。曰く「神々は人から生活の手段を隠した」〔四二〕。これが説明されるべき中心問題で、手段の制約がいかに生じたかが描かれる。答えは二つに絞られるが、それらはともに現代においてロビンズ卿が論じるとき具体例を示したくだりで用いたエデンの園の物語に似ている[2]。一つはパンドラの匣《はこ》の話である〔四三以下〕。もう一つは神々が五つの死すべき種族によって人を創造したあとの没落の理論である〔一〇六以下（金・銀・銅・鉄等の時代が興亡したとするが第四期のみ金属名なし）〕。

次に詩人は稀少性が続くがゆえに必要となる行動に目を移す。ある選択を行うべきだから労働、時間、物資を効率的に配分する必要が出てくる。まず目的と手段の矛盾の解決に不公正な手法を選ぶことが排される。神の怒りが呼び覚まされ【5】公正な道筋という地上的な知恵も示される。そこで不公正を排すと問題はただ労働と資本を生かして用いることで克服されるのみである。彼は記す。「あなたの内側の心が富を求めるなら、働いて働き、また働け」〔三八二〕。

資源配分の諸問題のうち大きな注意が払われている個別的問題は労働と余暇の選択問題である。ヘシオドスは神の如く余暇を楽しむことに対する内側からの欲求があると信ずるが、分析を進める中で人に労働を選ばせる三つの主要因を取り出す。その第一は基礎物資の必要である。第二は社会が認めないから。第三はこれに関連して出てくるが、直接属する社会集団の中での消費習慣と競合 emulate したいと欲するからである。彼はさらに競合が仕事における競争 competition の精神を発展させると見て、これを「よき争い conflict」と呼ぶ。彼の見解中では「この争いは人にとって有益で、陶工は陶工に怒り、職人は職人に怒り、乞食は乞食を妬み、楽士は楽士を妬む」〔二五〕。だからヘシオドスにとってはアダム・スミスにとってと同じく競争が稀少性問題から救ってくれる根本的な力なのである。

ヘシオドスはこれら一般的な論点を解決すると、小さな農場で生活を営んで効果的な生計単位として組織することに関する特定の問題を取り上げる。それは既存技術のもとで追求される。これは論理上の次の一歩だが、議論はここから一般的な分析的関心の問題を離れて技術をカタログ化することが追求される。しかし手稿のこの一節は一般的考察を冒頭に置き、その一つが稀少性と資源配分をめぐる彼の見解に関わるさらに重要な解明を形づくる。

彼は経済問題の切迫性を強調するが、ここではそれに限界があることも示す。限界の一つは豊穣である。他は極貧である。彼はここで時間が経過する中で入手できる資財ストックの最良の活用法についての一般的な教えを説き、その際合理的な配分活動は過度の貧困か豊富のもとでは重要でないと述べる。助言はこうである。「甕《かめ》を初めに開けたときは存分に取れ。だが中ほどに至れば控えよ。残りわずかでケチると哀れだ」〔三六八―九〕。だから「中ほど」においてこそ割り当て方が重要問題になる。【6】配分活動の意味での経済行動と、そういう活動の研究としての経済科学は、欲求とそれを満たす手段があまりに不つり合いでないときに意味をもつ。

ヘシオドスは経済問題の形をこのように描くが、これは相対的に消費と生産が安定した状態を想定した農本経済を背景にしている。明らかに詩人は蓄積による成長に通じておらず、神々の被造物たる人の退行という神話を援用したことは将来の可能性について彼が悲観していることを示唆するのであろう。しかしこうした推定は正しくない。彼の言う退行は続かないからである。死すべき者のどの種族も別の被造物で、現存する種としての人間は宇宙史の中でそれだけを見ると退行してはいない。現生人類はその祖先よりもいい位置につけている。ヘシオドスによると、神々が初めに人なる種を考えたとき原始的な技術にも依拠できない状態で創られて存在するに至った。英雄プロメテウス〔意味は予思考 forethought〕が火を盗んで人に手渡したことが決定的な分かれ目となった。ここから先は発展が可能になる。

ヘシオドスの成長プログラムは萌芽的だが、アダム・スミスの図式の特徴のうち二つが潜んでいた。第一に、社会における秩序と調和の確立である。これは法の支配に服すること、コミュニティの中で公正が必要だと認め尊ぶことで達成される。第二に、既述のとおり競争という闘いが促す精進である。詩人はここではギリシア人が競技 contest とその勝者に付託する名誉へのよく知られた情熱を想定しているが、それはこれによって人が物的幸福の水準を向上させるからである。

　これ以外の前提は設けられない。当時の参照枠では、成長因として技術的変化、金融の革新、業種の分化を考える可能性はない。さらに彼は、自ら勧める「よき争い」と社会における公正の維持がある意味でぶつかり合うことを見ていない。三百五十年【7】もすると哲学者プラトンやアリストテレスがその間のギリシア史の出来事を見たうえで、活発な競争がある体制のもとで経済成長を追求するコミュニティでは社会的な公正は保てないと見極めるに至る。

2　ソロンと紀元前六世紀のアテナイ

　紀元前六世紀前半、アテナイは詩人・商人のソロンが導入した一連の改革によって商業発展への道を歩み始めた。地主貴族と小農の内部対立に直面するなか、彼は紀元前五九四年にアテナイ市執政長官に就任する。ヘシオドスがすでに描いていたことだが、ソロンは初めコミュニティの諸関係において平和と公正の措置を確立すべく広範な権限を行使した。財産資格と投票権による公職選任制に基づく民主主義が始まった。土地が再分配され、債務不履行者の奴隷化が廃され、それまでの貸付に関して部分的に債務猶予が宣言された。人間を担保にした貸付は禁止された。

　商業的企図を促すことを直接見据えてその他の法的革新も実行された。例えば商業パートナーシップに対する法人格の付与などである。またギリシアのラウレイオン銀山を利用するためにある種の合本会社がつくられた。アテナイは一世紀ほど前に始まるポカエア、ミレトス、エペソスなどイオニア植民市での先例に見習って独自に銀貨を鋳造・発行し始めた。加えて、とりわけオリーブ油生産を重視してそれに特化した農業に移行するよう国が促した。商船が増え始め、最終的にアテナイはエーゲ海域の貿易で支配的役割を担うようになる。こうした個々の措置のほか、政治体制自体が個人の政治的影響力を財産次第で決まるものとしたので、市民は経済的努力の競技に情熱を燃やすようになった。

　現存するソロンの詩の断片からは、拡大の動きの切っ先が外国貿易だったことがわかる。彼は六つの価値ある職業を挙げるが、海を渡る商業が【8】農業、手工業、教師、予言者、医者より優先されて第一とされる。[3] こうして彼は交易や貨幣経済化を重要とみなし、政治的な力と経済的な力をつなげてとらえたが、これは「重商主義者」という語を彼のプログラムに適用するのが適切であることを示唆する。アテナイの未来は十六世紀後半から十七世紀前半にヨーロッパの国民国家がとったのに近い政策に従って定められた。二千年以上あとのヨーロッパの例でもそうだが、こうした政策は植民地形成、政治的同盟の拡張ほか、承知のとおり活発な経済的帝国主義につきまとう試みをただちに招き寄せた。

ソロン自身は次々と定めたプロセスの冷静な審判であった。自分の新しい多面的な経済が応用技術の進歩次第であることを彼は知っていた。ヘシオドスは「実り多き大地を切り開く」伝統的な農夫を重視したが、「アテナイやヘパイストスでの仕事に熟達し、多くの技能を習得し、手に生活の技をもつ」人物もこれを補って重視されるようになる。

ソロンは重視することを反映させて熟練商人のアテナイ移住を勧めたり、各地の職人に組織的な訓練を授ける政策をとった。彼はまたそれが社会の中で生じる一回限りの変化ではなく、むしろ累積的な動きだと見た。曰く「富に対して人は明確な限界を認めない。もう生活の資はほぼそろった私たちも、その先を求める熱意は倍加しているくらいだから」。のちのプラトンやアリストテレスと同じく、ソロンは成長プロセスに抑制が効かなくなって政治的な惨事が起きることを恐れている。「町の重鎮たち自身、富の追求に注意を傾けるあまり、偉大な町を滅ぼす愚を気にかけている。……彼らは貪欲を制止したり、静かに宴を楽しむ程度にまで自らの大いなる繁栄を手なづけるすべを知らぬからである」。

ソロンは正しい。彼の執政長官退任後アテナイは国内党争で分裂する。これらの争いで町の新たな労働者階級は地主ペイシストラトスを指導者に立てた。彼は地元で【9】サラミス島領有をめぐる近隣のメガラとの戦争によって名をはせた。民会の支持を得た彼は紀元前五六〇年に統治の実権を握る。僭主としての彼の支配は当初厳しい試練にあうが、紀元前五四六年には全権を掌握する。五二七年までの期間は彼が権力を有効に行使し、その間アテナイの経済拡大の勢いは重商主義的な方向に強まる。

ペイシストラトスのもとでアテナイはトラキア（いまのイスタンブールの西からマケドニアにかけて）とその北に植民市を建設した。本国では周辺のアッティカ田園地帯の属領地で土地改良の第二幕が始まっている。新たな交易相手も加わった。アテナイ郊外のケラメイコスの名高い窯元はエーゲ海域とさらにその外にも販路があった。どちらかというと実用向けの陶器〔甕〕がオリーブ油やワインをアテナイの船倉の積み荷として運ぶのに使われた。復路についた船に穀物が積まれたのは、アテナイが経済的自給という古い考え方からもはや遠ざかっていたからである。小麦の輸入は都市部の労働力の生存にとって不可欠であった。船舶建造のための木材が輸入を要するもう一つの戦略上の必需品であった。商船、植民市の飛び地的領土、主たる交易地を護るために軍艦がつくられた。市民の享楽を促し宗教・芸術活動に拠出するために公共支出が増やされた。

この結果アテナイとその取引相手たるエーゲ海域の交易都市では生活の様式と質が高度になり、紀元前六世紀後半に書かれた文献に見られる新たな知見が私たちの目をひく。経済学の分野で特に関心をひくのは、人間が左右する技術水準の重要性がますます認識されるようになった痕跡が見られる点である。この認識が、例えば遍歴の学者、芸術家であるイオニアはコロポンのクセノパネス（Xenophanes c. 565-470 BC）の著作に見られる。

彼はオリュンポスの一群の神々が存在するという現地民に広まった神話を難じた。彼の考えでは唯一の真の神がいて、その生活は人間の活動と混同してはならない。例えば技術変化は基本的に行為する人間の問題である。彼の考察によると、「本来人は神々からすべての問題を逐一教わってはいない。時がたつ中での研鑽によってこそ創案はよりよきものとなる」[4]。【10】技術革新が散発的な歴史的出来事だとされているわけである。アナクシマンドロス（Anaximandros c. 610-550 BC）はアルファベットが発明されたものだと論じ、クセノパネスはリュディア人が初めて鋳貨を用いたとした。

紀元前五一〇年代にはペイシストラトスの死でアテナイ市民の間に抗争があった点が注目される。法と秩序は五〇八年にアルコンになるクレイステネスが国制改革を行うまで回復されなかった。新国制は市民権の意味を定義し直した。昔ながらの種族的同胞集団に基づく区分を廃し、代議制による統治を地域別の区に従う方式に基づかせた。これにより確実に権力が移転して代議集会に集約され、この立法部には全市民が参加できた。新鮮な政治的均衡が成ったことで経済成長の基盤が再建され、この世紀の初めに考想されていた方向に向けて成長は続いた。

3　ペリクレス期アテナイの劇作家とソピスト

続く三十年の外的出来事によって経済成長の安定継続はなくなる。しかしこれらの出来事の圧力に対して軍事的に有効な反応をしたおかげでアテナイ国はついに経済的突出の頂点に上り詰める。

紀元前六世紀末と次の世紀の初めの二十年の特徴は、エーゲ海東部でペルシア勢力が勃興した点であった。アテナイおよび他の西方の国々は貿易利害と政治的独立に対する脅威が高まるのを感じていた。アテナイ人はラウレイオン鉱山の銀鉱脈の発見で新たに棚ぼた的利得に与っていたが、陸と海でペルシアと衝突があったあとの紀元前四八四年、それを戦艦建造資金に用いることに決めた。この決定は民主主義の歴史の大きな転換点となる。

紀元前四八〇年のペルシアとの大規模な陸戦により危機が襲う。この侵攻に対してギリシア諸都市の大半は同盟を結んで対抗するが【11】、当初侵攻軍が優勢であった。ギリシア北部を征服したペルシアはアッティカを制し、避難して人のいないアテナイに火を放った。しかしアテナイ海軍がアテナイとサラミス島の間の狭いサラミス海峡で突破口となる勝利を収めると潮流は反転する。これに続いてスパルタ陸軍がプラタエアの戦いで勝利し、ペルシア軍はヨーロッパから駆逐される。アテナイ人は海軍同盟を組織し、イオニアを解放してエーゲ海のペルシア海軍を壊滅させると指導的立場に立った。アテナイが指揮する海軍同盟にはエーゲ海沿いの大半の国が含まれていた。地中海東部の島々、ビザンティウム、小アジアの海辺の町々やトラキアの町々がアテナイの支配に従った。この軍事的成功によってアテナイは多様な側面をもつ交易帝国を手にした。アテナイの国力に拮抗する唯一のギリシア国家スパルタは農業に専念して交易には無関心であった。

続く五十年にアテナイは同盟を差配して同盟諸国から貢納を受け、ソロンの改革やペイシストラトスの政権運営に促されて経済的帝国主義の規模をさらに広げた。当時のアテナイ国政はペリクレスが支配し、それは紀元前四六一年から疫病流行の中で彼が死ぬ四三〇年まで続く。ペリクレス治下のアテナイは経済活動が集中する商業拠点に転換し、ルネサンス後のヨーロッパまでそれを凌駕するものは出なかった。商業的農業、手工業、共同出資企業、独占経営など、現代的な市場経済につきまとうほぼあらゆる現象が見られた。商品投機はアゴラやピレウス港の交易市場の特徴で、これは政府の立法によってもゲームのルールに関する紳士協定によっても妨害されなかった。銀行業を営む会社ができて大きな影響力を揮った。外国貿易で多種類の鋳貨がもちこまれたことを反映して、その主たる業務は貨幣交換であった。ただ預金も受け入れ、顧客の決済代行、債務取立ての引受け、信用状の発行、投資案への融資を行なった。

商業活動の勃興はある程度【12】古きアテナイの地主貴族身分から抵抗を受けた。彼らは伝統的農業形態にこだわり、民主主義的な国制ゆえ従事を求められる市政執行上の務めを何重かに肥大させ、これにエネルギーを費やした。しかしこの保守的な要素は熟練した奴隷を管理職に用いたり、土地所有を認められないが貿易・産業・銀行の仕事を率先する役割を担う非市民が流入したりしたため、解消されてお釣りがきた。ペリクレス自身地主で、商業の論理に従って自分の地所を組織した。例えば彼は自分の土地の産品を売って市場で食品を買うことで保守派を駁した。こうした刷新により、個々の世帯の治産術《エコノミクス》を左右する伝統、反復業務、運からなる体制は制限を受けた。「大規模な世帯」としての都市国家コミュニティの水準において、この体制は市場発展の論理に道を譲った。

当時のギリシアの歴史家でアテナイに移住してきたハリカルナッソスのヘロドトス（Herodotus of Halicarnassus c. 484-425 BC）は、アテナイ人の交易相手であった国々の経済的営為について回顧している。彼が観察で重視したのはアテナイ経済が向かう方向が新しいという点である。例えばアテナイにあるような取引市場の存在自体、ペルシアには何も対応物がないとしている。またギリシア人が商人や職人を評価していることがトラキア人、スキタイ人、ペルシア人、リュディア人の場合と比較される。しかし彼はここを対照的に描くのに、経済成長の潜在力を理論的に分析するという観点からその意味について説明する手間はとらない。(5) 彼よりも当時のアテナイ人の劇作家の方がこの問題を分析的によく解明できていることは驚きに値する。

アテナイ国はその全盛期に千平方マイルの面積を有した。アテナイの人口推計は各種各様だが、少なくとも【13】二万人はいた。アッティカの扶養人口は二五万人の水準に達し、ほかに非市民居住者と奴隷が一〇万人いた。生活水準は単なる生計維持水準を概して優に上回ったが、平均寿命は二九歳を大きく上回れなかった。新たな生活水準を享受したアテナイ人は、手に入れたものを用いてさらに物的所有物を増やすよりは余暇を楽しむ傾向が顕著で、このため交易の首都の世界市民的雰囲気の中で前例がないほど文学や学芸が花開いた。

紀元前五世紀アテナイ文学のうちいまに伝わるものを見ると、多様な技術的・社会的技能に熟達するにつれて、それに基づいた成長の経済学に対する評価が上がっていったことがわかる。こういう経済学は、ヘシオドスにおけるように、単にプロメテウスの火の技術が促した集約労働にまつわる社会的公正の問題にとどまるものではなかった。こうしてアイスキュロス（Aeschylus 525-456 BC）は紀元前四五〇年に書いた『縛られたプロメテウス』で「科学精神」の勝利を謳い上げ、彼の観客が受け継いでいた物的成功の詳細を挙げた。この中には陸海輸送の向上、科学としての医学の発達、識字率の向上、鉱産資源の利用などがある。[6]

ソポクレス（Sophocles 495-405 BC）もやはり『アンティゴネー』で「自ら学んだ手わざ《アート》という統合資源」について書いている。それが「人間の旅を続けてこうした技術的前進を逐条的に挙げ、それが「人間の旅を道先案内する知的なものとしてのわざ《テクニカルな》をもつ手の技術《スキル》」に由来すると述べる。ソポクレスは都市国家の興隆自体をこうした手わざの自在さの向上に関連づけ、法と秩序の受容が広まったことにも関連づけている。経済発展のプログラムが含む属性の一覧としては、のちの劇作家エウリピデス（Euripides d. 406 BC）が、外国貿易で今までにない資源を利用するようになったことを挙げる。『救いを求める女たち』で彼は「大地の欠落を交叉的交換で埋め合う」ことの望ましさを褒めあげる。この書き手は随所でこの原理に基づいて国際分業をあらゆる活動で一般化している。曰く「誰もが自分なりに人より優れた点をもつ。【14】人は人を最良のことができる場所に配さねばならぬ」。[7] 専門分化した努力が組織化されたため、個人の自己充足という理念は追いやられた。

アブデラ出身の学者デモクリトゥス（Democritus c. 460-c. 370 BC）の著作には、努力をどう組織するのが最良かについての関心も見られる。彼の考察の経験的背景は、アテナイ経済で定着した個人主義と、好敵手スパルタでの共同体的 communal な組織法の対比だと見られる。彼の見方では、資源の私的所有で組織される社会は共同体的な所有制が支配的な社会よりも経済的な優位に与る。私的所有制の可能性がある方が生産的活動に強い誘因が働くためであろう。彼は言う。「労苦はその成果を得られるか自分で使えるとわかっていると無為よりも喜ばしい」。私的に所有された資源は公的なものより実直に扱われる可能性が高い。「共同体的に所有された財産の所得の与える快はより小さく、その支出が与える苦痛はより小さい」からである。スパルタの静態的農本主義とアテナイの商業的多忙の対比だけでなく、アテナイにおける私的な慎ましさと公的な豊かさを区分している点でこうした発言は裏づけられると考えられる。長い思想史の中でデモクリトゥスが初めて資源を分割した方が高い効率が生まれると論じた。ややのちにアリストテレスは類似の趣旨を再説し、中世スコラ学者の著作においては最終的に中心問題となる。資源の分割や労働の分業で経済活動を組織する方法は、ギリシア社会思想のメッセージの主たる特徴である。

デモクリトゥスには体系的論考は残っていない。だがこうした彼なりの短い政治的・社会的考察各種は他の書き手たちが伝えてきた。それらは経済分析がこの段階でどの程度花開いていたかを示すから重要である。それらが明かすのは、都市国家全体での事業活動の効率的組織法、当時の経済生活の基本単位である世帯の運営法といった問題を書き手が大いに議論していたということである。経済学者の分析的関心をひく断片としては【15】価値論に関するものがある。デモクリトゥスが手がけた価格決定論は効用重視 utilitarian で主観主義的である。社会的 moral 価値は客観的かもしれないが経済生活の価値は違う。彼は断ずる。「同じことがすべての人について善であり真であるが、快は人によりけりである」。さらに人は同じものについてふつう現在財に将来財よりも高い価値を見出すが、これは「手中の財は未達の財よりも優れる」からである。彼はなお示唆する。彼の見財に帰せられた効用はあまりに消費されれば逓減する。彼の見立てでは「最も快が大きいものも適宜性が確保されていないと最も不快になる」(8)。

アブデラ出身の学者がもう一人いる。ソピストのプロタゴラスである。彼の見解の一部はプラトンの対話篇に彼の名を冠して記録されており、彼もまた経済学的探究に携わっていた。この関与は高等教育機関の教師という彼の生業に由来するようだ。ペリクレス時代のアテナイはヨーロッパ初の大学的な拠点になった。都市の規模、世界市民的住民構成、財よりは余暇の増大に経済成長の果実を使いたがる同市民の気質が、新たに組織的教育が盛り上がるのを可能にした。プロタゴラスのようなソピストの多くはアテナイ生まれではなく、専業的に教育に従事した学問と学識のプロであった。

ソピストの活動はソクラテスやその門下から攻撃されたとはいえ、彼らは紀元前四五〇年から三五〇年頃にかけてのアテナイの知的生活を陰で支えた力であった。彼らの教育法は昔の詩的伝統を超え、芸術家風にではなく分析的・技術的な教え方を重視した。経済学もカリキュラムの一部であった。

プラトンの『プロタゴラス』でソクラテスはソピストにその教育内容の説明を求めた。彼らが答えて言うには、生徒たちが世帯の効率的管理や都市の諸事の行政処理で正しい決断ができることを目的に教えていた。プロタゴラスの【16】答えが明確に示すのは、彼の学生がミクロとマクロ双方の経済学の原理を応用する必要があったという点である。当時のアテナイ経済は複雑化していたとはいえ、世帯が経済活動の主な単位であり続けた。これは農業だけでなく手工業や金融業でもそうであった。世帯は消費者の組織にとどまらず、「経済」の語自体が世帯経営を指していた。こうした経営について考えたとき、ギリシア人はミクロ経済学的な問題を広く念頭においていた。さらに世帯の諸事の統率と都市のそれを直接類比して、世帯経営学はマクロ経済学的な問題の解決にも適用されることがあった。

ソピストによる経済学の教え方は二〇世紀に支配的になる教

え方とたいへん似ている。事実、彼らの教え方はプラトン、アリストテレス、スコラ学者がとったそれよりも現代の職業的経済学者の多数派によるそれにはるかに近い。ソピストにとって経済学とは工学《テクノロジー》であった。その技術は、技術が仕えるべきねらいや目的が望ましいか望ましくないかにふれることなく教えて習得できる。この学科は、例えばある世帯や国を豊かにすることに使える。しかし思い描かれた豊かさが実現するに値するか否かという問題には経済学は関知しない。上述の工学的視点はソピストの修辞学の教え方で歴然としている。学生は修辞学的ツールの箱を渡され、それが公正と信じるかの問題を考えずにあらゆる法的事案でその利点を論ずる。

この最初の「現代的」経済学者の個々の経済学説に関する証拠は素描的でしかない。その分析の一部がプラトンやアリストテレスの著作に体現されている可能性は高いが、哲学者らは自分たちの知的論敵の経済学にどんな借りも認めたがらなかったので、体現度は判断しかねる。哲学者がソピスト学説に批判的でも【17】、それが放つ異彩は大きい。アリストテレスが『政治学』で富形成の学たるクレマティスティケーを難じたため、ソピスト経済学は強く重商主義的な偏向をもつかに見える。実際十七、十八世紀ヨーロッパで貨幣経済の進展や貴金属の蓄蔵がとても重要になり、このプロセスは軍事的征服、植民地獲得、貿易拡大が不可分に結合しあっている経済では中核的な成長経路とみなされていた。ペリクレス時代のアテナイ史について知られていることが全体として指し示すのは、ソピスト経済学には攻勢を示す経済的帝国主義に役立つようにうまく用いることができる工学としての存在理由があったという点である。何世紀もあとにアダム・スミスは当時の重商主義を「商人や手工業者が関心を寄せるソピスト的なもの」として描いたとき、彼が「ソピスト的なもの sophistry」という用語を用いたことには彼自身でさえ気づいていなかったと思われる歴史的真実を帯びていた。「重商主義的体系」に対するスミスの否定的な反応には、ソピストに反対したプラトンやアリストテレスの先例があったが、この反応は経済学をスコットランドの哲学者が探ったのとはむしろ異なる道筋に導いた。

ソピスト経済学が重商主義的視点をもったとすれば、同派の業績の実例として引用しうる現存のギリシア語の論考が一つある。問題の手稿は『アテナイの収入拡大のための方策 Ways and Means to Increase the Revenues of Athens』である。タイトルが示すとおり、これは応用経済学の実践例で、重商主義文献で目立つ中央政府の財政的体力の問題に関心を寄せている。紀元前四世紀半ばごろにプラトンの同時代人が書き、のち優に千五百年間以上にわたってこの特定問題のみに捧げられた唯一の試論であり続けた。

この著作をソピストのそれとして引くことには少なく見ても二つの反論がある。問題の一つは、ふつう紀元前三五五年とされるその執筆時期である。当時はアテナイ思想に対するソピストの影響力は特に強くなかったかもしれない。それから、同論文の著者をソクラテス派に属するクセノポン（Xenophon 430–

354 BC）とする長い伝統がある。これらのいずれの反論にも反して、根深いところで【18】この試論の政策提言がもつ非ソクラテス的性質を対置する必要がある。本作がソクラテス派の遺産の一部だという主張は、プラトンやアリストテレスの経済問題の分析法に引きつけて考えると支持しがたい。

『方策』の著者の中心問題は、アテナイがいかに同盟国から貢納を取り立てずに繁栄できるかであった。同市は何年間も同盟市をアテナイ艦隊で保護する対価として貢納を課すことで貿易赤字を埋め合わせていた。この貢納はアテナイが同盟の主導国である間は公収入の重要な一部をなした。他の収入源としては在アテナイ外国人や輸入財への課税がある。著者は貢納賦課が〔もう〕ないため、何世紀も後のヨーロッパのパンフレット書きや経済学著作刊行者と似た重商主義的な発展方向のプログラムを提案した。

提案された政策には、人頭税を払えそうな非市民とその家族を受け入れて市の人口を増やすことがあった。やはり商人階級が提供する用役に比較的大きな注意を払うべきである。著者曰く、「祭りで商人や船主に特権の印として無料席を贈ることは健全で適正なやり方である」(9)。これが認知されるとアテナイに住む商人が増え、交易量は増し、関税による公収入は増えるだろう。概して法的措置を用いることで商人の利益追求と高い地位が橋渡しされ、政府の利害に奉仕するようになっていた。著者の考察では「こうした増収をもたらすのに事前的出費は不要で、自由精神による立法と監視さえあればよい」。

こうした標準的な重商主義的人口増大案、商人の社会的可動性拡大案、民間利得の追求を促す政府介入案には、商業インフラの改善のための国家的投資案も付随していた。航海士に公的住宅を与え、倉庫や小売施設を建設し、さらには【19】国有の商船を「国が与えた他の契約と同様に安全のために活用する」ことが望ましいと見られていた。中でも同地の銀山の再活用も不可欠であった。いまでは、研究開発向けに必要なリスク資本を欠いた個人が取り仕切っていたために銀山の稼働率が低かったと言われている。新たな鉱石は国家介入によってのみ発見され採掘しえた。この目的のために政府は奴隷一万人を買い入れて国の烙印を押し、採掘のために用いねばならなかった。民間の契約主体が必要な労働力を雇用したがらなかったのだとすれば、アテナイ市民という集団全体においてヤマが当たったり外れたりする中で生じる利得や損失を均《なら》すべく国有の鉱山会社が組織されねばならない。

これは政策文書だが、その各ページにおいて純粋に分析的な関心を示す考察も少し見られる。しかし著者は銀採掘を取り扱った第四章冒頭近くで収穫一定または逓増産業と収穫逓減産業を区別する。農業は後者の、銀採掘業は前者の例である。彼は記す。

実を言うと、採掘・探索の従事者の数が少ないと取り出せる富も小さく、従事者が多いと鉱石は何倍も利益をもたらすと思われるからである。この結果、これは私の知る中では唯

一、新たな開発を試みる者に誰も嫉妬心を抱かない商業上の企てである。また地主なら誰しも自分の土地〔の耕作〕にはどれくらいの数の作業集団と労働者が必要かはわかっている。誰であれ必要以上に人手を雇い入れれば、それは損失とみなされる。だが銀山ではどの雇用者も労働者が足りないと言う。この例は他の産業とは違うからである。〔邦訳、一一五頁〕

ここにおいて銀採掘と農業の差は、農地は供給が固定的だが鉱脈に関してはこうした制限はないという仮定から導かれる。鉱石の埋蔵量が知られている場合は考慮されていない。銀生産に課された唯一の制約はリスク資本の欠如である。官や民による投資は【20】収穫が一定か逓増する場合に最もよい事案となり、探索活動で消費される資本がときに損失を生むとしてもそうなのである。

著者はこのあとすぐ銀採掘の収益が産品の過剰供給で逓減する場合があるとの議論に反論している。彼によると、銀需要に限界はない。銀は他の財のように効用逓減の原理に従わない。曰く、「自分の家に十分家具をそろえたらもうそれ以上買わないのは本当である。だがもうこれ以上要らないというくらい銀を手にした者はいまのところ誰もいない。過剰を抱えた者は銀をもう使ったときと同じくらい快く過剰分を地中に埋めるだろう」。加えて、戦時にも平時にも、豊穣でも飢餓でも、国には銀が要ると述べる。使用目的は変わるだろうが、需要が消失することはない。

銀採掘と他の産業とのこの対比において著者は市場不均衡の現象について少し議論している。均衡成立点についてはふれていないが、労働と資本の可動性を手段として均衡が回復されると特定している。彼によると「銅細工師が多すぎると銅製品が安くなって彼は破産する。鉄鋳造者でも同じである。穀物とワインが多くなって価格が下がると農業は儲からなくなり、土地で働くのをやめて卸売や小売取引業、また貨幣貸付業に転ずる者が増えるだろう」〔邦訳、一一五―六頁〕。

市場に関するこの解明は、生産や投資の意思決定論を伴い、おかげで『アテナイの収入拡大のための方策』の著者はソクラテス派が無視した一群の分析的諸問題に分け入る手がかりを与えた。それは将来の経済理論の発展にとって、プラトンやアリストテレスが示唆したものとはかなり異なる基盤をもたらしたのである。

原注

（1）ここと以下の引用は次の翻訳から。H. G. Evelyn-White, *The Homeric Hymns and the Homerica*, London: Heinemann, 1954. ヘシオドス『仕事と日』松平千秋訳、岩波文庫、一九八六年（詩句番号所載）。

（2）「我々は楽園から追放された。永遠の命も、欲求充足を可能にする無限の手段もない」。Lionel Robbins, *An Essay on the Nature and Significance of Economic Science*, London: Macmillan, 1952, p. 15. ライオネル・ロビンズ『経済学の本質と意義』小峯敦・大槻忠史訳、京都大学学術出版会、二〇一六年、十六頁。

(3) ソロンの重要な詩句その他の断片はおそらく次の文献に見出せる。M. L. W. Laistner, *Greek Economics*, London and Toronto: Dent, 1923, pp. 1-3.

(4) 英訳は次を参照。Eric A. Havelock, *The Liberal Temper in Greek Politics*, London: Cape, 1957, p. 105. クセノパネス「エレゲイアイ」藤沢令夫・内山勝利訳、『ソクラテス以前哲学者断片集』第I分冊、岩波書店、一九九六年、二七五頁。このくだりがクセノパネスによるとしたのはストバエウスである。

(5) ヘロドトスによる経済的慣行に関する観察としては次を見よ。J. J. Spengler, 'Herodotus on the Subject Matter of Economics,' *The Scientific Monthly*, Vol. 81, Dec 1955, pp. 276-85. スペングラー教授の推定では「ヘロドトスには経済システムという観念がない」(p. 284)。

(6) アイスキュロス、ソポクレス、エウリピデスのテクストにおける成長の見方の研究は、E. A. Havelock, op. cit., Ch. 3 に見られる。

(7) *Rhesus*, 107 and 626. エウリピデス「レーソス」片山英男訳、『ギリシア悲劇全集』第九巻、岩波書店、一九九二年、二〇五頁。

(8) デモクリトゥスからの引用は次の書から。Cyril Bailey, *The Greek Atomists and Epicurus*, London: Oxford University Press, Clarendon Press, 1928, pp. 186-212.

(9) ここと以下のくだりの引用は次の翻訳から。*Ways and Means to Increase the Revenue of Athens*, in M. L. W. Laistner, op. cit., pp. 10-2.「政府の財源」、クセノポン『小品集』松本仁助訳、京都大学学術出版会、二〇〇〇年、一一二頁。

訳注

[1] 「ホメロスとヘシオドスの歌競べ」冒頭の詩句。ヘシオドス『仕事と日』松平千秋訳、岩波文庫、一九八六年、一〇九頁。

第2章　ソクラテス派経済学の考え方

【21】ソピストは経済学をある方向に向かわせたが、その方向性を引き継いで探究を活性化させる者は紀元十六世紀後半まで現れなかった。プラトンやアリストテレスは論敵の重商主義的な論調に反対し、この反応がその後の経済学の進路を定める。彼らはまた経済学を工学と見ることを拒んだ。経済行為の代替的関係にある諸目的のどれが相対的に望ましいかを考え抜くということが彼らなりのこの学のとらえ方の中心にある。本章で私たちは国民の富の成長は経済学研究の対象にならないとした哲学者の見方、次に彼らが適切な研究のあり方として推進しようとした諸目的の間での選択の学のあり方を検討する。しかし経済学の進む方向がこのように根本的に変わったのは歴史的出来事と知的な流れが相まった結果なので、まずはそれを検討する必要がある。

1　都市国家の衰退

紀元前五世紀の最後の二十五年に、政治と経済を組織する主たる方式としての都市国家の衰退がアテナイ以外も含めて全般に見られる。紀元前四三一年にギリシア都市国家間の戦争が勃発し、アテナイの支配的地位はスパルタの指導下にできたペロポンネソスとボエオティアの都市国家同盟によって挑戦を受けた。それに続く歳月にアテナイを疫病が襲い、ペリクレスをはじめ多くの人たちが命を落とした。戦争が終わったのは紀元前四〇四年で、この年にスパルタがアテナイを破って「三十人僭主政」と呼ばれる傀儡《かいらい》政権を導入する。その恐怖政治は短命で、紀元前四〇三年には民主政が復活する。

【22】ギリシアの社会的・政治的土台は次の世紀の初めになっても揺らぎ続けた。アテナイ、スパルタほかのギリシア国家の間で紀元前三九五―三八七年に深刻な争いが再発し、ペルシアの介入をまって初めて一定の解決を見た。しかしギリシア世界の枠組に決定的な一撃を加えたのはかつての敵ペルシアではなく北方の王国マケドニアであった。フィリッポス二世は同国で紀元前三六〇年に即位すると膨張政策をとり、エーゲ海沿岸やトラキアの町々を征服し、のちの三三八年にはアテナイを制した。三三六年に王が暗殺されると子のアレクサンドロスが即位し、父を凌ぐ王になる。小アジア、フェニキア、パレスチナ、

エジプト、テュロスを征服してついにインドという遠隔地にまで分け入り、三二三年にバビロニアで亡くなる。こうした躍進の結果、新たな社会秩序が生まれた。ギリシア都市国家の自律性は犠牲になり、経済的に衰退するにつれて政治的独立が失われた。

ソクラテス派の哲学者らはペリクレス期アテナイの政治的、軍事的、経済的な力が解体するのを見届けた。ソクラテス（Socrates 470-399 BC）は石工の子で、アテナイ軍兵士として二度従軍し、スパルタに敗れたあとの三十人僭主政の時代にも生き延びていた。そのあと同朋たる市民から死罪に問われるのである。彼の弟子の貴族プラトン（Plato 427-347 BC）は、かつてのアテナイ帝国より弱まったアテナイ市の再建民主政のもとでスパルタの勝利や師の処刑を、また晩年には北方におけるマケドニアの脅威の拡大を経験している。プラトン門下のアリストテレス（Aristotle 384-322 BC）はまずフィリッポス、次に自ら家庭教師として教えたアレクサンドロスが昔の秩序を壊しきる終幕を見届けた。

このため、ソクラテス派経済学が成長と発展の時代の光に包まれた工学ではないと知っても驚くにはあたらない。それはむしろ不安の時代の所産で、混沌を突きつける政治環境にもかかわらず個人にそれなりの質の生活を約束する社会秩序の構築を目指す試みの一部なのである。【23】アテナイの場合、経済分析が過渡期にある国の力の追求に利用するために発展させるべきツールであることは明らかだが、哲学者の手にかかるとそうではなかった。逆に経済学は公正な社会とは何かを理解し、この理解をそれなりに質の高い生活の維持に応用するのに必要な知的活動であった。

2　プラトンとアリストテレス

プラトンは紀元前四二七年に生まれた。彼の家はアテナイの貴族で、同市の日々の政治生活に密接に関わっていた。同時代の政治的出来事に対する深い関心はプラトンの生涯を通して続くが、探究者肌の知識人ソクラテスとの若いころの出会い以降はもっと広い思弁的探究の世界に入ってゆく。一連の著作は議論または対話の形式で示され、その中で彼は概念的言語の新たな形式を確立した。推論の特徴は、それまでの文献にはなかったある水準での抽象化を保った点にある。彼の思想は政治理論、社会学など多くの分野にわたり、これらの分野での彼の著作の比較的小さな特徴をなすのがある種の経済現象の分析である。この分析は主に紀元前三八一年ごろ書かれた『国家』、彼が他界する三四七年にも未完成だった『法律』に見られる(1)。

プラトンが二三歳のときスパルタがアテナイで三十人僭主政をしくが、この出来事とその余波が彼の思想に重要な痕跡を残す。そのあとの再建民主政時代にはプラトンの関係筋や知己がアテナイの大義への背信を問われ、特に師ソクラテスは弾劾されて処刑される。プラトンにとって一般に社会には、特には民主主義的な社会には、多岐にわたる根本的改革を行わないと社会的公正を維持できる保証がない。この見方が彼の社会理論と経済学の分析法との基本的背景をなす。

【24】彼は生涯の間に少なくとも三回、より優れた形をもつと思う社会組織をつくるようシュラクサ国に促して失敗している。紀元前三八七年、アテナイの外れにアカデメイア学園を設立して若者に個人や国にとっての正しい暮らし方の意味を理解させる指導をした。アカデメイアの指導は単に教えて、超然と研究するだけのものではなかった。同校は時代の要求を満たす社会政策プログラムを提供する「シンクタンク」としても機能した。プラトン自身も彼の数多くの学生も新しい政治体制を創造しようとし始めた。少なくとも九人がギリシア世界の内部で都市国家の僭主となるに至る。

　アリストテレスの社会思想も当時の政治に近づいて切り結ぶ中で発展していった。彼の著作の多くは、プラトンの対話篇と同じく既存の社会秩序を立て直すねらいをもち、それは解体途上にあるギリシア文明の体系の中で価値あるものを救い出せるとみなしていた。その範囲はプラトンの著作よりも広く、生物学、自然学（この語は現代では「物理学」と訳す）、美学、霊魂学（心理学）、哲学の各分野に及ぶ。経済分析は道徳や政治の問題の一部として展開される。このためアリストテレス経済学はすべてではないにせよ大半が『ニコマコス倫理学』と『政治学』のページに現れる[2]。

　アリストテレス家はイオニア出身だが、彼はマケドニアの海沿いの町スタギラで紀元前三八四年に生まれた。十七歳でアテナイにあるプラトンのアカデメイアに入学し、プラトンが世を去る三四七年までの二十年間そこで学んだ。アカデメイアをあとにした彼はエーゲ海を渡って東に向かい、レスボスなどの拠点で講義をもつが、のちにマケドニアに帰る。そこでペラにあるフィリッポスの宮廷に入り、若きアレクサンドロスの家庭教師となるが、彼はプラトンのどの弟子よりも莫大な政治権力を手にする星のもとに生まれていた。アレクサンドロスが玉座に上ると、アリストテレスは【25】アテナイに出て三三五年頃リュケイオンに学園を創設する。そこで彼は広範な講義プログラムを提供したが、書物となって私たちに手渡されているのはこの講義である。それは彼自身が書いたものと学生が編集したものからなる。同学園での彼の教育は三二三年に終わる。アレクサンドロスが亡くなると、アテナイ人はマケドニア人に対する非難の感情を思ったままに表明するようになったからである。不敬に問われたアリストテレスはカルシスに逃れることを余儀なくされ、翌年そこで他界した。しかし彼が創設した学園は残り、その後皇帝ユスティニアヌスの命によって紀元五二九年にいよいよ閉校になるまで八百五十年間にわたって彼の教えを伝達する拠点として機能するのである。

3　ソクラテス派経済学の基盤

　人間mankindなる種の適切な研究とは人間存在Man自身だというのがソクラテス派の基本原理であった。人間についての思弁では、人間存在にとっての究極の善の本質は何かという省察が最優先の目的である。プラトンもアリストテレスもこの展望に忠実であった。両者の関心の集約点は「よき生活とは何か」という問いで、彼らは「善」と「幸福」が同じものだとみなした。

　この問いはどの時代の知識人も悩ませたが、それを経済分析の世界で展開した人は多くない。しかしソクラテス派の場合はそうした。社会的観点からでないとこれを問う意味がないと考えたからである。彼らは人間を孤立した個人であるかのように思惟せず、コミュニティの一員としてとらえた。彼らの見方では、人間は一人で生きてはいない。世帯や国という集団をなし、よき生活の本質を探究するならいつもこうした背景の中で生きる人間に焦点を当てねばならない。そしてその生活は社会的方向づけの一部として不可避的に経済的側面をもつのである。

　プラトンは、『国家』では経済的欠乏が人間に都市国家で生きるよう強いているとするが、『法律』では国家の起源が家族制度にあるとする。アリストテレスは家族を社会の基本単位と見たが、人間はまた客観的必要と主観的切迫に応じて、より広い範囲で関係を結ぶ。客観的要素とは孤立した個人には自己充足がないことである。主観的要素とはコミュニティで生きるという自然な本能である。【26】アリストテレスにとって社会に生きねばならないことこそ人間の本性である。人間は当時ギリシアに共通で大きさがほどほどの都市国家、ポリスで生きて役割を果たすのが最良であるようにつくられている。曰く「ポリスは自然的存在物のグループに属する。人間は本来的にポリスで生きるようにつくられた生き物である」[3]。アリストテレスはヘシオドスが描き出したような孤立した存在にはほとんど関心を払わない。

　プラトンもアリストテレスも適正な規模の社会での二者的communal 交換に個人が十分に参加することでよき生活が実現するというこの考え方に注目する点は変わらず、それに基づいて経済問題を検討した。世帯と国家での社会生活が実現される方式に、一つの論点群が付帯する。もう一つの論点群は社会的交流の公正な秩序に関連づけられる。アリストテレスによると、公正とは「国家における人間の絆」で、経済問題でそれが欠けると個人が十分な発達をとげるのに必要な二者的しくみが解体してしまう。

　社会進化と倫理学における哲学者たちの探究は経済学研究に固有の接近法をもたらすばかりか、その研究の特定面に関して有意義な一般化をいくつももたらす。コミュニティでの生活のなりたちをめぐる議論から、経済活動における専門分化の役割、貨幣の機能、所有の組織法についての省察が現れる。公正への関心からは、価値論の試みや利払いという現象についての考察が出てくる。

　これら個々の論点は近代の経済学者の関心をひいたものでもあるが、哲学者たちはよく似た現代の議論の背景に通常据えられるよりも広い枠組につねにふれている。プラトンも、のちのアリストテレスも、経済が社会生活を特徴づける他の相互作用の枠組と切り離された関係の集まりだとは考えなかった。こうしてカール・ポランニは述べることになる。

【27】経済問題にふれるときアリストテレスはいつもそれと社会全体の諸関係を解説しようとした。参照枠はコミュニティ自体で、それは機能しているあらゆる人間集団の中の別々のレベルに存在する。だから人間事象に対するアリストテレスの接近法は、私たちの近代の言語では社会学的なのである。彼は研究領域を描き出すとき制度の起源と機能のあらゆる問題を社会の全体性に関連づけようとした。だからコミュニティの自己充足性と公正が関心の的となるのである。(4)

経済学はこのように社会学に重心を置くものだったので、人間の活動の特定の一部に関わる自律的分野として立ち現れることはなかった。近代において経済学は自律的分野だと主張されているが、プラトンやアリストテレスなら両人とも社会研究の進歩のためにはこれを最も退けるべきものとみなしただろう。経済分析は近代の経済学者が解決したと思っているよりもはるかに広い研究の一面として推進したときにのみ適切となる。

4　特化と反成長論

哲学者が経済分析に踏み入った動機に、経済発展のプロセスを刺激しようというねらいは少しもなかった。プラトンやアリストテレスの経済学は経済成長の経済学ではない。彼らの分析を導いていたのは、市民の適度な物的厚生の水準を確実に維持できる高さを保って相対的に定常的な経済活動の状態を確立することが望ましいという信念であった。彼らの展望はこの点で十九世紀の哲学者、経済学者J・S・ミルを思い起こさせる。二〇世紀の豊かな社会で中間層をなす知識人も成長を痛罵したので、彼らと何らかの親近性を、あるいは主張できよう。

プラトンの『国家』を読むと、作者が定常状態の支持者だという見方にも異論は出かねない。同書第二巻冒頭でプラトンは成長プロセスに特に注目し【28】、歴史的に見て人間は物的必要を満たすために集住するよう迫られたと論じた。社会が進化するにつれて世帯はますます交換でつながるようになり、それが都市国家の誕生を促す力になった。国家形成に至った動きの核にある特質は、分業の拡大がもたらした広域性が生む利点であった。

分業についてプラトンは、社会の中で品物の質と量が上がり、生産に必要な労働の努力が減ったのは、人々が生まれつき向いている生産活動に専門分化〔特化〕できるようにしたシステムがあったためだと認めた。それでも彼は産出増大が与える影響が有益だという理由でこの発展の請負人に関心を寄せたわけではなく、各人が生まれつき賦与されている能力によって最もふさわしい役割を果たせるがゆえに個人の生活の質が向上する限りで、分業を支持した。彼は分業が国民的産出の成長に及ぼす力はせいぜい二義的なものと見ている。

エウリピデスやアダム・スミスは生産活動の国際的専門分化

による分業を支持したが、プラトンはそういう分業の進展に反対した。国全体としては自給が目的だからである。アテナイのように国際貿易が肥大すると社会組織は国内の分裂や外国の作法・習慣の輸入で切り裂かれる一方になる可能性がある。分業で市民の市場依存が強まると、社会的結束の利益という点では歓迎できても、一国の他国への依存は社会不安を招く。

　プラトンはまた、生産プロセスが部門分化し、同じ人が各々を反復的に担当することで成長が刺激されることにも反対した。この点でもプラトンとアダム・スミスの分業観には特記すべき違いがある。プラトンはスミスと同じくこうした仕事の断片化に伴いかねない非人間性や疎外を懸念している。プラトンは対話篇『ソクラテスの弁明』で工業労働者も管理職もすべての専門家は一つの活動のみに集中することで狭い鋳型にはめこまれていると警告する（21-3）。アリストテレスはこの狭隘化が手工業者の事例で最も深刻になるだろうと信じた。

【29】アダム・スミスはこの危険に直面しても楽観性を保ち、そこにある悪を和らげるために教育の機会を増やすことに目を向けた。[5] 初期の職業的教育者（プラトンとアリストテレス）はどちらもスミスほど楽観的ではなかったが、動態的経済がつきつける問題をあまり直視しようとはしなかった。成長が限定的な意味での分業以外の何をもたらしても、その対価はあまりに高くつくと彼らは信じた。

　プラトンとアリストテレスはある適度な物的厚生の水準を実現する準備としてのみ経済成長に関心を寄せた。その水準とは、彼らが考える生活の質をなるべく引き上げるきっかけを与えるものである。いずれの哲学者も貧困という生き方を支持しなかった。例えばプラトンはそれを社会の安定を脅かし革命の筆頭因になると考え、アリストテレスは個人にとっての不名誉と関連づけた。貧者は自分の活動を導く力を失い、雇用主の導きに従うことになる。しかし貧困がなくなると、彼らは将来世代に対して自分たちなりのよき生活の概念を伝えるためにさらなる経済成長を抑える手はずを整える。近代には成長を脅威と見る書き手が一定の割合でいたが、二人の知的選良主義はこの点でそれを先取りしている。

　成長に反対する哲学者の立場はこの問題をめぐる近代の論争でも顕著な見方によって裏づけられている。例えばプラトンの反論は、彼が構想した都市国家が人口増大を経験するに至るとその支配階級の立場の維持が危ぶまれることとつながっている。『法律』では人口増大が社会の中で必要な程度の秩序と階層支配を維持できなくする大きな脅威の一つとみなされている。同じ脅威は今日「世界的人口増大」に関する警告に現れている。

　アリストテレスは人口問題についてのプラトンの立場に批判的であった。彼自身の反成長論はこの方向から出たものではなく、自然的諸力との関係で見られた人間に対する特殊な姿勢に発する。人間の役割はそれら諸力に合わせるか、またはそれらと調和すれば最も望ましいとされる。【30】人間の役割は自然のプロセスを周到な経済拡大の試みが求める形で統括、再編することではない。アリストテレスが重視したのは、自然が人間に与えたものの健全な管理であって、自然を変形する企業家精神や革新ではない。近年にかけてこれ〔管理〕を強調することが西洋的思考の中で新たに盛んになっている。S・T・ロウリのコメントによると、「……少なくとも一般化した水準では、近代の思想は自然とは自己充足的なプロセスで、人間的価値の付属物として使うよりは、人間が自然に合わせるべきだという感じ方を明らかにもってきた(6)」。

　人間と自然の関係についてのアリストテレスの見方が、どの社会経済的秩序でも農業の道が第一だという説をもたらした。農場経営は最も推奨に値する職種と見られている。人間はそこで第二次産業従事者には隔絶された内向きの「自然の」プロセスに沿って働いている。第二次産業の生産活動よりもさらに〔自然から〕遠いのは悪評高い小売業である。プラトンの都市国家で専門的な小売配給者に位置があてがわれる理由は有用な機能を果たすから、すなわち「私たちの要求と所有を均《なら》す」からというものである(7)。アリストテレスははるかに冷淡で、小売業すべての抹消を望んだ。この冷淡さは経済成長ばかりか、自由市場での移転で財が交換され供給と需要のメカニズムの気まぐれに左右される社会への反対とも不可分である。次章で見る交換の公正や貨幣についての彼の所論が反感の大きさを物語る。小売業は潜在的に破壊的な職種なのである。

　哲学者たちが将来の成長メカニズムを進んで分析しなかったことはもう一つの面をもった。近代西洋思想にはそれにあたるものはない。それはオズヴァルト・シュペングラーが「可塑的存在理念」と呼ぶものから出ている。彼の言葉を見よう。

> 　古典古代の語彙で私たちの時代の「人格」を著すのは「ペルソナ」、すなわち役割【31】または仮面である。それは後期ギリシア語やローマの言語では人間の「公的側面と見かけ」を意味し、これは古代人にとって自分の本質や核心に相当した。……指示されているのは人格〔すなわち能動的努力を繰り広げる中での内的可能性の発現〕ではなく、言ってみれば可塑的存在理念に厳密に適合させられた恒久的で自己充足的な心性であり……それはつねに、実体があっておおやけに明白な特性をもつ秩序だった集団をなしていた。これは人間の自己に固有なものではなく、対他的に定義されている。人間というものは外的生活の主体ではなく客体なのである(8)。

　可塑的存在理念は経済成長にとって中心的な革新的活動からは肯定的に評価されない。コミュニティに対してそれを破壊しかねない脅威を与える力に対する応答として革新を迫られている場合にのみ、革新者は賞賛に値すると認められる。革新にこうも敵対的な見方が成立するのは、公的な職務や役割を実行することで生まれる公的心象に関連づけて自分の価値を評定するよう理念が個人に促すからである。かの抽象、「経済人」は私的で内的な損失計算に関連づけて〔世事に〕対処するよう求められていたと言えるが、可塑的存在はそういう形で自分自身を評定するよう促されてはいない。

私的計算に関連づけないようにすることがアテナイ文化の特徴であった。アルヴィン・グールドナーが考えるとおり、アテナイ市民にとっては、

金銭的成功に基づく自己の正当化は、こうした活動が蔑視されないまでも疑われ低く評価されることが多く、公的役割での実績に比べて小さな価値しかないと考えられていたために、その意義は限られていた。だから人間の自己像と価値意識は大部分が政治的で公的な活躍からなり、私たちに比べてギリシア人は自分たちのことをこうした役割からとらえることがはるかに多かった。自己はかなり大々的に公的役割に注力していた。……[9]

公的役割はときに革新を進めるよう個人に求めることもありえたかもしれない。だからソロンなる男は国に内部抗争があれば改革を断行したし【32】、テミストクレスはペルシアの脅威への対応として海軍への公共投資を急いだ。しかし社会が公正に治められていて国内が平和なら、また外国の脅威に対処して自律を保てるほど強ければ、個人の自己像が満ち足りているので、あらたまった革新は必要はない。正反対である。この状態では個人のエネルギーは社会の現状維持に捧げるべきである。この状況下で私的目的のために変化をもたらすことは社会を撹乱させることで、それは本人の公的立場、ひいては自分の真価の評定を陰らせることである。変化が起こるのは非市民たる商人、外国銀行家、奴隷商人からであり、彼らの活動は既存秩序転覆の潜在的な発端として入念な監視を要する。

プラトンとアリストテレスは革新や発展に対してこうした否定的姿勢を共有していたが、その一因は根本において存在理念から影響を受けていたことである。例えばプラトンによる人格概念の扱い方の中での「……彼の仮定は、第一に霊魂《プシュケー》が集団現象、役割要求、社会的相互作用（争いや会話など）のあり方を反映してそれに影響されるということ、第二に霊魂の状態はおそらく集団の質を規範としてとらえられるだろうということであったと考えられる」[10]。アリストテレスの「人間」は本性上ポリスでの生活を志向し、プラトンのと似た被造物である。なるほど、国家が彼のためにあるのであって国家のために彼があるのではない。ところが彼にとって自然な棲家は国家なのである。アリストテレス曰く、「国家はよき生活のために生まれるものである。それゆえ、社会の初期の諸形態が自然的なら国家もしかりである。国家はそれら諸形態の目的地であり、あるものの本性はその目的地だからである。何であれ個々のものが十全に発達したときのあり方をそれの本性と呼ぶのであるから」[11]。人間は市民としてのあり方が命ずる役割を果たすとき充ち足りる。

哲学者たちは将来経済が成長する可能性の分析を真剣な学的活動の領域から排除したが、この営みが何世紀もの間ヨーロッパの社会思想家が受け入れるところとなる。おそらくその一因は【33】可塑的存在理念が影響を及ぼし続けた点にあろう。そのほか経済的実践面では、同理念によっておそらく企業家精神

の技能をもつ個人を、さまざまな圧力が協力し合って封じこめ続けた点にあるのだろう。個人の利得をねらって計画された革新は戦争や飢饉など外的諸力に対する単純反応ではなく、公的には否認され私的には恥とされたので行く手を阻まれた。例えばギリシアでは機械の革新による新たな生産テクノロジーへの転換には積極的抑止力があった。転換していれば、既存の社会的な枠組が変貌をとげることにつながったかもしれない。この抑止力の源はヨーロッパでは新たな人格概念の進化によって結局解消するが、世界の中でも旧習どおりの歴史的条件にとどまった（今日では「低開発」と呼ばれる）地域では効力をもち続けたのである。

5　目的の科学としての経済学

プラトンやアリストテレスは、役割分担での個人的選択や、人口政策、自然環境管理といった問題での社会的選択の範囲に適切さを保つには、経済成長率を正に保つことが必要だとは思いもしなかったようだ。その範囲は物的繁栄の現水準を達成して維持することで確実にされる。この信念は質の高い暮らし向きの問題にどう取り組むかに関係しており、ここでは問題の静態的な面が重視されている。よき生活の特徴も変化するという点にはほとんど注意を向けていないが、この特徴は経済や社会の進化の中で変わりうるのである。二人の哲学者は、本質において時の移ろいや場所によって影響を受けないと考えられる自然法の体系を用いて思考した。例えばアリストテレスについてワーナー・イエーガーは書いている。「国家・社会や精神という人間世界は、彼にとって計算不能の変化による把握不能の歴史的運命にとらわれたものではなく……ある限界内では変化するとしても本質や目的の点では同一性を保つ形相の不変の恒久性において無媒介に打ち立てられたものと見られている」[12]。

【34】さらに言えば、彼らの主たる関心はよき生活の特性にあるため、定常状態の経済学を考える際に稀少性問題は主として目的の選択の問題とみなされている。経済安定という条件下での稀少な手段の配分はヘシオドスの経済学把握の核をなしたが、プラトンやアリストテレスの図式の中では周縁部に追いやられている。彼らの展望は『法律』におけるプラトンの言明に結実している（V. 736）。「貧困は人間の財産の減少ではなく欲求の増大がもたらす」。アリストテレスはこの概念を詳しく扱っている。

アリストテレスにとって経済学は第一に人間の目的の指示、彼の時代に支配的な二つの経済制度、つまり世帯と国家の内部での人間の役割に関わる。この二制度を区別することは重要ではない。彼は小国は大世帯のようなもので「政治」と「経済」は自由に入れ替えてよい語であるというプラトンの『政治家』での見解（259）[1]を受け入れた。だから経済学とは統治や運営の実施であり、運営者の第一の務めは、追求すべき目的の選択である。経済問題はまず競争関係にある目的間での選択の問題である。経済学者の研究は主に目的間の優先順位を確定することであって、彼から見て所与と言えるべき目的群を達成する手段を指示することではない。稀少性が強いる困難は、人間の姿勢と目的の再調整でも、利用できる手段の再編や増量でもうまく解決できる。

アリストテレスは『政治学』で「世帯運営は不動のものの獲得以上を人に求め、富と呼ばれる財産の卓越より人間の卓越を求める」とする[13]。経済学 oikonomike《オイコノミケー》 と富の獲得学または供給学 chrematistike《クレマティスティケー》 は区別される。彼は断ずる。「世帯運営は富を得ることとは異なる。資財を使うことと供することは別だからである」[14]。彼のこの手法は【35】ドイツの社会学者マックス・ウェーバーが次の発言で表明したことに近い。「経済活動はまずものを利用すべき目的を選ぶ問題に向けられている。目的が所与なら、それはこの問題にとって適切な手段を選ぶ技術である」[15]。

多くの二〇世紀の経済学者のもとで経済学は競合的技術となる傾向をもったが、アリストテレスはそう考えていない。この分野の近代の専門誌や専門書で有力な工学的叙述の文献はその多くが彼にとって意味がない。彼の見方に従うと、それはこれらの文献が人間の思考と行為の中心問題と彼が見た幸福な生活の本質を正面から考察せずにすませているからである。

アリストテレスによると、質の高い生活は主に獲得された所有物を用いる目的にかかっている。所有物の増量やその配分効率の向上は、稀少性が強いる難問の解決にとって必在条件をなすが十分条件はなさない。彼の見解では「よき人は貧困、病、その他生活の患いについても最善を尽くす。しかし反対の状況の中ではきまって幸福を手にする。……ここから人は外的な善が幸福の原因だと早合点するが、竪琴が見事に演奏されたとき弾き手の技術ではなく楽器のおかげである場合もありえるとも言える」[16]。

だからコミュニティの資源利用の自在性を向上させる手段を探し求めておきながら、その向上した自在性がいかにコミュニティの生活の質を内容自体で改良するかという問題に分析を引きつけないとすれば意味がなくなる。探究者はその仕事をアリストテレスの観点から意味あるものにしたければ「目的は多様だ」とか、経済学の専門分野以外を源泉として目的が評価されるべきだといった曖昧な一般化に甘んじられない。アメリカのノートン・E・ロングはこうした点で現代の社会科学者を批判した。彼の記すところでは、こうした社会科学者の多くは、

> 【36】……不幸な立場にある。理性と証拠が科学研究では説得力ある役目をもつが、評価する際の決め手としてはいずれも説得力をもたないか、基本的に問題が別になると信じているらしい。私たちはまさしく評価によって何が重要かを定めるので、これはその重要なことについて私たちが言うべきことをもたないと述べていることに危険なまでに近いからである。……社会科学者は人間に関する事柄に関心をもつので、評価をやめると、深刻にも方向性を見失ったり、科学とは人間の目的を内容とせずに記述を進める営みだという時代遅れ

の見方に囚われることを意味する[17]。

　アリストテレスにとっては目的の評価こそ経済学研究の第一の課題である。

6　手段の獲得

　アリストテレスはこうして目的の選択を強調しているが、手段をもたらすことを全面的に排しているわけではない。経済思想と経済活動においてそれがもつ意味は従属的なのである。彼は認めている。「だから獲得術の中では本性上世帯維持の一部をなすものがある。世帯維持術が生活に必要で、備蓄できるがゆえに家族や国家といったコミュニティにとって有用なものを調達したり、内部で用意したりすることであるはずならばそうである[18]」。この獲得活動は目的の合理的選択に従属するが、アリストテレスの視点から見て不合理で非経済的な獲得とは区別される。不正な富を通常貨幣の形でなりふり構わず貯めこむようなこともそれである。人は獲得活動の目的を冷静に評定しないと、それ自体のために非経済的に蓄積を追い求めるようになる。人は貨幣入手を目的そのものとするような矛盾していて人間以下の進路にエネルギーを浪費する。

　アリストテレスは『政治学』第一巻の第八章にあるこの箇所で、カール・マルクスも分析目的で用いた区分を行う。【37】貨幣を獲得するために貨幣が財と交換されるプロセスがあり（M-C-M′）、貨幣が単に中間介在物として一括りの財と別のそれの交換を取りもつにすぎないもう一つのプロセスがある（C-M-C′）。アリストテレスによると、後者が経済的活動であるものがある（Cは財、Mは貨幣を表す）、経済学という学科の下位学にはそれに関心を寄せるものがある。前者は非経済的で、真剣に研究するに値しない。かくてアリストテレスは資本蓄積、特に貨幣の形でのそれを、マルクスのセリフを借りると「貨幣資本の蓄積がそれ自体目的である」程度に応じて非経済的だとした。

　アリストテレスが富形成を難じたことは、カール・マルクスがのちに明確に描いたような心理に見られる特徴ゆえにアテナイの資本家に同情を寄せることはなかったことを意味する。マルクスは記す。「だから使用価値は決して資本家の真の目的とみなしてはならないし、どの一つの取引の利益もそうである。間断なき、決して終わりなき利益創出のみが彼のねらいである[19]」。こうして蓄積と使用価値が分離され、アリストテレスにとって蓄積は不合理で非経済的なものになる。唯一合理的な形をとる蓄積は、蓄積した財が役立つよう個人や共同体が配慮した消費目的をはっきり理解してなされるものである。彼は言う。「豊かさはおそらく世帯や国で使われる多くの道具と定義されるだろう[20]」。ポリスや個々の世帯の要求は、あるコミュニティが置かれた状況を前提として十分客観的な仕方で確定できると彼は信じている。だからこうした要求を確かに満たせるようにする「多くの道具」にはここまでという限界がある。これはアリストテレスが消費に直接関係しない蓄積や獲得の中には有用な目的を何ら見出さなかったことを意味するが、そのことは定常的な国家の生活の質に対する彼自身とプラトンの着眼点と全面的に整合するとも言える。コミュニティの中でこうした形の獲得活動を促す根拠は経済成長の推進だが、彼らはそれを壊滅的とみなすというわけである。

【38】アリストテレスは経済学について考える際に使用価値を第一と見て重視しているが、のちの思想において相当な混乱が生じるもとになった分析上の過ちからの防御を試みた。それは蓄積資本と、その資本が生む用役を区別しないという過ちである。現代経済学においてこれら二つの明確な区別はレオン・ワルラスの『純粋経済学要論』（一八七四―七）までは行われなかった。ワルラスはこの区別が「純粋経済学全体の鍵を握る」もので、それだけにあらゆる妥当な価格決定論にとって不可欠なものだと述べた。アリストテレスの経済学のとらえ方では、獲得活動における経済的なものと非経済的なものの区別が支持されるとともに、その区別がこの学を左右する特徴だと力説される。蓄積資本は最終的に人間の消費要求に奉仕する用役を生む限りでのみ経済的意味をもつ。貨幣資本をそれ自体のために得る場合にはこういう用役はないが、それならば蓄積は無意味である。この主張は『政治学』の中で、読者にあまねく知れわたっているミダスの物語に引き寄せて述べられる。

富の入手術はコインの使用に由来し、ふつう主にコインに関心を寄せ、豊かさと富がいかに蓄積されるかを考えるので、それらを生む術と思われている。事実、豊かさを単にコインの量だと考える人は多い。……しかし大量にあったとしても餓死してしまうようなものがいかに富と言えるのか。寓話に出てくるミダスは欲深い祈りで彼の前に置かれたものすべてを〔それに手を触れることで〕黄金に変えてしまったではないか。[21]

アリストテレスは『政治学』の別の所でも、資本は消費者が経済的意味を感じるように直接彼に用役を生むとは限らないことを示している。彼は用役が直接的な資本、すなわち「所有物」または「行為の道具」と、間接的に使用価値を生む資本、すなわち「生産の道具」の間に線を引く。[22] いずれの資本の獲得も世帯運営の一部をなす。しかし注目すべきことに【39】、蓄積資本がまさしくそれをもつだけで所有者の流動性要求を満たす点で意味ある用役を果たすという明確な意識はどこにも見られない。アリストテレスにおけるこの視点の欠如は彼の貨幣論に最大級の制約を課す。それはのちの貨幣論の発展に深刻な帰結をもたらした。しかしこの点の意識の欠如は、私的で内向きの損失計算の存在よりは公的な役割を担うことを重視する人格概念にこだわった彼の考え方とは整合する。

7　クセノポンほかのソクラテス派の寄与

ソクラテス系の著作群には他にも本章で取り上げた問題にふれたものが少数ながらある。その一部がクセノポン（Xenophon

430-354 BC）のもの、他は著者不明である。プラトンの同時代人クセノポンはアテナイの地主貴族の家系に生まれた。従軍した際にギリシアの傭兵隊の将軍に選ばれたが、編隊はメソポタミアに取り残された。彼は兵士をアテナイに帰国させることに成功するが、のちにアテナイから亡命し、引退後はオリュンポスに近い小農場に暮らした。そこで、つまり引退後に著作の大半をものした。

クセノポンの『オイコノミコス』は荘園と世帯の運営についての正統ソクラテス派的な論考で、ソクラテスと、アテナイ貴族の農場主イスコマコスの対話篇として書かれている。二人の会話は妻や奴隷の教育、世帯内の所有物の物的配置、家長の日課といった実践に関わる多様な話題に及んでいる。プラトンやアリストテレスの本に見られるように、家の中の些事が、各目的間の選択に経済学の中心的な関心事と同等の重要性を与えるほど一般化されて散りばめられている。

例えばある対話（II. 3）[2]でソクラテスは、クリトブロスは所有物では自分よりもきわめて豊かだが、稀少性が押しつける問題については彼より自分がはるかに効率的に解決したと主張している。ソクラテスの解決法の優れた点は、クリトブロスが生活様式を自分の自由になる資源に対して調整するよりもうまく、彼が目的を自分の手段に合わせた点にある。

【40】 匿名著作『エリュクシアス』も資源入手の問題を幸福な生活と関連づけて取り上げている。ここでも目的の慎重な順序づけが手段の増大や配分よりも稀少性問題にとってはるかに重要な活動だと主張されている。財が豊かな者も、欲求が充足のために利用できる手段に十分見合っていなければ惨めになることもある。

クセノポンの『オイコノミコス』に見られる第二の特徴は、アリストテレスが人間がもつ役割について自然の諸力との関りで明記するのと同じ見方に忠実な点である。人間はその諸力をつくり直したり変形したりするよりは、それらに合わせたり和合したりする。例えば財生産を目的とした人間的活動では、人は「新しい」と言えるものをつくり出さない。むしろこうした活動において人は「問題となる自然の素材を、より望ましいが自然に本来備わる結果の形に置き直す。例えば不協和音ではなく和音がそうである」[23]。人は自然の素材を和合させてはいるが、その基本的特質を自分の行為によって変質させはしない。

生産活動をこう理解すると、ローマの一部の書き手や十八世紀フランスの重農派を予見するような農業立脚主義に結びつく。クセノポンによると（V. 17）[3]、第一次産業がすべての富の鍵を握る源泉である。「農営 husbandary が他の技芸の産みの母でも育ての母でもあると看破されている。農営が盛んになると他の技芸が好調になるからである。しかし土地が不毛のままに放置されるだけなら、他の技芸は陸上と海上とを問わずほぼ消え去る」。生産、分配とも人間の経済活動は農業生産において最も意味が深まる。そこにおいて人間は自然的プロセスの単なる管理人である。農業の例は他のすべての経済的努力の規範である。

匿名著作『オイコノミカ』は農業を最高位に位置づけること

を重視し、アリストテレス著とされていたが、いまでは門下生の仕事だと理解されている。それは短い二つの章からなり【41】農業に携わる生活の卓越性が主なテーマである。農業は道徳的に最も推奨できる仕事である。生活を導くものを土から直接引き出す優れて「自然的」な仕事に結びつけられているからである。それはまた同胞を不利にすることなく自分が繁栄できる公正な職でもある。これに比べて交易で得られた繁栄は戦争や征服で集めた獲物に似ている。戦争や交易での成功はいつも他人に損失を与える。アリストテレスが小売業を攻撃したのもこの感覚から考えれば説明がつこう。それはまた、国際貿易を控えめに言ってもある種の戦争とみなすような重商主義学説にも近い。この学説は十九世紀に比較優位の理論が現れるまではこれといった反論を浴びなかった。

　クセノポンの経済思想にある第三の特筆すべき要素は、分業を取り扱った点である。彼はプラトンよりも大なる程度において同現象の経済学に分け入る。この問題は『キュロスの教育 Cyropaedia』第八巻第二章で考察される。同書は紀元前三六二年頃書かれた。これはプラトンの『国家』よりも二十年ばかりあとのことである。そこでクセノポンは書いている。

> しかし大都市では各物資に対して大きな需要があるので一つの職能で生活が十分成り立つし、ときに一つの職能の中の一つの技能でも実際成り立つ。ある人が男性向けの船のみを、他の人が女性向けの船のみをつくっており、また他の人は船を直したり削る作業のみをして生計を立てているのが見られる。ある人は服を裁断し、他の人はそれらの切れ端を結びつけて生活している。仕事が小さくなるほど職人の技能は高くなる。[4]

　この一節には生産機能の断片化と産出の質や量の向上が関係し合うという認識がある。それから、分業の起こりうる程度は市場規模に依存した変数だという理解もある。クセノポンは小規模では不可能な機会の拡大を大都市が可能にすることを見届けている。こうした解明によってソクラテス派の分業分析は、プラトンしか読まないときに気づくよりもはるかにアダム・スミスの解明に近づいたのである。

原注

（1）プラトンの著作の十巻本の英訳はローブ古典文庫として出ている。(London: Heinemann; New York: Putnam, 1917-29)。またその中に *The Republic*, 2 vols., tr. by Paul Shorey, London and New York: 1930-5 がある。特記すべきそれ以前の翻訳として次のものがある。*The Dialogues of Plato*, tr. by Benjamin Jowett, 5 vols., 3rd ed., Oxford, 1892.

（2）アリストテレスの英訳全集十二巻はW・D・ロスの指導のもとで刊行された（Oxford: Clarendon, 1908-52）。ローブ古典文庫版では十七巻構成となる（Cambridge, MA: Harvard, 1926-65）。ベーカー（Ernest Baker）訳の『政治学』はペーパーバックでも出ている（Oxford University Press, 1958）。

(3) *Politics*, tr. by E. Baker, 1253a.
(4) K. Polanyi, 'Aristotle Discovers the Economy,' in K. Polanyi, C. M. Arensberg and H. W. Pearson, eds., *Trade and Market in the Early Empires*, New York: Free Press, 1957, p. 79.
(5) スミス思想のこの部分については次を見よ。W. J. Samuels, *The Classical Theory of Economic Policy*, Cleveland, 1966, p. 67; E. G. West, *Education and the State*, London, 1965, p. 118.
(6) S. T. Lowry, 'The Classical Greek Theory of Natural Resource Economics,' *Land Economics*, XLI, No. 3, Aug 1965, p. 208.
(7) *Laws*, XI, 918.
(8) Oswald Spengler, *The Decline of the West*, Vol. 1, London: Allen and Unwin, 1954, pp. 316-7. シュペングラー『西洋の没落』村松正俊訳、五月書房、第一巻、一九七九年、二九四—五頁。
(9) A. W. Gouldner, *Enter Plato*, London: Routledge and Kegan Paul, 1967, p. 110.
(10) Op. cit., p. 250.
(11) Aristotle, *Politics*, tr. by B. Jowett, 1252b.
(12) Werner Jaeger, *Aristotle, Fundamentals of the History of His Development*, Oxford: Clarendon Press, 1934, p. 389.
(13) Aristotle, op. cit., 1259b.
(14) Op. cit., 1256a.
(15) Max Weber, *The Theory of Social and Economic Organisation*, Glencoe: Free Press, 1947, p. 162.
(16) Aristotle, op. cit., 1332a.
(17) Norton E. Long, Introduction to E. J. Meehan, *Value Judgement and Social Science*, Dorsey, 1969, pp. v–vi.
(18) Aristotle, op. cit., 1256b.
(19) Karl Marx, *Capital*, Vol. 1, London: Allen and Unwin, 1938, p. 130. マルクス『資本論』向坂逸郎訳、岩波文庫、第一巻、一九六九年、二六七頁。
(20) Aristotle, op. cit., 1256b.
(21) Op. cit., 1257b.
(22) Op. cit., 1254a.
(23) S. T. Lowry, op. cit., p. 204.

訳注

[1] 「ポリティコス（政治家）」水野有庸訳、『ソピステス、ポリティコス（政治家）』プラトン全集3、岩波書店、一九七六年、一九七頁。
[2] Xenophon, *Oikonomikos*. クセノフォン『オイコノミコス——家政について』越前谷悦子訳、リーベル出版、二〇一〇年、二四頁。
[3] 邦訳、四九頁。
[4] Xenophon, *Cyropaedia*, tr. by Walter Miller, vol. 2, London: William Heinemann, 1914, p. 333. クセノポン『キュロスの教育』松本仁助訳、京都大学学術出版会、二〇〇四年、三五二頁。

第3章　ソクラテス派経済分析の四論点

哲学者たちはただ経済問題に対してある形の分析法を勧めるということを上回る遺産も残した。社会生活の起源とそこでの公正な関係の維持について彼らは関心を抱き、ここから経済学の各論点で解明がもたらされた。彼らの経済学のとらえ方についてここまでに述べたこととは別に、こうした解明には貨幣と利子の理論、資源の共同所有と私的所有、価値論などについて後世に影響が大きかった分析がある。これらの分野でのアリストテレスの貢献はヨーロッパにおけるその後の経済学の発展にとって格別な意義をもった。彼がとった立場やそれがどう解釈されたかを評価せずにこの発展の道筋を描き出すことはまったくもって不可能である。ある現代の学者の考察によると、「中世都市の経済に及ぼされたトマス・アクィナス経由でのアリストテレスの影響は、のちのアダム・スミスやリカードが十九世紀の経済に与えた影響と同じくらい大きかった[1]」。

アリストテレスの広範な影響は、経済学者がいま振り返って歓迎すべきものであったかについては意見が分かれる。ある書き手によると、アリストテレスは「最初の分析的経済学者」で、彼こそが「科学の基盤を打ち立ててのちの思想家たちの誰もが関心を寄せる経済学的問題を提出した[2]」。別の書き手によると、アリストテレスの経済理論は「遠大でも悲惨でもある影響を【43】のちの世紀の歴史家や神学者に与えた」。この二人目の書き手は、アリストテレスの「原始主義と田園主義」が重荷になってローマや中世の思想家に純粋な経済学的分析を歪めさせる傾向が生じたと見ている。アリストテレスは特に経済学の大敵で、それは彼が「通貨とは何なのかを決して真実には理解しない精神を」もち、「自律的な富の無限の増殖という展望」全般に背を向けたからである[3]。このように見方が異なる理由はかなりの部分が大胆な分析的提案と、時折不可解なしくじりから説明がつき、本章で考察する分析でもそれらに出会うだろう。

1　貨幣の本質と機能

プラトンは『国家』で、社会に分業があるために市民の間で財の交換が必要になっていると考えた。交換プロセスは「交換の目的に役立つトークンとしての通貨」が導入されると促進される。だから貨幣のねらいや目的は交換手段として働く点にあり、この機能を果たすには単なる象徴やトークンで十分である。[4]貨幣の素材はほとんど、ないしまったく問題ではない。

プラトンはここで「非金属主義的」と呼べる貨幣論をとっている。貨幣が貨幣として有効に機能するためには、貨幣としての役割とは別に価値をもつ物質でできていなくともよい。コミュニティの契約か国の法令が何物かを交換手段として定める。この交換手段は、その実体自体で「財」としての面をもつ必要はない。プラトンが非金属主義で一貫していることは、彼が最後に書いた著作『法律』のある箇所で具体的に示されている。その一節で彼は、十八・十九世紀ヨーロッパの正統派貨幣理論家が追い出した型の政策を支持している。国際貿易向けの通貨と都市国家内での流通手段を分けるよう提案しているのだ。彼は後者が内在的で【44】物的な価値を欠く方がよいと信じてこう記す。

> そういうわけで、私たち市民は自分たちの間では法貨だが他では無価値な鋳造貨幣をもつべきだと言っているのだ。ギリシア世界全体のコイン群に関しては、探検や外国訪問、それから誰かを外国に派遣する理由があれば使節その他、国にとって必要な使命すべてのために使えばいい。そうした目的のためには国がいつも全ギリシア的貨幣を保有しなければならない。民間人が外国に行く必要に迫られたら行くだろうが、まず執政官から手渡してもらい、帰国時に外貨の余りが少しでもあればそれを国に預けて同額の自国コイン群と交換すべきである。……[5]

これは通貨管理システムのことで、二〇世紀には実行されたのでかなり見慣れたものだが、経済政策事案への関心から提案されているわけではまったくない。分業の支持の例と同じく、むしろ道徳的配慮からである。例えば彼は国際収支均衡や国内貨幣の適正流通量に関心を寄せているのではない。むしろこのシステムによって国内の市民が貨幣を稼いだり職業を俗化させる道を進んだりしすぎることに枷をはめようと欲しているのだ。ここでも他でも生活の質の道徳性が決定的な問題である。彼はまた単なる経済安定と対比された社会全般の均衡にも目を向ける。社会の均衡はコミュニティ内で私的な貨幣稼得に集中しすぎることで撹乱される場合がある。

アリストテレスは『ニコマコス倫理学』第五巻において、プラトンが貨幣論で強調した点を引き継いだ。論調は非金属主義的で、貨幣の意義は交換手段機能に帰せられる。しかしアリストテレスは師の議論をかなり拡張した。第五巻で彼は財交換における公正の問題を論究し、貨幣の役割はその論脈で考察される。その議論によると、財交換では異質な財を比較可能にする必要がある。【45】この目的を成就するためにこそ貨幣は発明された。貨幣は一種の中間介在物《ミドルターム》として働き、すべてのものを測ってその価値の大小を表す。例えば靴何足が家一軒や食物一定量に等しいかを示す。続きを見よう。

だから既述のとおりすべての財は何か一つのもので測られねばならない。ところでこの単位とは実は需要であり、需要がすべてのものを束ね合わせる（人が互いの財をまったく欲しがらないか、それを等しく必要としないと、交換は生じないか、均等な交換は生じない）。しかし貨幣は習慣によって需要の一種の代表物となった。だからそれは「貨幣」〔通用貨 currency〕と呼ばれる。それは自然に存在したのではなく、法〔現行法〕によって存在し、それを変更したり無効にするのは私たちの権限に属することだからである[6]。

アリストテレスにとって貨幣は一定の機能を果たすために習慣として受け取られたからいまあるようなものになったのであって、何か内在的または自然的特質をもつからそうなったのではない。プラトンでも言えるが、貨幣は法で創造されたものである。プラトンは貨幣の機能とは交換手段だと説明したが、アリストテレスはこれに計算単位または測定尺の役目を追加する。そしてのちの箇所では貨幣の第三の機能、つまり消費の延期手段という機能を立てた。彼は記す。「そして将来の交換のために、すなわちいま何かが不要でも必要になることがあれば求めるだろうから、貨幣はいわば私たちの担保である。私たちは貨幣を差し出すことで欲しいものを手に入れることができるに違いないからである[7]」。

哲学者《アリストテレス》はこの直後に、貨幣のこの機能が一つの問題、財の社会的交換網の作用に時間因子を導き入れたことに関わってある難問を浮上させたことに気づく。消費の延期を可能にすることで貨幣がもたらす社会にとっての用役は、貨幣購買力の変動ゆえに社会の不均衡が生じる可能性を切り開いたのである。今日のある単位の通貨は将来のそれに比べて財表示で価値が高いか低いかする【46】が、いつも使える交換システムを維持するには時間経過後の購買力の均等性や比較可能性の維持が必要となる。この問題についてアリストテレスは述べている。

さて、財の場合と同じことが貨幣にも起こる。貨幣の価値はつねに同じなわけではない。安定する傾向があるにはあるが。だからどの財にも価格がついている必要がある。なぜなら交換はいつでも生じうるからで、そうである以上、人と人の協同関係も然りである。したがって貨幣は財を財に対して通約して均等化する尺度として働く。交換がなければ共同関係もなく、均等性がなければ交換はなく、通約性がなければ均等性もないであろうから[8]。

右の一節はこの恐れを社会的均衡に対置する彼の政策を示すものでもある。彼が言うには、「どの財にも価格がついている必要がある」。貨幣経済化が進行した社会で国内財取引システムが存続するには、貨幣〔表示の財〕価格の法的固定が必要となる。アリストテレスはレッセフェール的な市場開拓に基づく体制の壊滅的帰結と、経済成長の進展から生じるそれを恐れている。交換の公正についての彼の検証はすべてこの恐れを吐露している。アテナイ貴族の一部には、伝統重視の取引や交換のあり方にもっと広範な自由市場が侵入する傾向を嫌悪感や懸念をもって注視する人たちがいたが、彼もそういう立場なのである。以上の貨幣論は交換の公正をめぐる議論の中にあるが、その議論全体にわたってアリストテレスは価格がいかに市場の需要－供給機構の作用で生じるかは考察していない。むしろ彼は安定した経済における法的な価格固定の規準を前面に掲げている(9)。事実、アリストテレスの交換の公正論全体を読むと、彼は所得や価格の包括的安定政策を支持していると思えてくる。むろんこの支持は同じ方式を支持する現代の経済学者とはやや違った根拠に基づく。彼の根拠は【47】現代の経済学者による支持を認めようと決めた現代の政治家がもつ根拠にはるかに近い。

『政治学』第一巻第九章で貨幣の問題を再論したとき、彼はそれを交換の公正ではなく、自ら非経済的と難じた獲得活動の論脈で考察した。本書第2章ではこの活動を見たが、それは民間の貨幣資本蓄積が、その奉仕しうる使用価値を気にせずに行われるよう拍車をかける。このことの起源は歴史的に取引や交換の範囲が拡張し、貨幣が発明されたことに密接に関わる。

アリストテレスが伝えるところでは、かつては独立していて自給的だった世帯が取引を始めると物々交換体系ができた。次いで、取引範囲が拡大すると貨幣ができた。彼の記述を見よう。

> ある国の住民が別の国の住民への依存を深め、必要物を輸入して余ったものを輸出すると、必然的に貨幣が使われるようになった。生活の必要物は多様だから容易に満たされず、人は他人との取引において内在的に有用かつ生活の目的に簡単に応用できる何かを使うことに同意した。例えば鉄、銀などである。これらの価値は初め単に大きさと重さで測られていたが、時がたつにつれて秤量の面倒さを省き、価値を明示するために刻印が押されるようになった(10)。

このくだりは貨幣の主目的が交換手段として役立つことだという『倫理学』の見方をとどめる。ところがそれはアリストテレスなりに発展の経済学という次元に向かう特異な分れ目を示すので（おそらくあとから振り返ってのみそう言える）、貨幣が存在する「自然的」で慣習に根ざす基盤を示唆してもいる。この自然的基盤は生産にはなく、「生活の必要物は多様だから容易に満たされ」ないために生じる取引にある。さらに言うと、彼は【48】貨幣が歴史的に見て貨幣としての用法以外で有用な素材でできていると見抜いている。

経済思想のこのあとの時代、十四世紀からこちらにかけて、貨幣が貨幣としての役割から独立に価値をもつ素材でできていなければならないと論じることを欲した貨幣理論家が一定数見られたが、彼らはそこでアリストテレスのこの疑似的な歴史の一節を自説の拠り所として何度となく引合いに出した。これはアリストテレス経済学のうちとりわけ耐用性のある部分であって、アダム・スミスや十九世紀の正統派的貨幣論の書き手が繰り返し、また今日なお学校の教科書に生き延びている。このくだりゆえに、しばしばアリストテレスは、重商主義期から二〇世紀半ばの時代まで貨幣分析を支配した学派である理論的金属主義の祖として描かれる。しかしこの描き方は彼の立場の誤解に基づいており、またある書き手たちによる彼の利用をあまりに安易に認めたことに基づいている。その書き手たちは、政府金融や雇用創出の道具として国民単位での貴金属流入の最大化や通貨の質的劣化の阻止といった政策を進めようと躍起になった人たちであった。

上述のとおり、プラトンと『倫理学』のアリストテレスはいずれも非金属主義者とみなせる。彼らにとって貨幣の機能と貨幣の構成素材の間には必然的関係はない。通貨はその地位を習慣による受領性と国による規則化の両方または一方から得る。アリストテレスは『政治学』ではさらに別の条件を加え、素材は「容易に運べる」必要があるとする。これ以後は機能上の必然性ではなく歴史の問題として貴金属が用いられた。プラトンもアリストテレスも、国の規則策定が効力をもたないときに貴金属が使えるには習慣による受領性が必要だと言いたいように見える。これは国際貿易であてはまる。これについてアリストテレスは金属の含有物にふれるときに考えに入れ、プラトンは『法律』で国際貿易を行うには国が金属鋳造を公庫において行うべきであろうと見ている。しかし国内の交換では各地の制定法がものを言うわけで、両人とも有効な通貨システムというものは「需要の代表物」という機能と無関係に価値をもたないトークンによって確立できると堅く信じている。

2　利　子

【49】プラトンは古代のモラリストによく見られる仕方で貸付に対する利払いの慣行全般に反対を表明した。このように反対する理由は、利払い義務があると一国の平穏と社会的絆の維持にとって大きな脅威になるという信念にある。当時のアテナイ人は、紀元前六世紀前半の内部抗争によって国の存在すら国内の債務返済につく割増払いの膨張で脅かされるのだと目を覚まさせられる歴史的出来事をまだ覚えていた。この具体例では、債務の徳政と人間を担保にした貸付の禁止とを含むソロンの改革のみが国を救った。

プラトンは『法律』の中で自発的な信用供与の返済は法で強要しなくてもよいとさえ示唆している。曰く「……彼らは貨幣を財と、財を貨幣と交換すればよいが、双方とも他方に信用を与えてはいない。そして信用を与えた者はお金を取り戻してもそうでなくても満足すべきである。こういう交換では法的な保護はいらないからである」(11)。ただ信用が非自発的な場合は少し異なる。供給者が顧客の注文に正しく応じ〔品物を引き渡し〕たのに代金が未払いのときは、それからしばらくして顧客に元の所定代金に加えて利払いを求めてよいと認めている(12)。この例外は支払遅滞の場合には彼が利子徴収の禁止に対する例外を認めたものだが、経済思想のその後にとって重要きわまるものとなる。ほかでもないこの例外から、貸付において加えられた損害についてのスコラ学者の分析が生まれ、最終的にスコラ学者をある意味で経済学の基礎的な理論上の問題の中心部に連れてゆく探究が姿を現す。ここでも与信者が自発的か否かの区別がスコラ的思考においてきわめて根本的な要素で、これが彼らの研究を貸付の経済学へと向かわせる道筋を形づくったのである。

　アリストテレスは徹底して貸金業者を弾劾した。【50】しかしこの弾劾はプラトンの場合とは違い、利払いへの反対を貨幣理論と結びつける試みを特徴とする。この一歩が踏み出されているのは経済的、非経済的な獲得活動をめぐる議論の論脈においてである。仕事の一形態としての貸金は非経済的な獲得活動のカテゴリに入るとされる。それは経済生活の目的についての考察の埒《らち》外にある商業上の〔利益〕追求活動である。商人や銀行家は富の真の意味をつかみ損ねる傾向にあり、これは貸金業者にはさらにあてはまる可能性が高い。実際彼らの職業は財交換と接点をもたず、このため貨幣の真の機能が歪曲されている。アリストテレスは述べる。「卑俗なウスラ[1]業者の取引は最も忌み嫌われるが、もっともな理由がある。利益を通貨が奉仕すべき手順からではなく、通貨自体から生み出すからである。通貨は単に交換手段として生まれた。ところがウスラはそれを増やそうとするのである[13]」。

　アリストテレスのこういう言葉はのちの経済思想全体にこだましている。利払いの弾劾と貨幣理論の結合はのちのちまで尾を引く結果となる。彼が見る限りの貨幣には固定された自然的目的がある。その目的とは交換の促進である。他の目的に貨幣を使うと不自然となるので不道徳である。アリストテレスによると財は消費と交換に使えるが、貨幣にはこの二元性はない。一つをとって目的を固定すると、利子徴収は貨幣の不自然な使用を示唆し、それは社会的制度としての貨幣の性質を歪めている。

　アリストテレスは『倫理学』においては貨幣に交換の媒体としての用法から現れる派生的機能二つを認めていた。一つは計算単位機能、他は消費延期の媒体、つまり将来交換向け担保である。第二の機能は、アリストテレスの貨幣論には利子徴収の根拠があるということを現代経済学に示すと思われる。個人が保有する貨幣残高は彼に一定の用役がもたらされることを示唆する。それは【51】将来のある種の必要が満たされるといま知る満足という用役である。そういう貨幣を貸すことでこの満足を人から奪うと、利子受取という形での補償が保証される。しかしアリストテレスにこの考え方はなく、それはかなりあとの十七世紀初頭におけるベルギーのレオナルドゥス・レッシウスの著作まで経済分析には出てこない。こういう意識がアリストテレスにない理由の一つは、先に本書第2章で見たような、存在に対する変幻自在の考え方を支持するからかもしれない。理由が何であれ、一つの欠如が経済学の未来の進展にとって深刻な結果をもたらしたのである。

　哲学者《アリストテレス》が貨幣を資本と見なかったことも重要である。貨幣を生産活動に用いると適法な収益が生じるというのに。蓄積の嫌悪、成長の拒絶、貨幣と財の峻別が組み合わさって、この見方は利子をめぐる一連の考察が形をなすのを妨げた。利払いが生産活動によって生まれる利益から適法に移転払いされるという見方は、宗教改革後にならないとヨーロッパ経済思想の顕著な特徴として浮上しない。

アリストテレスの立場について根深く残る一つの誤解は、貨幣は「不胎の金属だ」という考え方にのっとっていたというものである。金属は種つけできないので、貨幣に生じる貸付元本を超えた収益はみな、その元本に決して付帯してはならないと彼が論じだと主張されることもときにある。しかしこれは事実ではない。アリストテレスによる利子徴収の弾劾が、貨幣の社会的機能の歪曲に向けられていたのは明らかである。発生学的比喩による議論を彼はしていない。実はこの見方の起源は十四世紀ヨーロッパでよく知られた知的流行が生じた時期にあるらしい。当時、月のようにおぼろげな知性が彼についての誤解や、彼の著作からの疑わしい推測による主張に対してさえ、かの哲学者の権威を支持しなければと感じていたのである。(14) その頃また、金属主義学説を支持していたとしてアリストテレスを引く試みが始まるが、彼はそういうことを詳論してはいない。

【52】 利子論に対するアリストテレスの啓発的な寄与は、利払いの道徳性の評価を貨幣の機能の分析と結合した点である。貨幣の機能についての評価に限界があるため、彼は利子の経済学的基盤を見つけそこなった。とりわけ、詐欺や強要がないときになぜ利子率がゼロではないかという問いを彼は問い損ねた。当時のギリシア法体系ではふつう利子率の上限規制は稀ではなかったものの、全面禁止はなかった。当時も利子率が正であることは説明を要する社会現象であったのに彼は何も説明しなかった。このため未来の経済分析の進展という観点から見るとコストが高くついたのである。

3　共同所有と私的所有

プラトンとアリストテレスの意見が食い違う重大問題は、理想的都市国家の支配階級を財産所有面でどう位置づけるかであった。『国家』におけるプラトンのエリートは知識人と軍人で、彼らは財と女性、また背中の子供も共同所有する。彼はこうした措置によって集団内の不和を極小化し、私的な富の蓄積に関わることによる消耗から距離をとることを望んだ。共同所有はのちの著作『法律』でも再び理想として前面に押し出される。ただ、いまや彼は理想への実践的な接近法として、市民が自分のものとして所有できる財産の量と種類に一連の制限を設けることを提案する。すでに見たが、こうした制約の一例が、集権的国家当局がすべての民間人の外貨稼得を回収するというものであった。

対照的にアリストテレスは支配階級の私的所有を支持した。もっとも彼の国家では他の住民の大半は排他的な自己所有物をほとんど、ないしまったくもたない。プラトン型の共産主義は各種の理由で批判される。一つには、資源が共同所有なら経済的誘因がなくなると考えられるからである。彼はデモクリトゥスの論法を思わせる形で私的所有を規則とするシステムをとる方が利用可能な資源がうまく使われると論ずる。『政治学』での反論を見よう。「最大多数に共有されるものには最小の配慮しか払われない。誰もが主に自分の利益を考え、共同の利益はかなり稀にしか考えない。それも【53】自分自身が個人的に気になるとき程度である」[15]。分業と同様に、資源の分割によってコミュニティの中では効率が上がる。

資源の分割についてのこの各論はアリストテレスが社会的、経済的組織の共同的形式を拒否するとき小さな役割しか果たさない。それでもこの議論はヨーロッパ経済思想の発展にっとってとても意味のあるものとなった。この方向での論考は、アリストテレスの権威の裏づけを得て聖トマス・アクィナスとその後継者のもとで経済分析の枠組として自由市場経済を認める大きな理由を提供する。そして初期キリスト教コミュニティでの生活にある共産主義的な一面は、中世ヨーロッパというもっと広い社会にはあてはめられないとみなす基本的根拠を与えるのである。

4　価値論

価値論におけるアリストテレスの寄与の性質は多くの論争を呼んだ論題である。古今をとおして彼について発言した人はこの点について哲学者《アリストテレス》の真の立場が何かという問題については真っ向から意見が分かれる。彼の著作の記述が価値決定についての幅広い、争いのある扱い方の根拠として引かれ、中には彼が意味のある分析の形で提出したものなどないと示唆するに至った人もいる。これが本当だとしても、なおアリストテレスの寄与を考察する必要はある。経済学研究のこの基礎分野で重要人物とされるのちの書き手たちに深甚な影響を及ぼしたからである。

論争が収まらない原因の多くは、アリストテレスが価値というテーマにふれる際にとった不明瞭な言い方にある。同じ論点の近代人、さらには中世人による扱い方に比べてさえそうなのである。例えば『ニコマコス倫理学』の財交換に関して最も重要なくだりで彼は国内ではなく「国際的な」交易を論じている。また彼は市場ではなく社会の均衡について論究し、不分明な数学モデルを用いている。【54】そのうえ彼は交換取引を権利源泉 title が特定されていない公正のカテゴリに位置づけているのである。彼の本当の立場について読者の間で紛糾が生じるのはもっともである。とはいえ、不明瞭な形をとったこの分野での彼の実績は種子としての意味をもった。

価値に関するアリストテレスの仕事を評価する難しさゆえに、まず彼の議論の最も目立った特徴に光を当ててから入るのが有益である。第一に、この仕事は公正の諸類型の区分と関連づけて考察する必要がある。第二に、それは効用価値説に従うとみなされる一群の思考を具体化したものと考えられる。第三に、アリストテレスは労働価値説をとったのではないかと多くの人に示唆した別の思考群がある。第四に、彼はこれらを結合してかなり曖昧とはいえピュタゴラスの数学を基盤にした価格決定モデルに仕立てたと思われる。第五に、彼の財交換図式は多くの潜在的買手が同じ財の潜在的売手と相対《あい》するものではなく、同時に売手でもあれば買手でもある二人の主体が二財を交換する例を扱っている。彼のねらいは二人の独立で自律的な世帯主が余剰産品を売るときに取引条件[2]がどうなるかを確定することにある。彼は世帯主間交易の条件を分析して、のちに国際貿易理論を開拓した理論家たちとよく似た結論に到達している。近代の経済学との違いは、彼が特定の場所での価格形成プロセスに関心を寄せていない点である。

（1） 公正の類型

価値についての最も重要な発言はアリストテレスの『ニコマコス倫理学』第五巻にある（1129a-33b）。彼はそこで公正の特性とその交換取引への適用を論じた。社会の中での財交換は、物的厚生に役立てようとするコミュニティ成員個人の問題だとアリストテレスは見ている。それはある世帯主が余ったものを他の世帯主に引き渡して見返りに別のものを受け取り、そのことで【55】すべての市民と被扶養者が十分な生活水準を維持する手段を確保できる限りで正しいとされる営みである。

この互助の営みは「自然的」と見られている。それと区別して、職業的な財取引業者の営業活動は使用価値の享受と切り離された獲得行動の一種につながり、人間の必要の「不自然」な利用形態だとして弾劾される。アリストテレスは世帯間取引が公正の範型に基づいて規制に従うべきだと信じている。商業的市場活動が動き出して財交換〔物々交換〕が売買〔財－貨幣交換〕に道を譲る（この区別については本書第5章を見よ）がゆえに公正が行き渡って満足ゆく社会の条件が保たれると認める気がないのである。自己目的を追い求める取引者の集合的活動から社会が受益する結果を生じるように導くのがアダム・スミスの見えざる手だが、それはアリストテレスが当時の市場を考える際には見えないままである。ヘシオドスが語る「よき争い」をアリストテレスは市場現象において重要だとはみなさなかったのである。

世帯間取引にあてはまるような公正とは「応分的比例」の定式に合致するものである。アリストテレスはこの形の公正に特に権利源泉を認めないにせよ、それは彼による公正の類型的図式の中では固有の働きをする。その図式の中ではよき人一般の賞賛に値する行動を含む普遍的公正は、取引が「利得に由来する快」で動機づけられているような個別的公正とは区別される。こうした利得は名誉か貨幣か個人的安全に関わることがある。ある種の個別的公正は分配的な公正で、名誉や富があらゆるコミュニティでどう分配されるべきかに関連づけられる。ここでは利得の割当は、そのコミュニティにすでにある地位の不均等な貢献や分布に従う。例えば商業パートナーシップのコミュニティでは「分配は共通の資金から、パートナーが互いに負担してその事業に投じたのと同じ率に従って行われる。[16]」

第二の型の公正は矯正の公正で、これは当事者間の自発的、非自発的な「契約」に均等性を立て直すことに関わる。ここでは【56】当事者は法の目的に関して対等とみなされる。例えば窃盗や暴行など非自発的状況では、「契約」を結んだのに権利を侵害された側の損害は彼の社会的地位に関係なく賠償を要する。同様に売買や貨幣貸付などの自発的契約では、初めに当事者間で引き渡されたものは貨幣建てでのその正確な等価物か、同量同等の当該物の返済による回復を要する。

分配の公正も矯正の公正もそのままで世帯間での二財交換の事例にあてはまるわけではない。アリストテレスが言うとおり「さて分配的公正にも矯正的公正にも〈応分性〉はあてはまらない……。しかし交換に関わるとこの手の公正が人と人を結びつけ、それは厳密に均等な見返りに基づくのではなく比に従う応分性である(17)」。この場合異なる二物が引き渡され、交換は対等でない個人の間で起こる。それぞれの世帯の主は地位も異なり、有する技能の価値にも大小があるので都市国家コミュニティ生活に対する貢献度も異なる。いかなるコミュニティもその生き残りは公正の維持にかかっているが、それには既存の取引条件が取引当事者の立場の不均等性に配慮したものである必要がある。また交換される二物の不均等性にも注意が必要である。ものは人の必要を満たす力が違うのに応じて異なる。

交換者の立場の不均等性が重要だということはアリストテレスが「比に従う応分性」の作用を説明する際に明言されている。

> いまや比例的な見返りが交叉によって確保された。Aが大工、Bが靴屋、Cが家、Dが靴とする。そうすると、大工は靴屋からその産品を得るに違いない。そして見返りとして彼に自分の産品を渡す。ここで財の比例的均等があれば応分的行為が生じ、先述の結果が生じる。比例的均等がなければ交渉は均等ではなく、【57】成立しない。ある者の仕事が他の者の仕事より劣ることになるからである。だからそれらは均等にされねばならない。……交換し合うのは二人の医者ではなく医者と農夫、また一般に異なる不均等な人たちである。しかし彼らは均等化されねばならない。……だから家と交換される靴の数は大工と靴屋の比率に一致すべきである。さもないと交換は生じず相互交流もない(18)。

アリストテレスは議論のこのくだりで人間の要求の充足という要因を公正な取引条件の成立にとってやはり重要なものとして導入する。続きを見よう。

> この比率は財が何らかの形で均等でなければ生じない。だから……すべての財は何か一つのもので測られねばならない。……この単位とは実は需要［要求］であり、需要がすべてのものを束ね合わせる（人が互いの財をまったく欲しがらないか、それを等しく必要としないと、交換は生じないか、均等な交換は生じない）……(19)。

交換が既存の社会・経済関係を存続させるように行われるべきなら、個人の要求と不均等を計算に入れるべきである。これら二つの要素を欠くと交換様式は搾取と社会不安という混沌に陥ってしまう。アダム・スミスの市場の「法」の論理が市場の作用する安定した社会的枠組を必要としたように、アリストテレスの世帯間関係の「法」には平和と秩序の確立が必要なのである。なおアリストテレスの場合この「法」に不足があれば革命が起きて既存秩序が覆される。彼の「法」は社会の均衡の法である。

(2) 効用価値説の一面

交換が生じるには人間の要求が必要で、この要求はすべての財の尺度を求める。アリストテレスのこの言明ゆえに彼の理論が効用価値説だと考える発言が相次いだ。【58】どの物資の交換価値もその使用価値または欲求や要求を満たす力に依存する。推論はアリストテレスの別のくだりからも導くことができ、それらを総合すると一貫して効用に根ざす価値論が構築できる。

アリストテレスによると、物資やサービスの使用価値はそれが人に善を生み出せる力に由来する。曰く「だから(例えば)快いことと快の関係は有用なことと善の関係に似ている。いずれの場合も一が他を生むからである。ここで快がある意味で〈善〉なら快いことはある意味で〈有用である〉。明らかにそれは善を生むとみなすことができ、快は善だからである[20]」。アリストテレスはさらに、使用価値に純粋に主観的位置づけを与えていると思われる。「……有用なものは恒久的ではなくいつも変化する」と述べるからである。そして、人間の欲求や動機が急変する例を挙げてこの言明を裏づけるのである[21]。彼はデモクリトゥスと同様、あるときにはどの一つの物資の使用価値も所有量が増えると低下し始めると見ている。「……他のどの道具でもそうだが外的な善には限界があり、有用なものは多すぎると所有者にとって有害か、どんな率でも無益になるという特質がある……[22]」。アリストテレスはまた物資の使用価値がそれを顕示的に消費するときには大きくなる場合があることも意識している。「また私たちがもつと知られたものはもつと知られぬものよりよい。もつものは現実味を帯びるからである。だから富はその存在が他人に知れているなら、より大きな善とみなしうる[23]」。

アリストテレスは物資やサービスへの需要はその使用価値の関数で、需要はものを使う範囲が広いか限られているかで違うとする。「望ましさ」の一般論の中で彼は記す。「さらに、いくつの意味で、また便宜、名誉、快などの目的を想定して〈望ましい〉が使われるかを見分ける必要がある。それらすべてか【59】大半にとって役立つものが、そういう形では役立たないものより望ましいとみなされるだろうからである[24]」。需要をとおした使用価値の実現こそ物資の交換価値を保証する。上述したが、需要は財が測られて「すべてのものを束ね合わせる」単位である[25]。

アリストテレスはまた、価値が稀少性 scarcity なり稀覯性 rarity から影響を受けるとも述べる。曰く「珍しいものには豊富なものより大きな善がある。かくて金は鉄よりも役立たないが善い。それを得るのは難しく、このため得る価値は勝る」[26]。このように稀覯性を導入していても、価格が効用や生産コストで直接決まると示唆しているわけではない。むしろ個人が稀覯なものを獲得すると、まさしくその稀覯性が社会的高評価、誇らしさなどの善を生むとしている。このとき物資はより大きな効用をもつ。彼曰く「善も他人がもたない各人固有のもので、特殊なものである。これがそのものに付される価値を高めるからである」[27]。彼は他で述べる。「より顕示性に勝るものは劣るものよりも望ましく、簡単なものよりは難しいものが望ましいのがもう一つの規則である。私たちは簡単に入手できないものを所有することをより高く評価するからである」[28]。

アリストテレスの思考展開における効用価値説的な一面には、価値というテーマについての重要な知見が一そろい含まれる。この知見がスコラ学者の著作で再度現れ、十九世紀後半にオーストリア学派の経済学者らが表明したもっと広範な限界効用理論の一部をなすのである。アリストテレスにはオーストリア学派の先駆者としてさらに進んだ議論があるとする経済学史家もいる。彼らは価値決定における効用逓減の重要性をアリストテレスが発見したとし、また生産要素価値が最終生産物の市価から帰属配賦されるとの観念もそうだとしている。

【60】しかしこれらアリストテレス起源説の妥当性はどちらかというと疑わしい[29]。アリストテレスが効用はある物資を所有または消費したあとは逓減すると考えたのは事実である。しかし限界効用と消費量の間の連続的な関数関係を示す一覧表という肝心の概念は彼の思考にはないのに対して、オーストリア学派の思考にはある。価値帰属の問題についてもアリストテレスは最終生産物（「行為の道具」）を生産要素（「生産の道具」）からはっきり区別している[30]。また目的の望ましさ次第で目的にとっての手段の望ましさも変わるという一般原則も支持している[31]。これらから、アリストテレスは経済的な量の場合は人間以外の生産的貢献因の価値はそれによる生産物の価値で決まると考えていたようだと推測するのが理に適う。しかしこれは単なる推測にとどめるべきである。目的と手段についての一般的原理を「行為の道具」と「生産の道具」の関係に適用したくだりはないからである。

（3）労働 - コスト価値説の一面

以上の推測からは、交換価値は市場の需要で表された効用の評定の影響から生じるという経済思想の伝統の始まりにアリストテレスが位置することが示唆される[32]。ところが多くの優れた学者が彼の著作に効用価値説ではなく労働コスト価値説を見出してきた。具体的には聖トマス・アクィナス、現代の著名な古典学者W・D・ロス、経済学者ジョーゼフ・シュンペータらである。彼らの解釈によると、アリストテレスは財が交換される比率は生産コストに等しいのではなく使用時に感じる満足に等しいのではないと主張している。例えばシュンペータは記す。「【61】アリストテレスは労働コストによる価格理論を模索しているのにそう明言することはなかった」[33]。これが事実なら、彼は最終的に哲学者ジョン・ロックが表明してアダム・スミスが取り入れた立場の方に思考を進める作業をしていたことになる。

この手のアリストテレス解釈の芽は、世帯間交換で取引条件を定めるときに交換者二人の立場が不均等なことが認識されるべきだとの主張にある。彼の念頭にある不均等性の性質ははっきり特定されていないので、のちの読み手の中にはこの交換者がとった生産コストの差にふれていると見た人も多い。アクィナスはアリストテレス『倫理学』の註解で記す。「大工や農夫が労働とコストの骨折りを乗り越えさせるだけの家や食物と等しい靴が交換で与えられると公正が保たれるだろう[34]」。聖トマスはまた「物資をつくる職人が量と質で同様の物資を受け取らなければ手わざ《アート》が破壊されることになる。交換が公正であるためには、ある人の労働は別の人の労働と比較されねばならない[35]」。アクィナスはこの評注でアリストテレスの交換の公正論のうち特に不明瞭なくだり（*Ethics*, 1133a）にふれている。それは、手わざは「行為者たちのなしたことと耐えたことがちょうど同じでなく、量と質が違うと、破壊されよう」と解釈している。アクィナスは師の大アルベルトゥスと同じく、このくだりは取引条件が生産コストを賄えなければ供給がなされないという意味だと信じた。大アルベルトゥスは記す。「双方の生産的努力がそれと同量のものを受け取るべきであるなら同量の労働と経費が互いに引き渡されねばならない。家具職人が自分の努力の分だけの量と質を受け取ることがなければもうベッドをつくらないだろう。かくて家具職人という職業はなくなってしまう……[36]」。

今日に至るまでの幾多の書き手が聖アルベルトゥスや聖トマスと同じ意味のことをアリストテレスに【62】読み取った[37]。しかし哲学者《アリストテレス》が交換の論脈で個人の不均等にふれた際に生産コストの差を意図していたのかは決して明らかではない。本当には何がアリストテレスの念頭にあったのかという問題をめぐって、彼の思考で労働コストが重要だと見ない評注者の意見は分かれる。例えばジョーゼフ・スデクの議論によると、アリストテレスにとって「技術とは人々の間に不均等を生み出すもので」、技術の価値の相違は「ある技術と交換される別の技術による産品の量で測れる[38]」。他方でカール・ポランニは、アリストテレスの見解によると「価格は参加者たちのコミュニティ内での位置づけに従うとしても公正に設定されており、そのことでコミュニティの基盤にある通用力 good will〔のれん〕を強める」と反論している[39]。アリストテレスがふれた「地位社会 status society」のようなものの中での社会的位置づけは、スデクの分析が述べるようには市場の中で決まらない。人間の不均等性は血筋、政治的重要性、宗教などの非経済的な要因次第で決まる。人間や人間がもつ技術の相対的価値は非経済的な基準で決まり、その基準による人間の身分が取引条件に自律的な影響を及ぼす。アリストテレスが示唆していると見られるように、取引に供される財では効用の違いも重要で、効用と地位という二つの独立な価値の層状序列が相互作用をへて、世帯間取引の個々の事例すべてで実際の交換比率を生み出す。

（4）比例的応分論の定式

効用が交換当事者の労働コストや労働技術や相対的な社会的地位との間にもつ相互作用のあり方が【63】いかに公正な取引条件を生み出すかを、アリストテレスは何ら明確に説明していない。だが現代の研究によると、ピュタゴラスの数学が公正の個々別々の形態の作用に関するアリストテレスの区別に与えた影響を吟味すればこの相互作用の謎を解く鍵が見つかる[40]。ピュタゴラス派は音楽の和音《ハーモニー》の実験から数秘術を構築し、アリストテレスは神秘的内容すべてをそぎ落とし、分析ツールとしてその知見を数学的関係の側面で用いた。こうして分配の公正の作用は幾何学の比に由来する幾何学的中庸の考え方を背景としている。矯正または修正の公正では重要な中庸は算術的な比に由来する算術的中庸である。

　世帯間交換で大切な公正の形態である交換の公正に関しては、適切な中庸は調和的《ハーモニック》な中庸であろう。調和的な比の考え方はピュタゴラスの影響を受けた思想家タラントのアルキュタス（Archytas of Tarentum 428-347 BC）から生まれた。彼はプラトンの同時代人で友人であった。数学者サー・トマス・ヒースがアルキュタスの『音楽論』から引用している。

> 　三つの項のうち第二項が第三項を上回るのと同じ量だけ第一項が第二項を上回るとき算術的中庸がある。第二項の第三項に対する比率が第一項の第二項に対するそれと同じなら幾何学的中庸がある。三つの項が、第一項が第二項を何らかの割合で上回り、第二項が第三項に対して同じ割合で上回る関係にあれば「調和的」と呼ばれる「小反対的 subcontrary」中庸がなる[41]。

だからこの定式で示された調和的な中庸は、aとcの間が調和的な中庸bとするとこうなる。

$$\frac{a-b}{b-c}=\frac{a}{c}$$

アリストテレスが応分的な比について述べるとき【64】アルキュタスが展開した調和的な比の考え方が念頭にあったのだろう。交換における人と財の相互作用はこうした比が示す形に合致すべきである。

　公正な取引条件の確立に比例的応分性を用いるアリストテレス思想のもう一つの鍵はエウクレイデス〔ユークリッド〕の著作にある。彼の『幾何学概論』はその前のピュタゴラスによる幾何学論文から想を得ており、比例的応分性の考察も見られる。ヒースによると、エウクレイデスは「第一のものの一つが他の大きさの一つに比例し、最後の二つの残り一つが第一のものの残りに比例するとき、二つの大きさが他の二つに対して応分的に比例するとされる[42]」と述べた。比例的応分性の定式はこう書ける。

$$\frac{A}{C}:\frac{B}{D}::\frac{A}{D}:\frac{B}{C}$$

この定式をもとにジョーゼフ・スデクはアリストテレスの交

換分析が「二つの産品の交換比が、Aが受け取るものに彼が手渡すものの効用と、逆にBが受け取るものに彼が手渡せるものとの比率に応じている」[43]と述べる。スデクはC／Dが交換比率を表すとして、この発見をこう書いている。

$$\frac{A}{C}:\frac{A}{D}::\frac{C}{D}::\frac{B}{D}:\frac{B}{C}$$

彼はこの結論を導いて、アリストテレスは個人間の不均等を重視したとき各人の技能の購買力の差を指していたと解釈する。既述のとおりこうした解釈には議論の余地がある。

スデクの発見の延長上にS・T・ロウリはアリストテレスに関する見解を示す。「二者間での物々交換の取決めにおいて公正な配分を定める中で各人が相手の財を欲しており、AはBの財を自分の財よりも欲しく、逆も真なりである。これら四つの価値はそれぞれの観点が異なろうが重なろうが取引の前提条件をなす」[44]。ロウリは補足する。この前提条件が与えられると「取引における〈自然的〉公正と相互利益の制約内で弱まりゆく振子的な交渉プロセスの形式的、数学的定式化も、既存の主題に含まれるものと思われる」[45]。アリストテレスはその交換モデルで【65】、当事者双方での交渉や、関連する相反的諸力の間を行き来するさや取りの帰結として実際の価格が現れるような価格形成プロセスを想定し、それを取り巻く制約を定めようとする。彼のモデルにおける取引条件の決定因の相互作用を取り巻く曖昧さは、交渉やさや取りのプロセスを描き出すのにふさわしい数学的ツールがないことに起因する部分が大きい。

(5) 世帯対市場

本書第2章では経済学についてのアリストテレスの学問観が現代の経済学者の大半がもつそれと大きく異なることを見た。「経済」を構成する要素の彼なりの理解と、今日支配的なそれとの間にも明確な対照がある。この対照をふまえると、価格決定に対する彼の分析法と、したがって価値に関する彼の解明の性質について現代の読者が明確な理解の道をたどることの難しさは説明がつく。

一八九四（七四の誤りか）年、フランス人経済学者レオン・ワルラスはこう書いた。「おそらく世界全体が多様な個別的市場が織りなす一つの広大な一般的市場とみなせる。そこでは社会的富が持ち込まれて売られる。私たちの課題はこうした売買が自動的に従う傾向にある法則を発見することである」[46]。一連の相互依存的な市場がそれに内在する同じ基本的な「法則」群に従って作用すると見るこの経済観が、新古典派経済思想の構造体全体の形を定めるものである。これはある程度までそれ以前の思想家、例えば十六世紀のスコラ学者レオナルドゥス・レッシウスが先取りしていたが、十九世紀前半に古典派経済学者が三つの「階級」なるもの（地主、資本家、労働者）の関係に注意を集中したためにぼかされていた。十九世紀後半になって初めてこれは本来の姿に戻る。この経済観はアリストテレスの経験と哲学にとってはまったく異質なものである。

アリストテレスにとって経済的関係とはワルラス的な意味での市場的関係ではなく、むしろ【66】世帯の内部と世帯間における連携である。世帯の諸関係を断ち切る自律的な市場世界なるものはない。各独立世帯が機能する際に携わる国内的、内部的な経済活動があり、独立世帯が織りなす大圏域《マクロコズム》の公的事柄として都市国家がある。それに加えて、都市国家間や世帯間の関係全体を包摂する外的な「対外的《フォーリン》」活動がある。世帯と世帯が財を交換すると、それが一国内の出来事であっても「対外的」な交易なのである。これがアリストテレスの価格決定論分析に骨格を与える経済構造観である。

哲学者《アリストテレス》の視点には世帯間交易と各地の財市場活動との間に明確な区分がある。それはまた後者がほとんどないしまったく重要でないこと、あらゆる社会の生活にとって肝要ではないことも示唆する。アリストテレスがこうした見方をとれたのは、それが当時の社会的営みの多くに対応していたからである。コミュニティ内での富裕市民間での交換は開放市場活動の形で行われなかったし、恒久的地域市場は相対的に稀にしかない制度で、見られても都市の社会的枠組の周縁部に限定されることが多かった。クセノポンはアリストテレスと同門のソクラテス派としてこう見ている。「品物を売り歩く行商人、彼らの叫び声、彼らの粗野さはこの町の中心部から別の所に追いやられている。それは彼らの騒がしさが洗練された市民の秩序ある生活に侵入してはいけないからだ[47]」。

すでに見たが、アリストテレスにとって「洗練された市民の秩序ある生活」は小売や金融の営業活動とはかけ離れたものであった。彼は市民間での交換の公正を検討したとき、アテナイのアゴラのような市場にいる外国商人や非市民銀行家がもつのとはまったく別の諸関係を念頭に置いていた。商業や銀行業のように需要と供給や機械的様式で動く世界は、市民相互の秩序だった交換の体系にとってはせいぜい周縁的である。アリストテレスの経済は後者の中にしっかりと定位されたものであった。

【67】開放市場における価格形成は交換の公正の分析という関心からアリストテレスが追究したような現象ではない。彼は新古典派の経済学者アルフレッド・マーシャルが各商品の総量が横軸で、単位あたり価格が縦軸で示されるグラフによって描き出せた均衡メカニズムを論究してはいない。彼はむしろ、マーシャルが二財それぞれの総量を示す二本の軸を用いてグラフで示すことにしたものに注意を向けた。これは行為者二人が二財を交換する状況（物々交換）における取引条件の決定である。

アリストテレス交換論の全般的論調が示すのは、国際取引に類した状況を取り扱っているという点である。例えば、世帯間交換で要求（需要）の役割を説明するとき都市間取引を引合いに出して役割の例を示している。それを見ておこう。「需要がものを一つの単位として束ねることは、人が互いを必要としない、すなわちどちらも他を要求しないか一方が他方を要求しないとき彼らが交換しないということで示される。私たちは自分がもつものを相手が欲したとき、例えばワインと引換えに穀物の輸出を認めるときには交換するのである[48]」。『政治学』でもこれと同じ例示が行なわれる（1257a）。またも交換における貨幣の役割を扱う際に、一人の買手兼売手がある財の実際の価値を他方の価値より大きく、または小さく求めると貨幣が財を「過剰と欠損」に置くとされる。世帯間の「支払差分」[3]は通貨の移転によって均衡に帰着する。彼は述べる。「貨幣はある意味で仲介者となる。なぜならそれはすべてのもの、したがって過剰と欠損を測るからである。つまり何足の靴が家一軒またはある量の食物に等しいかである」[49]。

アリストテレスの交換モデルは国際貿易論の二国二財の例に似ているがゆえに、彼がどの程度まで[2]【68】ずっとあとに出てきた交易条件決定論を先取りしていたかが問題になる。ここで、アルフレッド・マーシャルの見立てではのちの発展の「進路を決めた」[50]ジョン・スチュアート・ミルの開拓者的な仕事がよい参照点になる。ミルの立場をジェイコブ・ヴァイナーがまとめている。

> ミルの考えでは、均衡交易条件は二財が国内で製造できるようなコストの、各国それぞれの率で定まる上限と下限の範囲内にないといけないが、交易条件の厳密な水準は、二国における自国産品表示での対他国財需要、つまり「相互的 reciprocal 需要」で決まるだろう。均衡は、各国が相手国から輸入するという意味で需要する財の量が正確にお互いに収支尻が合うような交換比率において成立するだろう。この規則をミルは「国際需要均等式 equation of international demand」とか「国際価値法則 law of international values」と呼んだ[51]。

ミルは市場均衡の条件を扱っているが、アリストテレスは社会的均衡の条件が公正な解決法だと見てそれを扱っている。しかしひとたびこの相違を認めるなら、彼らによる交易条件均衡の描写はよく似た力の作用を視野に入れている。〔第一に〕ミルの「国際需要均等式」は、アリストテレスが社会的均衡には世帯間の等価物交換が必要だと見て重視したことに重なる[52]。〔第二に〕さらに言うと、ミルの「相互的需要」はアリストテレスが相対的需要または必要を「比例的応分性」が作用する中核的要因と見て独立に取り上げたことを思い起こさせる。第三に交易条件の上限と下限を画する特定の限界がある点は両者の分析の特徴である。しかしアリストテレスの画した限界が【69】ミルのそれとは違って単に生産コストの問題なのか、さらにそれは経済的コスト全般を念頭に置いたものでもあるのかは疑わしい。彼の世帯は商業的計算のもとに生産しているわけではない。むしろ消費者のコミュニティとして自給水準を求めているのであり、「輸出」する余剰物は彼らの専門分化した生産活動がたまたま生み出して残したものにすぎない。

アリストテレスが取引条件決定に画した限界は広範な社会的決定因子だと思われ、生産や交換の任に当たる人たちの社会的地位や修得技術の不均等による限界である。ミルやその後の思想家すべては経済学の研究を介して社会的交換の分析を一般化する試みをしたが、この点ではアリストテレスの方がはるかに広い範囲の一般化を行なっていた[53]。彼は公正な取引条件の確立を、経済変数の相互作用を条件づけて形を与える社会的現実の一般的枠組に関連づけようと骨折っていたことになる。

原注

(1) K. Polanyi, 'Aristotle Discovers the Economy,' in Karl Polanyi, Conrad M. Arensberg and Harry W. Pearson eds., *Trade and Market in the Early Empires*, New York: Free Press, 1957, p. 65.
(2) E. Roll, *A History of Economic Thought*, London: Faber, 1961, p. 31.
(3) ここに引いた批判は次に見られる。E. A. Havelock, *The Liberal Temper in Greek Politics*, London: Cape, 1957, pp. 359–64.
(4) *Republic*, 371B. 次も参照。*Law*, 742, A. B.; 918B.
(5) *Laws*, tr. by R. G. Bury, Cambridge, MA: Harvard University Press, 1952, Bk. V, 742.
(6) *Ethics*, 1133a.
(7) Op. cit., 1133b.
(8) Loc. cit.
(9) Cf. K. Polanyi, op. cit., pp. 83–91. アリストテレス思想のこの一面はこのあと本章の価値論についての節でも扱う。
(10) Aristotle, *Politics*, 1257a.
(11) Plato, *Laws*, tr. by B. Jowett, 850（and 915）.
(12) Op. cit., 921.
(13) Aristotle, op. cit., 1258b.
(14) E. Cannan, W. P. Ross, J. Bonar, P. H. Wicksteed, 'Who Said "Barren Metal?"', *Economica*, No. 5, June 1922, pp. 105–11.
(15) プラトンの共産主義に対するアリストテレスの攻撃は『政治学』第二巻で詳細に展開される。
(16) *Ethics*, tr. by W. D. Ross, 1131b. この手の公正では不対等な各人は互いの不均等性の程度に応じて扱われる。
(17) Op. cit., 1132b.
(18) Op. cit., 1133a.
(19) Loc. cit.
(20) Aristotle, *Topics*, 124a.
(21) *Ethics*, 1156a.
(22) *Politics*, 1323b.
(23) *Rhetoric*, tr. by W. Rhys Roberts, 1365b.
(24) *Topics*, 118b.
(25) *Ethics*, 1133a.
(26) *Rhetoric*, 1364a.
(27) Op. cit., 1363a.
(28) *Topics*, 117b.
(29) 次を検討のこと。J. J. Spengler, 'Aristotle on Economic Imputation and Related Matters,' *The Southern Economic Journal*, XXI, April 1955, pp. 371–89.
(30) Aristotle, *Politics*, 1253b.
(31) 例えば *Topics*, 116b.
(32) アリストテレスの影響の継続性については次を見よ。Emil Kauder, *A History of Marginal Utility Theory*, Princeton: Princeton University Press, 1965, esp. pp. 15–29. エミル・カウダー『限界効用理論の歴史』斧田好雄訳、嵯峨野書院、一九七九年、二五―三七頁（第二章）。
(33) J. Schumpeter, *History of Economic Analysis*, New York: Oxford University Press, 1959, p. 61.
(34) *Commentarium in X. libros ethicorum ad Nichomachum, Liber V*, Lectio. 9.

(35) Op. cit., Lectio. 8.

(36) *Ethicorum lib. V, tract. II*, Cap. 7, Number 28.

(37) 関連文献の批判的通覧として次を見よ。Joesef Soudek, 'Aristotle's Theory of Exchange. An Inquiry into the Origin of Economic Analysis,' *Proceedings of the American Philosophical Society*, Vol. 96, No. 1, Feb 1952, pp. 64-8.

(38) Op. cit., p. 60.

(39) K. Polanyi, op. cit., p. 80. この見方を支持するアリストテレスの発言は「分配における公正は何らかの意味での技量 merit に従うべきだということには誰もが同意する」というものである(*Ethics*, 1131a)。彼における技量は経済的成功度と同じとみなされるべきではない。それははるかに広い参照枠である。

(40) 本章本節の以下の記述は主にスデクらの発見に依拠している。Joseph Soudek, op. cit. and Todd Lowry, 'Aristotle 's Mathematical Analysis of Exchange,' *History of Political Economy*, Vol. 1, No. 1, Spring 1969, pp. 44-66.

(41) Sir Thomas Heath, *A Manual of Greek Mathematics*, Oxford: Clarendon Press, 1931, p. 51. アルキュタス「音階論」森泰一訳、『ソクラテス以前哲学者断片集』第Ⅲ分冊、内山勝利編、岩波書店、一九九七年、一一九頁。

(42) Sir Thomas Heath, *The Thirteen Books of Euclid's Elements*, Vol. II, Cambridge University Press, 1926, p. 189.

(43) J. Soudek, op. cit., p. 74.

(44) S. T. Lowry, op. cit., p. 51.

(45) Op. cit., p. 64.

(46) L. Walras, *Elements of Pure Economics*, tr. by W. Jaffe, Allen and Unwin, 1954, p. 84. ワルラス『純粋経済学要論』久武雅夫訳、岩波書店、一九八三年、四五頁。

(47) Xenophon, *Cyropaedia*, I. ii. 3. 邦訳(第2章訳注4参照)、九頁。

(48) *Ethics*, 1133b.

(49) Op. cit., 1133a.

(50) A. C. Pigou ed., *Memorials of Alfred Marshall*, 1925, p. 451.

(51) Jacob Viner, *Studies in the Theory of International Trade*. London: Allen and Unwin, 1955, p. 536. ヴァイナー『国際貿易の理論』中澤進一訳、勁草書房、二〇一〇年、五一三頁。

(52) 交易と市場が別のものであった古代社会で等価物交換が果たした決定的な役割については次を見よ。K. Polanyi, op. cit., pp. 87-91.

(53) 次を参照。George Dalton ed., *Primitive, Archaic and Modern Economics: Essays of Karl Polanyi*, New York: Doubleday, 1968, pp. 79-80. ここではアリストテレスは「人間の生活条件の問題について、のちの書き手の誰一人不可能であった抜本性をもって、すなわち人間の生活の物的組成にこれほど深く入り込んだ者はいないほどに」探究したと述べられている。

訳注

[1] 原語は *κολος*《コロス》だがラテン化して訳す。

[2] 原語は terms of trade で、国際経済学では「交易条件」と訳すが、国内取引を含む一般的な論脈では「取引条件」とした。

[3] 原語は balance of payments で、「貿易差額」「国際収支」と訳される。

第4章　経済活動に関する聖書や教父の見解

次代のギリシア哲学者は、ソクラテス学派よりも大なる程度において個人による人間的欲求の規制と抑制が稀少性問題を理解する最も合理的な手法だと考えた。例えばキュニク派のディオゲネス（Diogenes 412-323 BC）は、物的に極限まで簡素な生活様式をとった。彼が言うには、英雄プロメテウスは次々と革新的方式を生み出し【71】先端の生活水準がそれなしで立ち行かなくなったので神々に罰せられたが、この処罰はとても正しい。またディオゲネスはアリストテレスが経済的だとして認めた限度内の獲得活動すら否定し、稀少性に由来する圧力から真に自由でいたいと思う人にとっては無駄な試みだとした。

エピクロス（Epicrus 342-270 BC）とその一派は苦の極小化と快の極大化を人間存在の到達点としたが、それらは欲望の切詰めで最もよく達成されると説いた。ストア派哲学者も世界の変転激しい運命に感情面で関わることから自由になろうとし、生活の物的条件に対する深い関心すべてから距離をとるよう勧めた。バートランド・ラッセルはこれら哲学諸派の姿勢を要約して記している。

【70】ソクラテスより後の時代に生まれたギリシア哲学の主な学派は、プラトンとアリストテレスが示した道のさらに先に経済分析を進めることはなかった。既述のとおりソクラテス学派は社会生活のあり方を説明する手段として、また都市国家内での生活を規制する基準をつくるために、経済を分析した。ポリスのシステムが解体し始めると、彼らは伝統的な政治的枠組を救い出して改良しようと骨折った。ところがキュニク派、懐疑派、エピクロス派、ストア派など他の哲学者らは古い秩序の崩壊を受け入れ、それゆえ経済学を研究するときプラトンとアリストテレスを導いたような理由づけは失ってしまう。

人間が「都市国家的生き物 city-state animal」として注目されなくなって主に独立の個体として関心をもたれるようになり、それはまた全人類という同胞全体の一部とも考えられた。地域主義ではなく個人主義と普遍主義が現れて両方が重視され、各地域のコミュニティ関係に対する人間の関わり合いのあり方が道徳問題を左右するとの見方に対置された。だからこの諸関係に縛られた経済活動は新時代のモラリストの関心を直接ひくことはなくなった。

……アリストテレスは世界に闊達に対処した最後のギリシア哲学者である。彼以降はみな、各人各様に隠遁の哲学をとった。世界は悪である。それから自由であることを学ぼうではないか。外的善には注意せよ。それは運命の贈り物であって、私たち自身の努力に対する報酬ではないのだから。(1)

この隠遁主義のおかげでソクラテス派的な経済分析からの離反傾向が強まり、またヘシオドスやソピストのような形の経済分析は排された。しかし同時に、パレスチナでは隠遁主義や「外的善」の命令は単に「運命」の帰結または盲目的宿命の作用によるとの考え方に反対する長い伝統が息づいていた。この伝統は経済活動のとらえ方に具体化され、それはここまで述べてきたすべてのものを上回る。だからのちの世紀のヨーロッパ社会思想の進化経路を定めるうえできわめて大きな影響力をもつのである。

1 旧約聖書

太古、まだ世界に人影なきころ、あなたがお考えを抱いて言葉によって命じられると【72】創造のみわざがただちにみ前に現れた。あなたはご自身の世界にあなたのみわざを管理する者として人を創造したと言われ、世界のために人が創られたのではなく人のために世界が創られたことがわかるだろうと言われた。(2)

経済活動とは財と資源を唯一の神のために管理することだという考え方がユダヤ思想の核にはある。こうした経済生活観は聖書の初めの方の書に見え、キリスト教時代には福音書の作者にも取り入れられて、人間の役割とは「管理 stewardship」だとされた。イスラエル地域では人々は全面的に神に帰属し、人々の時、土地、産品、そして事実上彼らの所有物すべてが神から管理を委ねられて所持されているのであった。だから経済活動とは彼らが管理術を実施する際の一局面であり、このため経済学研究とは人間に託された務めを正しく導くための探求の一環をなした。十七世紀イギリスの重商主義者トマス・マン（Thomas Mun 1571-1641）は商人を「王国の富の管理者」として描いたが、(3)これはユダヤ教、キリスト教の二宗教思想にある根本教義に世俗的な表現を与えたものである。

ユダヤとギリシアでは経済問題の理解の仕方は好対照をなすが、その原因は特にユダヤの最古の書物であるモーセ五書によって与えられた。これが確定的に記述された形をとるのは紀元前九～八世紀である。五篇からなる「モーセ五書 Pentarch」とは創世記、出エジプト記、レビ記、民数記、申命記で、基本的に東方的文化を伝えている。とりわけバビロニア帝国による長い西アジアの文化的支配の反映が見られる。モーセ五書（「トーラー」とも）の起源はエジプト人が「アシア人 Asiatics」と呼んだ遊牧民の経験したことに遡り、それらは書き下ろされる以前に何世紀もわたって口承で伝えられていた。

(1) モーセ五書

【73】経済生活のユダヤ的な理解の核は創世記のまさしく始まりで確立されている。同書第二章では仕事がヘシオドス－ロビンズ的な考察が示す稀少性への対応としてではなく、人間の堕罪以前の機能、主の意向と命令への対応として描かれている。堕罪以前、人が目的と手段の何らかの不つり合いが押しつける力のもとにあるとは何も示唆されない間は、「主なる神は人を取り立ててエデンの園に置き、それを耕して維持するようにされた」（「創世記」2: 15）[4]。経済の問題は何よりもまず創造主のご計画を実行に移すときの問題で、人はその計画において成長と発展を担う重要な行為主体とみなされている。「生んで殖え、地を満たして地を思うままにせよ。そして海の魚、空の鳥、地を動くあらゆる生き物を支配せよ」（「創世記」1: 28）。

これらのくだりでは仕事は積極的な善、経済成長は追求すべきものとされ、人は被造物の主としてつくられたとされる。これが示唆するところでは、人の神との類似性はおおむね人が被造物を主として支配してよいという点に見出され、被造物は人が神に従うのに似て人に従うのである。すでに見たソクラテス派の哲学者たちは自然を支配するというよりは自然と調和する者として人を描き出していた。そのうえ労働は侮蔑して経済成長は悪とみなしていたのであった。だから経済活動の意味の理解において彼らとユダヤ人のとらえ方の間には根の深い相違がある。

「創世記」の物語は先に進むが、人が不服従によって恩寵から滑り落ちたとしても、そのことで主の管理者だという彼の基本的役割は変わらない[5]。ところが成長と発展の担い手という彼の仕事はいまや苦渋に満ちた色合いを帯びる。なぜなら【74】被造界は人とともに堕ち、彼の命令にあまり従わなくなったからである。主はアダムに告げられた。

> 地はあなたのゆえに呪われた。あなたは終生、来る日も来る日も骨折って地からとって食べねばならない。地で茨や薊《あざみ》に出くわす。そうやって畑の植物を食べる。地に帰るまで額に汗してパンを食べねばならない。……（「創世記」3: 17–19）

ここにはまた、人間の消費水準はいまでは堕罪前にはなかった方式での生産活動次第になっていることも示唆されている。いまや彼は「畑の植物を」食べる。以前は「エデンの園のどの木からも自由に取って食べ」られたのに。エデンの園の木は「見て心地よく食べてよいようにすべての木が成長するものにした」（「創世記」2: 8–16）主自身が植えたものであった。人間による世界の開発法をめぐる選択の条件は、自然 Nature が欠乏に転じたときに突きつける、生存に向けた戦いが示す。稀少性が登場し、経済活動の鍵を握る成長にとって代わるのではなく、それを制約する。

稀少性は制約を課すとしても、革新の運動の原因として描かれる。新たに見出された難局によってアダムとその子孫は組織的牧畜と農耕の道につくようになる。自然災害が発生したときに対処したからこそノアの並外れた器用さが発揮された。また殺人者ケイン（「あなたは地を耕せどその力はあなたを益さない」とされる）の家族こそ、意味深い一群の革新の提唱者として現れる。ケイン一族が初めに都市を築き、冶金労働を見出し、遊牧的牧畜生活の技術をもたらし、初めて楽器をつくる（「創世記」4: 12-22）。難局と苦悶が人間を刺激して神が与えた仕事を実行させる役割を果たす。発展は続く。しかし堕罪後の世界では、それはコストなしではすまない。

人間が被造物の主として変動する経済の必要に応じて資源を利用するように描き出されるものの、モーセ五書は彼に環境問題にも敬意を払うよう求めている。自然は造物主の手仕事で成り、主の偉大を示し、そういうものとして注目すべき自律性を保持する。だから例えば【75】「申命記」（歴史的背景の中で律法の教えを示す書）では、戦争の法の一つにこういうものがある。

> 町を占領しようとして戦いを仕掛け長らく包囲しても、斧を振り上げてその木々を伐採してはならない。木の実を食べてもいいが切り倒してはならないからである。あなたは野の木々を人のごとく攻めねばならぬのか。実のならぬ木のみは、挑みかかって切り倒し、砦をつくってよい。あなたが戦う町が陥落するまで。（「申命記」20: 19–20）[6]

「申命記」の教えは多くが経済事案の規制を直接扱っている。主がイスラエルに与えた土地や資源を取り扱う際にこうした教えに従うことが、稀少性問題を解決する手段である。曰く、「あなたの神である主の声に従う気になり、今日私があなたに命じたこの戒めすべてを守るよう気をつけさえすれば、あなたがたの中に貧しい者は出ない」（「申命記」15: 4-5）。戒めは消費習慣の規制（14: 3-21, 22: 5, 11）、生産活動（22: 9, 10, 24: 4）、産出と生産要素の分配にまで及ぶ。例えば必要物は什一供物を求めたり（14: 28, 26: 12）、祭りに参加すること（16: 11, 14）で支えてもらえよう。安息年には債務は帳消しにされ、奴隷は独立生計で再出発する資本をつけて解放される（15: 2, 12）[7]。売買についても同じ標準的措置がいつも使われ（23: 19–20）、貸付では貸付の担保にとれない種類の品がある（24: 6, 10-13）。外国人商人への貸付に対する利子徴収は【76】特に認められるが、同じイスラエル人に対しては貨幣の貸付でも財の貸付でも禁じられる（23: 19–20）[8]。

「出エジプト記」も「レビ記」も同邦人に対して利子を課すことは弾劾している（「出エジプト記」22: 25、「レビ記」25: 35-37）。これらの例では、禁止対象は貧者への消費貸付のみと考えられる。「レビ記」第十九章には農業生産への取組み、貧者の世話、賃金支払い、消費習慣、財販売などを扱った教えが見られる。第二五章は五十年記念祭《ジュビリー》の制度が扱われる。このとき既存の経済関係は基本から見直される。この年には土地は休耕にされ、土地財産は元の所有者に戻され、奴隷は解放され、債務の軽減または少なくとも返済猶予が認められる。[9] これは資源（土地、奴隷の形をとる資本、将来所得に対する権利）の所有と支配のあり方における周期的な平和革命をうかがわせるが、その底には人間はこれらの資源が主のためになるようにただ管理または運営するという見方がある。主は言われる。「土地は恒久的に売るものではない。土地は私のものだから。あなたは外来者であり、私のもとに逗留する者である」（「レビ記」25: 23）。「創世記」で素描された経済活動の意味のとらえ方は「レビ記」でも維持されている。

（2）預言者たち

トーラー各書の考え方は紀元前一〇〇〇年以前に遊牧民だったヘブライ人の経験に基づいている。彼らはカナンの地に定住してから王を擁立する必要を感じるに至り、まずサウル、のちにダヴィデ（David 1005–970 BC）やソロモン（Solomon 970–930 BC）が出た。政治構造におけるこの変化は周辺のカナン系住民たちの慣行や慣習を取り入れる傾向を反映しており【77】、このプロセスの一面としてシナイ山の盟約に根ざす伝統的な宗教的観念はユダヤ人の各集団の中で吸引力を失いつつあった。イェルサレム陥落以前と紀元前五八六年のバビロン行きの始まりまでの時代には、継続的に現れた社会・宗教改革者、つまり預言者たちによってかつての伝統が再確認された。最も早期の預言者は、紀元前七九〇年から七五〇年に教導したアモスである。

アモスは個人の富、貧者を世話する義務の重要性に関して律法を無視する人たちを難じた（「アモス書」4: 1, 6: 4–6）。彼の気風はイザヤにも受け継がれた（「イザヤ書」58: 3–8）。アモスは小売商の無慈悲な出方を難ずるが（8: 4–6）、アリストテレスと違ってこの活動の全廃までは唱えない。イザヤ（Isaiah c. 760 BC）が外国貿易契約を弾劾するところは、論調が比較的ソクラテス派に近い。プラトン、アリストテレスと同じくこの預言者はそれが各地の社会を腐敗させかねない経路になると見た（「イザヤ書」2: 6–8）。別のプラトン的議論はのちの時代の預言者ハバクク（Habakkuk c. 602 BC）の心をとらえた。彼はウスラが債務者と債権者がいがみ合って当事者間でもめ事を起こすもとになると見て、社会不安の主要因だと述べた（「ハバクク書」2: 6–7）。預言者も哲学者も解体途上にある社会のただ中で伝統的な価値を再建する政策を詳論したのだから、この一致はさして驚くにはあたらない。

紀元前五三八年、バビロニアを征服したキュロスは故地に戻りたいと望む在外ユダヤ人に帰ることを認めた。紀元前五一五年にイェルサレムの神殿が再建され、次の世紀の間にユダヤでネヘミヤとエズラが一連の社会・宗教改革を行なった。ネヘミヤは昔ペルシアのアルタクセルクセスの宮廷に仕えた官吏である。エズラは同地で宗教的権威を行使できるようペルシア王から勅許を受けていた。『旧約聖書』の知恵文学は主にバビロン捕囚後の時代に生まれ、広い範囲の経済問題を描いている。この範囲の広さの要因は、一部は多くのユダヤ人がバビロニアで土地や資本を所有して大規模な商業に携わった経験に由来する。のちのアレクサンドロスの征服や、その後のプトレマイオスのパレスチナ支配のあと【78】ユダヤの思想や活動にヘレニズム文化が影響を与えたことも、範囲が広がった一因であろう。

(3) 知恵文学

トーラーに現れた人間の経済活動に対する古い見方は続いた。例えば「詩篇」第八章は創造に見る主のみわざを祝福し、第一一二（一一二）章はたまたま自らの所有物となった財の管理を自由に手配しているとして義人を賞賛する。同書はやはり「富と豊かさ」は神を恐れる人の印で、そのことは稀少性問題を解決するカギは主の命に従うことだという長らく受け継がれてきた考え方からの飛躍のない推論だと認めている。ただこの推論は「ヨブ記」で集中的に検討される。これは義人の受苦の問題をめぐる討議である。ヨブの友人は受苦とは不忠の罰だと見る伝統に従っているが、ヨブはこれに反論する。しかし結局ヨブの受苦は一時的だと判明し、義人たる彼の財産は回復され、「以前の二倍となって……羊四千頭、駱駝六千頭、雄牛二千頭、雌ロバ千頭」になる（42: 10–12）[10]。これは「創世記」冒頭の章で示された変動〔成長〕論と全面的に一致する。

企業家精神、より具体的には商業におけるリスク引受は主の管理者の特徴として「伝道者の書」で推奨される（11: 1–6）。同書は紀元前三世紀頃に成立し、稀少性問題の解決を人間の活動の焦点とする知恵を非難している。それは旧約聖書に見られるヘシオドス－ロビンズの見方との間に、考えられる限り最大級の強さの対照をなしている。伝道者は記す。

> お金を愛する者はお金で満足しない。富を愛する者は利得で満足しない。それも虚栄である。財が増えるとそれを食べる人も増える。結局、所有者は自分の目に入る以外の利得を何かもつのか。働く者の眠りは優しい。少食でも【79】多食でも。ただ富者は食べすぎて眠れなくなる。（5: 10–12）

増大する個人的目的を資源の蓄積、配置で満たすのではなく、仕事自体に集中して生活の中で満足の源となせ、と伝道者は繰り返し唱える。「注意せよ。よく、かつふさわしいと見たものは飲食して楽しむものだが、それは神が与えたもうた彼の人生の多くはない日々に日の下で味わうすべての労苦の中にある。これが彼の定めだから」（5: 18）。仕事のために仕事にのめりこむことは個人の幸せを極大化するための合理的な対応である。彼は続ける。「あなたが日の下で味わう労苦の中で人生を楽しめ。手が何をしようとするときも、自分の力で行え。仕事も思考も知識も知恵もあなたが赴く黄泉《シエオル》にはないから」（9: 9–10）。仕事の最終生産物ではなく仕事の喜びこそ神の人への贈り物なのである。財、貨幣、奴隷の形を問わず資本蓄積でさえ空しい道である。資本を所有するに至った人には企業的試みでそれを生かすことを積極的に支持して勧める。会計的損失を恐れて取りやめてはならない（11: 1–6）。

伝道者による人間の条件の分析は、合理的な経済活動の目的としての使用価値の意味を概して過小評価しがちである。それだけにこの分析は「創世記」が描く経済生活のとらえ方と密接なつながりをもつ。稀少性の圧迫からの解放は人間の仕事によってあるいは実現しあるいは実現しないが、それは中心問題ではない。仕事自体から、また神が他の被造物との関係を考えて人間に与えた役割からこそ、意味のある主観的価値は引き出される。ものの見方全体が第2章で述べたような心性、すなわちカール・マルクスが近代の資本家に帰したような心性を支持している。使用価値ではなくむしろマルクスの言う「間断なき、決して終わりなき利益創出のみ」を資本家は目指す。またこのものの見方は全面的に反アリストテレス的で、ヘシオドスの詩やソピストの教えに基づく経済生活観から大きく隔たってる。

知恵文学の到る所に【80】強固な仕事倫理 work-ethic の例が何度も現れ、それらはソクラテス派の姿勢とははっきり異なる。「箴言」は問う。「あなたは仕事に熟達した者を見たか。その人は王の前に立つだろう。卑俗な人の前ではなく」(22: 29)[11]。「伝道者の書」と同じく、ここでもやはり所有の豊かさを求めるのは空しく、または主の怒りを招くとされる。個人の経済的必要の充足はアダムに与えられた原初の神命を実行に移す勤勉さの副産物としてもたらされる。個人の目的 - 手段の分断を解消しようとして経済活動の目的を歪めると失敗する。「自分の土地を耕す者は多くのパンを得るが、無価値なものを追うとひどい貧しさを得るだろう。信仰深い者には祝福が多いが、金持ちになろうと性急な者は処罰を免れまい」(「箴言」28: 19–20)。

「ベン・シラの書」はベン・シラの知恵の書で、紀元前一九〇～一八〇年ごろイェルサレムの律法学者によって書かれた[1]。同書では、耐え難い労苦でさえ仕事は主の創造活動になるとみなされる(7: 15)。著者は「あなたの仕事(または「盟約」)の準備をしてそれに精を出せ。そして仕事をして歳をとれ」と助言する。同時に読者は「私は何に必要なのか。将来どんな栄えに与れるのか」(11: 20–3)という問いの懸念を除くよう警告される。「伝道者の書」と同様に精励は推奨されるが吝嗇《りんしょく》は退けられる。少なくともアダム・スミスの時代以降、経済学者はこれら二つの活動に密接な関係があると考えるよう誘導されてきた。ところが『旧約聖書』の後半の書き手たちにはそれらはまるで異なるカテゴリなのである。吝嗇についてシラは記す。「富はケチにはふさわしくない。財産は妬み深い者たちに何の意味があるのか。自分から奪って貯めこむ者はみな、他人のために貯めこんでいる。他人が彼の財で贅沢に暮らすことになろう。自分にケチなら誰に気前よくするのか。彼は自分の富を楽しむ気がないのだ」(14: 3–5)。

このあとの章で「シラの知恵」は経済活動の各側面でギリシア哲学ときわめて強い親近性を示すが、この親近性は伝統的なヘブライ思想に当時のヘレニズム文化がどれくらい浸透していたかを示す。プラトンやアリストテレスと同じく【81】市場経済に深い疑念を示すくだりがある。「商人が間違った行いから自由であることは珍しい。だから取引業者に罪がないと宣告されることなどない。多くが少額着服の罪を犯し、金持ちになろうとする者はみな見逃す。杭が石の間の裂け目にしっかりと差し込まれるように、罪は売買の真ん中に楔として打ちこまれている」(26: 29, 27: 1-2)[12]。のちに読者は「商人に物々交換について、また買手に販売について」決して相談するなと警告される（37: 11)。しかし同時に商取引で成功を恥じるなと背中を押されもする。商人との交換で利益をとること、正確で遺漏なき取引記録をつけることが勧められる（42: 3-7)。明らかにソクラテス派の教えがここにはあるのだが、完全に同化されてはいないし、一部は意図的に拒否されている。

　お金を追い求めることが特に難じられ（31: 5-7)、経済活動における専門分化は推奨され（11: 10)、広範な貸借のしくみは社会の内部分裂の主要因と思念される（29: 4-7, 16-18)。貧しいので他人に依存するのは「生活とみなしえない」ので人間以下の存在となることを意味する（40: 28-9)。そしてこれらの姿勢それぞれにギリシアの影響が明らかなことは、仕事と余暇のわかりやすい区分を用いていることで確認できる。この律法学者は記す。「律法の知恵は余暇の生かし方次第である。余暇にほとんど仕事をしない者が賢い者となる。鋤をもちあげ、突き棒の柄をふりかざす者がいかに賢い者になろうか」(38: 24-5)。こういうアリストテレス的立場を取り入れることで著者は職人、鍛冶屋、陶工、「手の職を拠り所とする者」はみな知恵の習得から切り離されているとする。しかしアリストテレスと同様に彼らに社会序列内での地位を認めざるをえない。「彼らがいないと町はつくれず、人はそこに留まることも住まうこともできない」からである（38: 32)。しかし著者はなお哲学者《アリストテレス》の思想を超えて知性に関して一歩踏みこみ、そこでギリシア思想と【82】このヘレニズム色濃厚なヘブライ文書の間にある大きな溝を示す。この律法学者はかの手工業労働者をつけ足すからである。「世界の糸を安らかに保て。そうすれば仕事の営みの中に祈りがあるようになる」(38: 34)。

　ギリシア人とユダヤ人が経済活動の意味をとらえる際の差をこれほどうまく要約した表現はない。

2　新約聖書

西洋思想史において最も影響力があった書物群は全部で二十七の「書」からなる『新約聖書』で、合理的な経済行動の範囲や意味に関して、それは過去のユダヤ人によるものときわめて似た評価を示す。こうした類似性があることは近代のキリスト教徒の発言者たちがよく力説しており、彼らの描き方では、「経済問題」とは神が描いた歴史の動態に従って被造物の秩序を構築するという課題である。例えば第二次ヴァチカン公会議（一九六二―五年）のある文書は述べる。

　神の似姿として創造された人間は地とそれが抱くあらゆるものを自分に従わせ、世界を治めるという使命を与えられているからである。……この使命は最も日常的な活動にも関係している。男女は自らと家族のために生計の維持を図りつつ、適宜社会を益するように活動を行うからである。彼らは自分の労働によって創造者の仕事を展開しており、彼らの同胞たる人々にとって何が利益かを協議し、各人の精励によって歴史の中で神の計画が実現されることに貢献していると考えてよい[13][2]。

しかし権威あるキリスト教文献のその他多くの中から、こうした声明に反して経済活動をかなり異なる光で描き出したものを引用できる。何世紀もの間その活動はしばしば、ユダヤ的伝統よりもヘレニズム時代の隠遁主義哲学に合致するものと考えられてきた。その最も注目すべき例は【83】生活を質素にして経済の道には最小限しか関わらないことを支持する修道院運動である。例えば修道院組織の創設者たちは、生産活動の存在理由とは単に彼らを取り巻く社会制度から独立を保つのに必要な程度の自給を組織に与える手段、また無為の道徳的危険に対する防御法であるとみなした。だからローマ生まれのヌルシアのベネディクトゥス（Benedict of Nursia c. 480-547）の会則第四八節はこう記す。

> 無為は魂の敵である。だから一定時刻に修道士たちは手仕事に従事しなければならない。そしてまた一定時刻に聖書を講読すべきである。……しかし場所の必要か貧困が収穫労働を求めたらこれを嘆くべきではない。なぜなら自分の手を動かして生活すれば彼らは真の僧侶であるから。他の神父や使徒もそうしていたのである[14]。

自給に関するヘシオドス的現実主義の要素で和らげられたこのポスト・ソクラテス派的隠遁主義は、その支持者たちの見解によると『新約聖書』の明示的な禁令に基づいていた[15]。だからその頁から合理的経済行動の本質についての一つの評価以上のものを引き出すことは十分可能である。この問題に対するユダヤ的態度と強い類縁性はあるが、大いに異なるところもある。事実、ヨーロッパで一部の【84】歴史家が十三世紀キリスト教思想における「アルベルトゥス-トマス革命 Albertino-Thomist revolution」と呼ぶものに先立つ文献を見直すと、この違いは類似性よりも大きな意味をもつとわかるように思われる。

『新約聖書』を構成する文書はおおよそ紀元三〇年から一三〇年の間に書かれた。言語は「共通《コイネー》」ギリシア語で、これは当時のローマ帝国東半部の現地語であった。これらの著作は四つのカテゴリに分けられる。（1）四福音書。これはナザレのイエスの言動を扱う。（2）使徒行伝。これは彼に直接従った者たちの活動にふれている。（3）二十一の書簡または手紙。これは有名な人物からそれら従者たちの中のある集団までが書いた。（4）黙示録。これは集められた書物中で唯一の預言書で、七つの初期キリスト教コミュニティの間で回覧されたメッセージである。

（1）共観福音書

ナザレのイエスは少年時代と青年時代にかけてユダヤ教の聖典の知識を徹底的に吸収した。また彼は一定の非ユダヤ的なものの影響も受けていたが、これは彼が住んだパレスチナの非常に世界市民的な地域、ガリラヤにそれがあったからである。同地周辺の町々は主としてギリシア的、地方ユダヤ的で、一帯はダマスカス、シリア、メソポタミアをエジプトと結ぶ通商の大道として交通の要衝であった。彼は周辺の小作農、未熟練日雇労働者の大半よりは良好な経済的立場にあったとはいえ、職人だから貧しく、このため彼の教えは富裕か有力な人たちだけではなく貧しい人たちに向けられていた(16)。

最も重要なのは、イスラエルの神の企図について彼が示した新たな見方に初めに反応した人たちはほぼ全員貧しかったことである。彼ら個人は現地の権力構造において重要人物ではなかったこと、同地を占領したローマの権力は中央集権的意思決定で支配したことを考えると【85】、初期キリスト教徒は支配的な社会・経済組織のあり方に直接働きかけて影響を及ぼす機会はほぼなかった。このため彼らは自分たちの指導者がその組織の日常的な働きについて述べたメッセージの意味を深く考えなかった。彼らはソクラテス派とは違って理想的な都市国家の建設を嬉々として目指しもしなければ、国民の務めについての指導要綱を言い渡すモーセ的立場にあるわけでもなかった。これらは特に経済の問題を考究するかつての誘因であったが、彼らにはそういうものはない。そのうえキリストは彼らに全人類の世界市民的コミュニティの展望をもたらしたが、それは地域ばかりか一国の社会構造すら超える。こういう展望は個人的または一地域に固有の意味を除くと、何についてもすぐ使える改革プログラムにまで具体化されてはいない。

共観福音書（マタイ、マルコ、ルカ著のもの）では、人を神が与えた資源の運営者または管理者と見る伝統的なユダヤ的テーマが大いに尊ばれた。このテーマの具体例としては、忠実なしもべと不実なしもべという一対のたとえ（「マタイ伝」24: 45–51）、才能の寓話（「マタイ伝」25: 14–30）がある。ここで強調されるのは物的な有形の資源を主の企図を深めるように有効に用いることである。リスク引受が命じられ、商業貸付に伴う利子は是認されているようだ。また各人のすべての企てにおける成功や失敗の尺度は絶対的で非人間的な観点からは導かれず、その仕事に関与するために与えられる、程度がまちまちな機会に関連づけられている。仕事の努力についてのこういう価値のものさしは産出の大きさに関わらせてつくられてはいない。

同時に、またかつてのユダヤ文書にあるよりもっと強く、個人の目的－手段の分断を解決する資源の利用法をめぐる懸念は無駄な耽溺として描かれる。例えば山上の垂訓でキリストは述べる。「あなたの神とマモン［預けられたものの意味での「おカネ」または富］に仕えることはできない。だから私は言う。何を食べ何を飲もうかと生活の心配をするな。何を着ようかと体の心配をするな。命の方が【86】食べ物よりも、体の方が服よりも大切ではないか」（「マタイ伝」6: 24–25）。

キリストはこうして「申命記」第十五章四－五節（先に引用）の正しさを再確認し、稀少性の難問の解決は神の企図に純粋に従うつもりのあるコミュニティの副産物として生まれると論じる。議論は続く。「しかし神の王国と神の義を第一に求めなさい。そうすればこれらすべてがやはりあなたのものとなる」（「マタイ伝」6: 33）。

キリストもアリストテレスやベン・シラと同じく、物的な管理労働の日常的反復に集中するよりも瞑想の方が、または俗事から手を引いた知的活動の方が優れていると認める。この選好はマルタとマリアの語りにおいてきわめて明白に現れる（「ルカ伝」10: 38–42）。彼らは世帯の今日明日の務めに打ちこむよりもキリストに傾聴すべく選ばれたので「よりよい役割を選んだ」ことになる。マルタが俗事に献身することは無価値と非難されはしないが、キリストが積極的にその価値を肯定したとも記録されていない。例えば手工業者についてシラがとった「彼らの祈りはその生業《なりわい》の営みの中にある」との見方に相当するものはここにはない。むろん福音書のそこかしこで、よきサマリア人に関する話の例のようにお金、時間、物的努力を人間の苦難の救いのために捧げた人が賞賛される。ただこの賞賛も「創世記」に遡って『旧約聖書』に散在する記述に見られる強い仕事倫理の肯定に匹敵するとは言いかねる。

そういうわけで、『旧約』と『新約』には商工業の推進が神の企図との関係において占める位置づけについて重大な相違がある。この位置づけの問題についてキリストはあまり目配りしていないが、その理由はおそらく近代の多くの聖書学者の心を動かした彼の思想の要素、すなわちイェルサレムがまもなく壊滅することに関する確信と、その壊滅が被造物の現存秩序全体の終わりと転換に至る短い中間期のあとに続いて起こるとの示唆にある[17]。もしこれが【87】キリストの見方で、彼に直接帰依した者のそれでもあることが確かなら、経済発展に携わることにほとんど重点が置かれていないのは理解できる。残る短い時間の中で創造についてアダムに授けられた動態的役割を実行に移すためにかつて行われた努力の結果を改めるためにいまの世代ができることはわずかである。差し迫った、急を要する必要性は、ただちに起こるであろう全体的転換に向けて自他が備えることである。アルバート・シュヴァイツァーが考えたとおり、イエスの倫理は「みな、予期される超自然的成就によって方向づけられている[18]」。

（2）使徒書簡

シュヴァイツァーが強調した方向づけはヨーロッパの神学文献に経済分析が現れる形や時期を定める手がかりとして重要で、使徒の手紙各種にきわめて顕著である。例えば「ヘブライ人への手紙」にもそれは見られる。著者はユダヤ人の聴き手に手紙を書いているので、あるくだりで「詩篇」第八章四～六節を引いて議論を傍証している。その「詩篇」では被造物に対する人間の支配と、その番をする人間の責任が祝福される。しかし書簡の書き手は月、星、羊、魚など特定の自然物にふれた同書の前後の詩（三、七、八節）を省いて引用している。近代に聖書を分析したある者は省略についての意見を記した。「七cの詩（すべての羊と牛、また野の獣）は詩篇の正統的な部分だが著者は省略しており、彼は人（神の子と人々）が天使のもとで可視的被造物の上に立つが、老境に達したので死が近いと示す気はないのである。彼が示したいのは、人が未来の世界の上に立ち【88】、その世界のみが不易の現実性をもつということである」[19]。ここでは超越的秩序の中で人間がもつ永遠の役割についての新たな展望が、可視的で時間内的な秩序に寄与する役割の意味を完全に薄めているのである。

　使徒パウロも彼が書いたとされる手紙で、帰依者が自らの生きる世界の進歩に注意を払うよう勧めなかったようだ。彼らはその世界の政治的制度を尊び、日々の仕事を繰り返して静かに働き、他人にも配慮して善をなし、いつも平和のうちに行為すべきである。パウロは例えば「コリント人への第一の手紙」で「いまの張りつめた時代」に適した指針を考察して（7: 26–31）「この世に対処しなければならない人たちもそれに専念してはならない」と助言する。助言の理由は「私たちの知るこの世は過ぎゆくものだから」で、「私たちの時代は短くなろう」と信じるからである。彼が示す個別的な方向性には「ものを買う生活を送る人は自分自身が何も所有しないかのように生きねばならない」というものがある。

　パウロの手紙は全体として経済的な務めに対してあからさまに隠遁主義的ではないとしてもきわめておとなしい姿勢を示す。例えば十九世紀の一部のキリスト教集団に見られるものと顕著な対照を示す心情である。こうしてプロテスタント文化の資本主義的活動という背景に逆行するパウロ的倫理について書いたヨハネス・ヴァイスは述べる。

　ただ、イエスの説教でもそうだが、ここで私たちはありふれた労働を倫理的理想にするための明確な発言や魅力的な教えを残念ながらまだもたず……このとても張りつめた宗教的理想主義が結果的に世間からの一種の疎外、またはむしろ日々の市民生活の利害についての無関心を生んでいる。創造的で入念に計画された企て、例えば現代の製造業や卸売業が新たな国々を開拓する強い渇望をもつときのそれは、利得衝動が締めつけられたこの土壌では繁栄できない。……キリスト教徒が燃え盛る熱意をもって身を捧げてよい世間的な目的がそもそもあるのか、つまり【89】利己的な目的でのお金稼ぎが許されうるのかについては議論がなされていない。こうした問いは彼の視野の外にある[20]。

(3)　ヨハネ文書

帝政ローマ期にキリスト教徒の組織的な迫害が始まると、初期の使徒の視野に唐突な変化が生じた。この結果、キリスト教徒が経済活動についての評価を見直す素地ができた。新しい見方を最も明確に表す文書はパトモスのヨハネの「黙示録」と、同じヨハネに帰せられる「福音書」である。まずネロが紀元六五年ごろ、次いでより大掛かりにドミティアヌスが九五年ごろ迫害を始め、その後の一〇〇年頃にこれらが成立した。最も早期のキリスト教徒の一団が共存しようとした政治・社会的秩序が彼らにとって向かい風になったため、キリスト教徒たちはもはやその秩序の作用様式について無関心を決めこみ続けられなくなった。

組織としてのキリスト教会のこの最初の大きな危機に直面した「黙示録」の著者はキリスト教神学において初めて歴史についての包括的な声明の試みを書き下ろした。最も意義深かったのは世界の終わりがすぐそこに来ていると描かなかった点である。[21]むしろ時間内的な事柄の今後とは、神の企図が展開され、その中で「神の民」（ヘブライ人またはキリスト教会）が積極的役割を果たす経緯《いきさつ》だと見たので、キリスト教的とらえ方とユダヤ的理解のつながりが生まれ出た。こうしてイヴズ・コンガーが指摘するとおり「私たちは「黙示録」第五章十三節に言う宇宙的賛美にたどり着いた。それは旧約聖書の現実化にほかならず【90】、そこではとてもしばしばあらゆる自然が罪を贖《あがな》われた人々の救済と結合されているのである」[22]。イスラエルはまたもシナイ山の盟約を通して地上で権力、権威、責任を手にし、このため新たな盟約たるキリストへの忠誠によってキリスト教徒は「み国と司祭を私たちの神のものとされたので、彼らは地上で世を治めるだろう」と「黙示録」は示唆する（5: 10）。以上よりいまや「創世記」が素描した「経済問題」の概念は神の新たな民にとって重要であることが再確認される。

「ヨハネの福音書」でも同じ判断が支配的テーマをなす。ポスト・ソクラテス派哲学者の隠遁主義も、経済の組織化の問題に対するパウロ的無関心も、命じられない。H・リチャード・ニーバーが示すとおり、代わりにヨハネは「被造物側として神の創造的で指示的 ordering な仕事に対して是認的で指示待ち的 ordered な反応の余地を見出す。ただ被造物は大地を耕し精神を涵養し社会を組織するとき、意図せずして彼の仕事に参画するかもしれない。たとえ彼の存在とともに与えられた命令をしぶしぶ実行しているのだとしても」[23]。ヨハネの見方の背後にあるのは、創造されたものはすべてよく、それは「すべてのものが彼（キリスト）を通してつくられ、彼なくしては被造物は何もつくられなかった」（「ヨハネ伝」1: 3）という信念である。さらに言うと、ヨハネは他の福音書の著者と違って創造の秩序の最終的転換はすでに始まっているとの主張を強調している。[24]キリスト教徒とは【91】主のもとの運営者で、発展を続けるプロセスに参加し、それはまったく新しい形の社会の確立にまで至るものなのである。

3　東方教父

使徒時代の直後の二世紀間にキリスト教会で知的指導力を発揮したのは、主にヘレニズム哲学とギリシア的な教育方式をくぐった書き手たちであった。中でも目立つ人たちは、キリスト教思想の哲学を創出しようとした殉教者聖ユスティノス（St Justin Martyr c. 110–65）、アテナイ生まれのアレクサンドリアのクレメンス（Clement of Alexandria c. 150–215）、クレメンスの生徒で文法学の専門教師オリゲネス（Origen c. 185–254）、正統派の教義をアリウス派の教義から擁護したアレクサンドリア人でキリスト教的な理想の生活として修道院運動を促進した聖アタナシウス（St Athanasius c. 297-373）らがいる。四世紀の東ローマで彼らに続いたのは、イェルサレムの聖キリル（St Cyril of Jerusalem c. 315-86）、三人のカッパドキア人、聖大バシレイオス（St Basil the Great c. 331-79）、ニュッサの聖グレゴリウス（St Gregory of Nyssa c. 330-95）、ナジアンゾスのグレゴリウス（St Gregory of Nazianzus c. 330-89）、および帰依した市民に「金の口をもつ《クリュソストモス》」とか「地上の偉大なる師」と呼ばれたアンティオコスの法律家である聖金口ヨハネ（St John Chrysostom c. 344-407）である。[25]

彼らによる「経済問題」の性質の評価を見ると、モーセ五書やヨハネ文書とほぼ類似点がない。むしろ彼らはヘレニズム哲学に根深く条件づけられた精神から聖書を解釈し、経済活動について極小主義的隠遁主義の立場をとる。これは同時代のキュニク派やストア派の見方に近い。ユスティノス、またより大なる程度においてクレメンスはこの一般的傾向の重要な例外で、何世紀もの間ヨーロッパで組織的な【92】経済分析への動きが息切れ気味になる中で力を貸すことになる。中世やその後においてさえヘレニズム的隠遁主義を存続させた主な歴史的装置は修道院運動であった。ルクレール神父が考えるとおり、修道院文化とは「教父文化、もう一つの時代、もう一つの文明における教父文化の延長である[26]」。修道院的な経済生活の理解は、実践上はときに別でも理論上は経済学に関する真剣な学問的努力を阻むものである。[27]

東方教父の多くは隠遁主義をとるが、その鮮明な例は人間存在における仕事の意味の扱い方に見られる。彼らにはキュニク派やストア派の気質があるので、仕事とは神が命じた活動だと述べる「創世記」の文面は重要問題を提起した。この命令を彼らは説明しきろうと務め、そのために「無為を通してこそ人はあらゆる悪を身につける」と断じた。少しでも生産的努力に従うべき理由は、生活全体の中で罪の機会に屈しかねない時間の割合を減らすことであった。例えば金口ヨハネはこの理由を、無垢にとどまる堕罪前のアダムにすら適用しようとした。彼は合理化して述べる。「神は人にそれ［楽園］を耕して保持せよと命ぜられた。人が何であれ好きなものをもちすぎることで傲慢にならないようにするためである（無為を通してこそ人はあらゆる悪を身につけるから）[28]」。なお続けて曰く「人［アダム］に何の労苦もなければ、ただちに暇をもてあまして怠惰に堕していたであろう」。

聖大バシレイオスも創造主が仕事をただ無為に対する防御として考慮するみ心をもたれたと解釈した。こういう釈義はユダヤ人や他の多くのキリスト教徒の理解にはきわめて希薄だが【93】、修道院から発言した各世代の人も繰り返した。中には仕事は原罪の罰としてつくられたと述べるに至った者もある。例えばスポンハイムの修道院長トリッテンハイムのヨハネ（Joan of Tritheim d. 1516）はこう書いている。「全能の神はこの罰（仕事）を被造物アダムに負わせた。初めの命令に反したためである。彼は額に汗して働くことで土地から自らの手で食べ物を生み出すしかなくなった[29]」。

仕事の役割についてもう少し肯定的な見方をとったのはオリゲネスである。彼は人間に欠乏があることは合理的な技量を用いる機会を与えようと神が計らってそう定めたからだと信じた。稀少性問題がないと人々は瞑想の道の魅力がわからず、自分の潜在力を顕在化する誘因をもたないだろう。だから仕事の義務が人間を他の形の被造物から分かつ能力を行使するという神与の機会に結びつける。オリゲネスはさらに進んで、神のこの配慮に由来する革新を祝福する（『ケルソス駁論 Contra Celsum』IV. [4]76）。食べ物の欠乏に直面したので人間の創意は組織的農業を発展せしめ、農具を生産するために工芸や冶金の技術を発展させた。雨風を凌ぐ必要から衣服づくりや土木の技能が拡大した。後者が今度は建築学の誕生を促す。そしてついに「有用なものへの需要」が航海や海上貿易の営みを生んだ。オリゲネスのこの一覧は【94】アテナイの劇作家のそれを思わせる。しかしキリスト教徒の書き手から見ると、革新的活動がもたらす経済発展は神の摂理〔providence 先見〕が作用することで生じており、神々の意向に逆らって生じるのではない。

東方教父は大半が経済学研究から逃避したが、その中で目立って異質な声をあげたのはアレクサンドリアのクレメンスである。彼はヘレニズムとキリスト教の二世界の統合を図る中でプラトンの展望に訴えた。そちらの方が、ポスト・ソクラテス派哲学者が提出したものよりも経済活動の組織的研究に対して好意的だからである。クレメンスの「経済問題」の分析法は基本的にはソクラテス的である。彼は記す。「最良の富とは寡欲である[30]」。しかしその欲求に応えるための資源の増産や配分についての関心は全面的に無視できない。曰く「地上的な財の賢明な使い方を知るときは生活の必要物の所有で魂は自由かつ独立になる。……物的関心自体よりも体の関心ゆえに忙しくすべきである。本当に魂を気づかうには体を気づかう必要があり、すべてのものは魂に向けられねばならぬ[31]」。

クレメンスはプラトンやアリストテレスと同様に、ある種の経済活動が戦争に近いとして弾劾しようとする[32]。とはいえ「俗ならぬ心の持ち主が神のご意思に沿う世事で忙殺されることは少しも禁じられていない[33]」。論著『救われる富者は誰か』では隠遁主義的なキリスト教的修道士の問題を正面から扱っている。それは所有に関与せず、したがって彼個人に生じる資源の配分のみが経済活動への合理的な取組みだと思う者のことである。クレメンスは所有の剥奪が最高に不合理な行動形態となることがあると論ずる。

偉大でもなく望む価値もないのは、生きるすべもないまでに所有物のない者の状態だからである。さもないと、食うや食わずの無産者、浮浪者、乞食の群れすべて【95】、不幸にも露頭をさまよう者すべてが、たとえ神と神の義を知らぬままに暮らしていても最も祝福され宗教的な者であり、無一文にしてわずかの生活手段とてなく、生きるのも難しいというだけの理由で、永遠の命に与る唯一の候補者ということになってしまう。[34]

クレメンスの見解では、合理的行動には（彼より前のアリストテレス、かなり後のアクィナスと同じく）貯めこんだ物的富の所有を個人として保持することが含まれ、それにはこの富がコミュニティ全体の財産であるかのように用いることも関連している。生存に不可欠な必要物を棄てる者は「自己完成を求める務めから」逃避することに道をひらく。資源を差配する個人は自分の必要や従者のそれを満たすための効率的配分の問題に慎重で注意深い気配りをする義務を免れえない。クレメンスは続ける。

隣人のためになりうる富を放棄する必要はない。所有物は所有するためにつくられた。財 goods はよき good をなすがゆえにそう呼ばれる。そしてこれは人間の善のために神が与えた。それを手中にすると物として使い方を知る者の手中でよき使用の道具として役立つ。それを巧みに使えば、それから恩恵を刈り取ることになる。[35]

クレメンスは個人が差配できる資源を用いる方式が広く社会的な側面をもつ点をプラトンやアリストテレスよりも重視している。彼が強調度を高めた背景には、財産所有の意味を具体的に理解したことがある。所有の権限は個人に与えられてよいのだが、コミュニティ全体では所有物が持ち主の必要を上回って生むものに対して請求権がある。クレメンスは記す。「神は私たちに使用権を授けられたが、それは必要の範囲内に限られる。彼はまたこの使用が共同性をもつように命じられた。だからしい[36]」。【96】多数の困窮者がいるのに一人が贅沢をしているのはおかしい。完全な共同所有も、所有についての個人の絶対的自律も、経済全体の厚生を極大化する最良の基盤を与えない。組織化の最良のあり方は私的所有と共同所有を組み合わせることである。

4　西方教父

ラテン語で書かれた初期キリスト教文献の大半がアフリカに起源をもつ。その伝統の中で特筆すべき人物はヌミディア生まれのアウレリウス・アウグスティヌス（Aurelius Augustinus 354-430）である。彼の著作はヨーロッパ社会思想に深甚な影響を与えた。聖アウグスティヌスは新たな非古典古代的文化の誕生を展望した教父たちの筆頭に立つ。彼以前についてはこう言われる。

ギリシア〔東方〕、ローマ〔西方〕ともあらゆる教父が古代文化を可能な唯一の文化の型と見た。彼らにとってローマ帝国以外の政治の組織法を可視化するのは難しかったが、それと同じくらい〔文化の〕他の形を思い描くことができなかった。こうして古代文明に対する見方は構築ではなく批判を事とした。彼らは批判し修正したが、新たな文化の建設を展望することはなかった[37]。

アウグスティヌスは新しい展望を描いたので、ギリシアやローマのモデルに制約されずに経済生活を評価する新たなる道を開いた。彼の著作が示す評価は「創世記」や使徒聖ヨハネのそれと似ており、宗教改革家ジャン・カルヴァンの社会思想にある諸特徴を先取りしていた。聖トマス・アクィナスもアウグスティヌスから深い影響を受けた。【97】聖トマスは歴史哲学の展開にほとんど注意を向けなかったので、先行者がもつ新しいものの多くを無視したのではあるが[38]。

(1)　アウグスティヌス以前

西方において聖アウグスティヌス以前で最も重要な者は誰か。初め正統派キリスト教、次にモンタヌス派の教義、のちにまた彼自身がつくった一種の教派に転向を重ねたカルタゴ人の偉大な法律家テルトゥリアヌス（Tertullianus 160–240）、カルタゴの聖キュプリアヌス（St Cyprian c. 200–58）、修辞学教師のアフリカ人ラクタンティウス（Lactantius c. 250–330）である。アウグスティヌス自身の時代に近い人としては、ポワティエの聖ヒラリウス（St Hilary of Poitiers c. 310–67）、ミラノの聖アンブロシウス（St Ambrose c. 340–97）、偉大な文学教育家にして苦行者の聖ヒエロニムス（St Jerome c. 340–420）らがいる。特に関心をひく著作は、イタリアにおいてギリシア語で書かれたヘルマス（Hermas）の『牧者 The Shepherd』である。著者は教皇ピウス一世（Pius I 在位140–55）の兄弟とされる。

テルトゥリアヌスは経済生活の意味を評価したときキリスト教思想の論脈内で組織的に経済分析を展開する地盤をほとんど形づくっていない。彼はキリスト教徒の生き方と世俗社会に関与することとの対立を強調したがっている。「キリスト教徒が住む社会の習慣がどうあれ、またそれが支持する人間的栄達がどうあれ、キリストはそれらに対立すると思われるので、彼は人々を〈あれかこれか〉という課題に向き合わせる」[39]。彼はキリスト教徒が自ら商業の道に関わる可能性をすべて締め出しはしなかった。ただ商業活動は貪欲の罪に基づく獲得行動をほのめかせ、貪欲は一種の偶像崇拝であった。そういう職業は真の神のしもべたろうとする者にふさわしいわけがないと見たのである[40]。

【98】テルトゥリアヌスは当時の世俗社会を見渡して宣言する。「私たちはいまや世界の重荷だ。必需品すら最小限しかなく欠乏は前より顕著になり、自然がもう私たちを支えてくれないのでどの唇にも不平の嘆きが浮かんでいる」[41]。さらに曰く「私たちの目に映ずる世間自体が日々洗練の度を増して進歩している」という事実があるのにこういう状態になった。この外見上の逆理を説明し人間の条件についての根本からの絶望を合理化するため、十九世紀のトマス・マルサス僧正、二〇世紀に彼を大衆化した中間層の人たちと同様に、彼は人口過剰の災厄に訴えた。また近代にも類例はあるが、「疫病、飢饉、戦争、大地が開いて町々すべてを呑みこむこと」を介してジレンマが解決さ

れるとの考えに傾いた[42]。

こうした世界では既存の稀少性問題を解決する有効な手段を探ったり、将来の経済成長の土台を開示したりすることに捧げられた学問は、存在理由を大方失っている。学問の解明を適用して得られる結果はアダムの罪が解き放った諸力によってつねに挫かれるのみである。「人口爆発」説を信じるのは原罪拡散説を信じることの世俗的な表現であり、経済学の推論が原罪拡散説の結果から免れる望みはほぼない。二〇世紀の経済学者の成長・発展観は宗教的熱情に匹敵する熱意をもって同時代人から攻撃されたが、世俗的テルトゥリアヌス派は彼らが見た限りの初期キリスト教の一要素のローマ世界に対する反応の中にそれに相当するものを見出す。

二世紀のヘルマスの著作にはこれとはむしろ別な反応が顕著である。彼にとって人類史は経済成長、人口過剰、混沌、そしてまた経済成長という特徴をもつ反復の循環として理解すべきものではない。それはむしろ「人類を貫く霊的に活発な要素すべてが集約されて新たな霊的社会になる」という特徴をもつ前進である[43]。【99】この歴史観は『旧約聖書』を書いたユダヤ人のそれをさらに広く適用したものである。歴史とは神の民のコミュニティをつくり上げるプロセスで、神の民は「ヘブライ人民」より相当広い意味で考えられている。しかしこの新たな見方はモーセ五書が伝える「経済問題」の一般的評価との間に一定の類似性をとどめる。

イジノ・ジョルダーニの指摘によると、ヘルマスにとって「富とは神の財産である。人は単にその運営者だから、所有者の意思どおりにこれを運営しなければならない。すなわち彼は自分の本来の国で利益を刈り入れるためにそれをよき仕事に投資しなければならない[44]」。資源の支配は正しく実行すると運営者に霊的恵みをもたらしうるし、社会全体の物的要望にも資する。ヘルマスは物的な財は神に淵源することを強調し、それらの可能的使用についての彼の姿勢が「当時に関して話すときそういう言葉を用いてよいなら、財産、労働、金融、貨幣、さらに資本主義すらもキリスト教化する[45]」。

こうした感じ方は経済活動のユダヤ人なりの宗教的評価に近いが、それまでの書き手の思想には見られた成長と発展の側面はない。これはおそらく主に世の終わりについての初期キリスト教的な展望の影響によるのだろう。クリストファ・ドーソンによると、ヘルマスの歴史観は「差し迫った終わりについての原始キリスト教的感覚が、時間軸が短かくなるとか、将来における人類文明の運命という問題から人々の注意力がそれるという見方にいかに帰着したかを示す[46]」。かくてヘルマスはキリスト教徒が「伽藍や家屋」や土地などの固定資本への投資に煩わされないようにとの立場をとる。彼の理想とする経済は定常的なものだが、成員すべてに貧困線を超える生存を提供できないほど停滞的ではない。キリスト教徒の生活の動態は【100】地上的な国 city での市民生活とさほど近いものとはみなせない。むしろ彼らのエネルギーはもう一つの国である霊的王国に住まいたいという要望に役立つことに注がれる[47]。

地上的市民生活に伴うと思われる必要物がもう少し欲しいという要求をもっと積極的に認めようとの見方は、ルキウス・カエリウス・フィルミアヌス・ラクタンティウス（Lucius Caelius Firmianus Lactantius c. 250–330）の『神の定め』に表明されている。コンスタンティヌス帝治下のローマ帝国でキリスト教を公認の祭儀としたミラノ勅令（三一三）のあとに書かれたこの本は、西洋知識人がキリスト教神学を秩序立てて提出した初の試みである[48]。全七巻中の第五巻は公正の問題を扱い、そこで著者はキリスト教と伝統的なローマ色とが組み合わさった社会での経済的条件の漸次的改良を展望している。C・N・コクランは、実際彼が「異端的な人間至上主義と、キリスト教社会主義の名で通るキリスト教的気質との特殊な混合物、両要素の真の美質が全般に他で中和された複合物[49]」を先取りしていたとした。

個人が霊的な面にも社会－時間内的な面にも関わるための共通の地盤を打ち立てようとするラクタンティウスの試みは、キリスト教的伝統の内側で経済生活の新たな評価法を生み出す可能性もあった。だがコクランの言明が示すとおり、新しい見通しは何も生み出されなかった。ラクタンティウスは彼が取り組んだ要素の真の統合を達成せず、古典古代文化と対比して新しいキリスト教的要素の多くは、二つの展望を調和させるという関心の中で軽視された[50]。彼の型のキリスト教はローマ世界の既存の政治・経済秩序に何の実質的挑戦もつきつけなかった。これは【101】キリストと当時の文化の根本での合一を肯定する早期の例だが、色濃く教父的な経済学の隠遁主義的主調音に対して有意義な対抗見解をもたらすことはなかった[51]。

ラクタンティウス版のキリスト教教義の批判者としては熱烈な聖ヒエロニムスがいる。彼はローマで教育を受けるが東方教父の著作や東方修道院の実践に深く影響され、彼らが賛同した隠遁主義の目立った擁護者となる。労働に関する彼らの教義をヒエロニムスはわがものとする。彼の説明を聞こう。「エジプトの修道院では働く気のない者は誰も受け入れない決まりである。それは体の維持だけでなく魂の救いにも労働が必要だと見るからである。精神がさまよって有害な思考にとらわれないようにするためである[52]」。かくて彼は助言する。「いつも手に何か仕事をもって悪魔に忙しいと思われるようにしなさい[53]」。さらに彼は富の蓄積の弾劾にも弁舌をふるう。カール・マルクスやデイヴィッド・リカード同様に、ヒエロニムスは所得分配の問題を基本的に静態的側面から考察してこう記す。「すべての富は不均等から生じる。誰かが失わなければ他人は何も得ない。だから〈富者は不公正か不公正な者の相続者である〉というよくある見解はきわめて正しいと思う[54]」。言うまでもなく、ここでは富者と義を同じとするユダヤ的思想に見られる傾向は完全に無視されている。

国内的と国際的を問わず、交易から相互に利益を得るという考えはヒエロニムスの思考にはまったく欠けているようである。例えばイザヤに対する意見を述べる中で彼は宣言する。「人は他人に損失や損害をこうむらせずにお金を貯めることはない」。ミケウスについての意見ではこう記す。「しかしいまや富者は富よりも不公正に満ちている。富はみな他人から奪ったものである以上、不公正から生まれたからである」。しかしこうした感覚にもかかわらずヒエロニムスは、ある個人が資源を支配することで社会的に有益な機能が果たされることを全否定しない。ジョン・A・ライアンの指摘では、上に引いたくだりに反して【102】財産の私的所有の措置を支えていると読めるくだりもある。(55)

『旧約聖書』の預言書ではなく知恵文学に言及する際、ヒエロニムスは富が果たすある適法な社会的機能を描き出しているようだ。ここで彼は、経済活動の意味の問題についてのユダヤ的理解の聖書的基盤から離れたキリスト教的とらえ方を変形するためにギリシア哲学者を援用する可能性をあまり考えない。初期修道院では苦行という異端的な見方が表明されたが、彼はそれを和らげる考察において言う。「賢者であるだけの者よりも富をもった賢者である方が喜びは大きい。知恵が必要な人も富が必要な人もいる。賢いが豊かでない人は何が適切かを実際に教えうるが、ときに求められていることを実行できない」(56)。この延長上に彼は「富者が富をうまく使えば躓《つまづ》きにならず、貧者が腐敗と貧困のただ中では罪を避けられないとしても欠乏が貧者を賞賛に値する者にすることもない」と続ける。アブラハムの例は、富者は義人になることなどないとは言えないと示唆するのである。

(2) アウグスティヌス

ギリシア人、『旧約聖書』、『新約聖書』が経済生活を理解する方向は一致しないが、その相争う諸側面は大半が聖ヒエロニムスの同時代人アウグスティヌスの著作に出てくる。ただ彼の思想はこの不和を超えて、経済現象やその他歴史に規定された現象の新たな理解法を示唆している(57)。アウグスティヌスはカルタゴの学校に学んでミラノで修辞学を教え、三二歳でキリスト教の洗礼を受け、のちにアフリカにある生地ヒッポの主教となる。彼は当時の知的、情意的な主な流れのほぼすべてに従っている。

【103】彼の著作のうち経済学にとって最も直接的に重要なのは『神の国を叙述する主教聖アウレリウス・アウグスティヌスの異端駁論二十二巻』で、これ自体が革命的重要性をもつ当時のある出来事をきっかけに書かれた。四一〇年、アラリックとゴート人がローマを襲い、四一三年と四二六年の間にアウグスティヌスはローマの没落がキリスト教の神を擁護したことに起因するとの非難に対して反論し始めた。その結果現れた一般的観点において言われるのは「アダムの堕罪以降、打ち続く時代を貫く人類史の進路は、終わりなき前進の一部と見られる」というものであった(58)。第二に、この本とその前の『告白』で人間の人格に関する古典古代的概念に革命を起こして、個人の人格の進化を歴史の原動力の核に据えた。個人《ペルソナ》は基本的に覆いまたは仮面で外的な圧力に柔軟に従い（同上書の第二章で論じられる）、すべての面においての人間本性を表しうるものではもはやない。

その代わりに現れるのが近代ヨーロッパ的人間である[59]。第三に、『神の国』では「教父の教会は〈社会内の社会〉にほかならず、世界を変えるものとは期待できないが、成熟に達して社会的責任をもっている。『神の国』は……『新約聖書』の終末論的なキリスト教を教養に関連づける初の偉大な試みで、教会が全社会的倫理を探るための第一歩である[60]」。

経済活動の範囲と意義についての新たな分析法に、また科学としての経済学に向かうこの変化がもつ意味は、アウグスティヌスもかなり通じていて社会思想面で大いに影響を受けたソクラテス派の概念にふれることで最もうまく説明がつく。本書第2章で概観したが、経済分析へのソクラテス派的な関わり方はよき〈幸福な〉生活の本質への関心に根ざしていた。これがアウグスティヌスの前提でもある。例えば彼はある説教で述べている。「仮に【104】なぜキリストを信ずるか、なぜキリスト教徒になったかと問われたとすると、誰もが素直にこう答えるだろう。〈幸福な生活のためだ〉と。だから幸福な生活の追求は哲学者にもキリスト教徒にも共通の目的地である[61]」。またソクラテス派にとってはこの問いに十分な意味を伴って答えうるのは社会的論脈の中においてのみである。アウグスティヌスにとっても同じで、答えは人間が地上の国〈共有物としての国 res publica〉の一員だという免れられない事実に左右されて意味が決まる。プラトンとアリストテレスにとって人はポリスに集まるようにできている。これは経済的自給ができないためだが、アウグスティヌスの国においてもそれは真である。市民的権威〈政府当局〉の基本的存在理由は「生活の必要物の獲得に関する人間の共通の合意」、別言すると「この世の暮らしに役立つ物を入手したいという人間のさまざまな意思の結合」を維持することである[62]。

市民社会の基盤には人間の経済的必要の充足〈の問題〉があるが、ギリシア哲学者と同じくアウグスティヌスは稀少性問題が資源の増大と配分に集中する科学の適用によって最もうまく解決するとは信じていない。追い求めるべきもっと合理的な方向性は、むしろ欲求の抑制と方向転換である[63]。だからといってアウグスティヌスがソクラテス派よりも貧困自体を賞賛すべき状況と見たとは言えない。事実ある点ではあり余る資源を保有・支配することは「そのことに固執しないなら、これをまったくもたないことよりもはるかに賞賛に値する」とさえ言い切る[64]。

【105】もともと稀少性問題を解決する条件に関してアウグスティヌスとソクラテス派の間にこうした類似性はあるとしても、甚しい違いもまたある。基本的でかなり根深い違いは、アウグスティヌスにとって解決とは、漸近 approximation することはありえても、時をへても決して達成はできないという点である。どの個人やコミュニティにとっても、漸近と時間的有限性という因子が存在の一時点においては不可避である。例えば慎みある生活の黄金の手段を追い求める公正な世帯主を住民とする理想的な都市国家を建てることで「最終解決」を図れるだろうか。いや、そういう望みはない。漸近的解決は歴史の進歩の問題で

ある。間断なき創造の努力の問題である。個人の意思を正しい方向に向けるという問題である。

カール・マルクスについて言えば、〔確かに〕争いは前進を求める以上は不可避の構成要素だが、争いの生じる点を比較的絞ったからこそマルクスにとって地上天国が可能と見えたのであり、アウグスティヌスは個々の人格の自律を確信するので何らかの地上天国を予測するには至らない。人類史には輪郭があるが、それは父が創造を行ったこと、ナザレのイエスという歴史上の人物が現れ、ヨハネ文書に言うような新たな天と地をもたらす終末が約束されて子の人間としての一面が闡明《せんめい》されたことによって与えられた。アウグスティヌスは『キリスト教の教え』で述べる。「聖書とは過去の歴史、未来の予測、現在の輪郭づけである」(Lib. III, C. 10)[5]。しかし彼は俗界史が不可避的に進歩するという教義を熱弁することはまったくない。

このアフリカの主教はキリスト教徒の同時代人を誘って「プラトンの『国家』の大問題――〈各人に務めを〉与えていかに単純な公正のルールを適用するか」にいま一度注目することで経済分析を新たに究明し直そうとする[65]。同時に彼らにギリシアのポリスが与えたものよりもはるかに広くて非静態的な経済分析の参照枠を与える。アウグスティヌスにとってコミュニティ、つまり「一つの民 a people」はたまたまその地に生まれたという偶発事によって束ねられた集団ではない。むしろ「一つの民とは彼らの愛する対象に関する共通の合意で束ねられた合理的な存在の集まりである」[66]。【106】こういうコミュニティにもその成員が探し求める生活の質の意識が変わるにつれて浮沈はありえる。続きを見よう。「それはより高い関心で束ねられる程度に応じてより優れた民に、より低い関心で束ねられる程度に応じてより劣った民になる」[67]。

こういったコミュニティにとって生産・分配活動の存在理由は、創造者の似姿としてつくられた人間にふさわしい高い質の生活への段階的漸近に寄与するという点にある。コミュニティの産出の内訳と分配はこの目的に関する役立ち utility によって決められるべきである。しかし所与の歴史的状況ではいつも経済生活の合理的組織化は完全には行えない。争いがあることは避けられない。プラトンが社会について求める秩序ある調和の原理をアウグスティヌスはつねに挑戦に晒され続けるものとみなす。真の公正 vera justitia は神のみ国 kingdom のみの属性で、共有物《レス・プブリカ》としての国の公正はどれもこの本物の似姿または近似物 approximation でしかありえない。

社会の中にある主な煩わしい要素は、多くの人たちが産出を手段ではなく目的とみなす傾向である。中には「自らの手による仕事」である物をもっと意味のある存在様式に至る手段として使うのではなく、それを崇拝したりそれに仕えよと主張する人もいる[68]。アウグスティヌスは代案としてこう提案する。

> この世に囚われるのではなく、それを使いなさい。あなたは自分が始めた旅の途上にいる。あなたは来て、また去る。とどまらない。あなたは旅の途上にあり、今生とは街道沿い

の宿にすぎない。旅人は宿で食卓、湯呑み、水差し、ソファを使う。同様にお金を使いなさい。滞在するためではなく、そこを離れて済んだことにするために。[69]

アウグスティヌスは経済的な課題で隠遁主義的な態度をとらない。先輩の教父の多くはとった。経済的な関係の準則をもっと合理的に変更する可能性【107】はいつも考慮している。その関係における公正の達成とは社会秩序に何らかの青写真を押しつけるという問題ではない。生産の物的結果に個人が使われるのではなく、それを個人が使うことができる程度次第で左右される継続的プロセスである。[70]

　アウグスティヌスの理論の中には、数学、論理学、自然科学、造形芸術、工学のすべてが人間が愛を向けることで受益者ともなり、創造の全体で喜ばれすべての被造物に資する神の新たな愛の道具にもなるという考えが生まれる可能性がある。キリスト教徒の生活はこうした文化的活動ばかりか「人間と人間の、便宜に適い必要な措置」も用いることができるし、用いなければならない。この措置には衣装、身分、重量や尺度、鋳造などに関する慣行も入る。[71]

　アウグスティヌスが新たに人格をとらえ直したことで経済成長が人間の正しい夢でありえる可能性が開示された。彼にとって時間は人格に関わり合いがある。時間の尺度は外的な出来事ではなく個人の意識の中に見られる。

　［クリストファ・ドーソンの考えでは］聖アウグスティヌスが創始した新しい時間理論は新しい歴史観も可能にした。人間が時間の奴隷にして被造物ではなくその主人にして創造主だとすれば、歴史もまた創造的プロセスとなる。それは自らを無意味に繰り返すものではない。それは人間の経験の成長につれて有機的な統合体に向けて成長する。過去は死んでいない。それは【108】人間性の中に統合されるものとなる。こうして進歩が可能になる。なぜなら社会や人間性の生命はそれ自体が個人の生命にも劣らない連続性や霊的成長の余地をもつからである。[72]

　アウグスティヌスとともに、「創世記」で神が人間に発展のプロセスに関わるように命じたことが、ユダヤ人だけではなくキリスト教徒の状況にとっても重大なものとなった。
のちの世紀のヨーロッパではアウグスティヌスの思想が広範な影響を与えたが、経済活動の範囲と意義についての彼の新しいとらえ方は経済分析の主流に決定的な影響を及ぼさなかったと思われる。その理由は、一つには「彼自身の社会的原理の適用が構築的というよりは批判的で、適用は聡明なのに組織的ではないためである。アウグスティヌスや他の人たちも五世紀前半の状況に刺激を受けて社会を構築する仕事を始めるには至らなかった」[73]。また「神のみ国が歴史として具現し歴史を変化させるのだが、アウグスティヌスにおいては社会的責任が神の命令の絶対性を帯びることは決してなかった」[74]。アウグスティヌス社会思想の未解決の曖昧《あいまい》さのせいで、のちの思想家は彼の経済生活についての評価の諸側面には自由に挑んだのに、他の側面は無視した。

　経済分析の再興に向けた決定的な動きは十三世紀の神学者の著作で始まるが、アウグスティヌスの個別的考察の一部は大きな影響力をもつに至る。具体的には【109】商人の活動を弁護して是認し、商業利益を労働支出の埋合せに関連づけ、財の市場的評価を個人の主観的必要と関連づけたことである[75]。しかし聖トマス・アクィナスとその同時代人がアウグスティヌスを徹底して評価すれば浮かび上がるような経済分析の枠組の観点から活動したとは言えない。特に彼らは成長の経済学の可能性は無視した。

　アルベルトゥス－トマス革命は中世の経済分析を分岐点にさしかからせたが、それは自然や恩寵との和合という教義に依拠していた。彼らはこの和合を強調することで、アウグスティヌスが社会状況すべてにつきまとうと見た争いにほとんど目を向けなかった。スコラ学者らはこうした争いの役割を軽視することで社会問題の解決における時間〔時代〕の役割を極小化できた。公正でキリスト教的な社会秩序についての彼らの新見地はプラトンやアリストテレスの類似の見地と同じく、自らが解こうとしている問題の動態をいまや覆い隠した。その結果、経済問題のうちアウグスティヌス的見地が重視した成長の側面は失われた[76]。それはのちのち浮かび上がるが、そのときには非スコラ的で非アウグスティヌス的な社会観となった。成長は国民的国家 national state の拡大の関数として描かれ、経済学研究は【110】社会的公正を追究するツールではなく国民的国家の拡大の道具の地位に引き下げられるに至る。ギリシアのソピストが深めた経済学のとらえ方は「重商主義者」と呼ばれる書き手たちが成長と発展を探究する分野を先取りしていたことになる。

原注

（1）B. Russell, *A History of Western Philosophy*, London: Allen and Unwin, 1949, p. 255. バートランド・ラッセル『西洋哲学史』市井三郎訳、みすず書房、第一巻、一九七〇年、二三三頁。キュニク派とストア派については次も見よ。Ernest Baker, *From Alexander to Constantine*, Oxford: Clarendon Press, 1956, Ch. 2.

（2）*Syriac Baruch*, 14: 17-8.「シリア語バルク黙示録」村岡崇光訳、日本聖書学研究所編『聖書外典偽典第5巻』旧約偽典Ⅲ』教文館、第六版、二〇〇〇年、九〇―一頁。

（3）Thomas Mun, *England's Treasure by Foreign Trade*, 1664, Oxford: Blackwell, 1959, p. 1. トーマス・マン『外国貿易によるイングランドの財宝』渡辺源次郎訳、東京大学出版会、一九六五年、十一頁。

（4）ここと以下のくだりは改訂標準訳として知られる英訳旧約聖書（Revised Standard Edition, 1952）からである。ここに限った例では欽定訳（King James Version, 1611）は人がエデンの園を「装わせて維持する dressing and keeping」とする。こちらの方が「創世記」のここまでの章での生産活動の進歩の一般的扱い方に合致する句である。

（5）例えば堕罪後のノアの物語では、主は命令を「生んで殖えよ」、そして「地上で力をみなぎらせ、そこで殖えよ」と改めた。人間の他の被造物に対する支配が再述されているのである（「創世記」9: 1–7）。

（6）このくだりもユダヤ思想と活動の多くの特徴である合理的な経済的計算を用いたがる目的論的な姿勢と意欲の適切な例である。闘いのさ中でさえ一本の木を伐採するためにこれといったねらいや目的が必要である。さらに食物不足を来たしてしまうコストは、より安易な他国の征服による利益に照らして考えるとあまりに高い。ユダヤ思想における目的論的予見や経済的合理主義については次を見よ。Werner Sombart, *The Jews and Modern Capitalism*, 1911, New York: Collier Books, 1962, pp. 248–54.

（7）この教えは厳密に商業的な理由できわめて理に適うとして支持されている。「彼をあなたから解き放って他所に行かせてもあなたの負担にはならない。しもべを雇うコストの半分で彼はあなたに六年間仕えたのだから」（15: 18）。

（8）利子を課される個人はノクリ nokri（異邦人）と呼ばれ、ゲル ger（居住非市民）とは呼ばれない。

（9）記念祭制度の意味については次を参照。Eli Ginzberg, 'Studies in the Economics of the Bible,' *Jewish Quarterly Review*, Vol. 22 (4), Apr 1932, pp. 343–408.

（10）近代の聖書批判が示すところでは、この結末は後代の付加である。元来は豊かさと義は同じだとする伝統にヨブがつきつけた疑問は未解決であった。

（11）「箴言」6: 6–11, 10: 4, 15, 24: 30–4 も見よ。知恵文学の社会観念については次も見よ。Ernest Baker, op. cit., Part II.

（12）この姿勢は何世紀にもわたってキリスト教思想の主流の中に受け継がれている。第6章では聖大アルベルトゥス、聖トマス・アクィナスと十三世紀のその同時代人がそれを追い払ったことを見る。

（13）'Pastoral Constitution on the Church in the Modern World,' in Walter M. Abbot ed., *The Documents of Vatican II*, New York: The American Press, 1966, p. 232.

（14）'The Rule of St Benedict,' in Henry Bettenson ed., *Documents of the Christian Church*, London: Oxford University Press, 1963, p. 171.『聖ベネディクトの戒律』古田暁訳、すえもりブックス、二〇〇〇年、一八八―九頁。ベネディクト会的な姿勢の執拗さはのち一二二三年に承認された聖フランシスコ会の会則にも現れている。その第五節も無為を防ぐよう力説し、修道士たちは「聖なる祈りの精神と他の時間帯ごとの活動が従うべき献身とを冷まさない」ように働かねばならないとつけ足す。修道士たちは「コインかお金」の形で賃金を受け取ることを禁じられていた（op. cit., p. 181.「公認された会則」坂口昂吉訳、上智大学中世思想研究所編・監修『フランシスコ会学派』中世思想原典集成12、平凡社、二〇〇一年、六九頁（第四―五章））。修道院制度のしくみがヨーロッパの多くの地区で経済発展に寄与したと主張されることがあるのは本来逆理と言えよう。

（15）可能なところでは『旧約聖書』も引合いに出された。例えばルクレール神父は、彼の修道院の先輩たちが知恵と余暇の生かし方についてベン・シラが示したアリストテレス的立場（「ベン・シラの知恵」38: 24)[3]を大いに好んで引いたと記す。修道院の理念とは一般的な意味での仕事からの自由と、余暇の追求である。もっともそれは多忙な余暇（negotiosissimum otium）ではあり、それが主に重視するのは瞑想である。次を検討せよ。Jean Leclercq, *The Love of Learning and the Desire for God: A Study of Monastic Culture*, New York: New American Library, 1962, p.73. ジャン・ルクレール『修道院文化入門――学問への愛と神への希求』神崎忠昭・矢内義顕訳、知泉書館、二〇〇四年、九二頁。

（16）当時の社会状況の見方については次を検討せよ。Werner Förster, *Palestinian Judaism in New Testament Times*, Edinburgh: Oliver and Boyd, 1964. とても有用な別の解説を挙げる。J.L. McKenzie, 'The Jewish World in New Testament Times,' in Bernard Orchard and others eds., *A Catholic Commentary on Holy Scripture*, London: Nelson, 1953, pp. 728-41.

（17）例えば次を検討のこと。G.R. Beasley-Murray, *Jesus and the Future, an Examination of the Criticism of the Eschatological Discourse, Mark 13, with Special Reference to the Little Apocalypse Theory*, London: Macmillan, 1954.「マルコ伝」のある箇所で（13: 32）キリストは最後の成就の時期はひとり父のみが知るとして明らかに口を閉ざす。彼は「しかしその日付と時刻については誰も知らない。天の御使いも、神の子も。そして父のみが知っておられる」と言う。しかしユダヤの預言者の伝統では怒り、正義、審判の日の予言はイェルサレムの破壊というテーマに結びついていた。この伝統の中で同朋のユダヤ人に説教するのだから、宇宙的転換の観念とイェルサレムの陥落がキリストの言葉の中で混在しているのは理解できる。

（18）Albert Schweitzer, *The Mystery of the Kingdom of God*, London: A. and C. Black, 1914, p. 100.

（19）John F. McConnell, *The Epistle to the Hebrews*, Collegeville, MN: Liturgical Press, 1960, p. 18.

（20）Johannes Weiss, *Earliest Christianity: History of the Period A. D. 30-150*, Vol. II, 1897, tr. 1937, New York: Harper and Row, 1965, p. 593. 近年の書き手による類似の評価としては次を見よ。Yves M. J. Congar, *Lay People in the Church*, London: Chapman, 1959, pp. 380-2.

（21）「ローマ帝国がネロのもとに初めて権力を幼稚なキリスト教会に対して全面的に解き放ったとき、それはまさしくすべての終わり、世界の終わりとさえ見えたに違いない。いまやイエスはおそらくローマの鷲〔国の象徴〕について審判を下す雲の上で彼の迫害された信者を救おうとすると見えただろう。しかしペテロとパウロはすでに亡く、他にも世を去った人が多く、世界の終わりはなかなかやって来なかった。……ここに至って終末論（終わりのことどもの教義）のより完全な理解が可能になる」。Dominic Crossan, *The Gospel of Eternal Life: Reflections on the Theology of St John*, Milwaukee: Bruce, 1967, p. 155.

（22）Y. M. J. Congar, op. cit., p. 82.

（23）H. Richard Niebuhr, *Christ and Culture*, New York: Harper, 1951, p. 192. ニーバー教授は随所でこうした思想が宗教改革者ジャン・カルヴァン（1509-64）の教義の重要な要素だと記す（op. cit. 217-8）。カルヴァン主義と資本主義の経済的世界の到来が密接に関係するというマックス・ウェーバーのテーゼを認めるとすると、これはヨハネの展望が近代の経済思想と実践の各側面の起源を説明するのに重要であることを示唆する。そのうえ聖ヨハネの接近法は旧約聖書にあるものと密につながっているので、経済活動の意味についてのユダヤ的評価をこの説明でも視野に入れるべきである。

(24) 共観福音書は時の終わりに審判、キリストの再臨、人の神の子への転化などがあるとする（「マタイ伝」25: 31、「ルカ伝」6: 35, 20: 35-6）。これが真実だということをヨハネは否定せず、これらがすでに始まっていると力説する。つまり彼の終末論はすでに一部が実現しているのである（「ヨハネ伝」3: 18, 5: 24-5, 7: 12, 9: 16, 10: 19-21, 12: 31-3, 14: 1-3, 18-20, 17: 3 を参照）。Raymond E. Brown, *The Gospels of St John and the Johannine Epistles*, Collegeville, MN: Liturgical Press, 1965, p. 13.

(25) ギリシア神学の創造性の発現は五世紀のどこかで弱まったようである。ただ特筆すべき後代の人物、偽アレオパギタ・ディオニュシウス（Dionysius the Pseudo-Areopagite）は五世紀に執筆活動を行い、聖トマス・アクィナスに他の人たちとともに影響を与えた。さらに下ると、ダマスコスのカリフの国庫収入総監を務めたこともあるダマスコスの聖ヨハネ（St John of Damascus c. 676-749）はアリストテレスの論理学や哲学を神学著作で用いた。彼の概説書『知恵の泉』は、特に第三部「真の信仰」が、アクィナスの『神学大全』が西方でもったのに近い地位をギリシア教会でもった（ダマスコスのヨアンネス「知識の泉」第三部、小高毅訳、『後期ギリシア教父・ビザンティン思想』中世思想原典集成3、上智大学中世思想研究所編訳、平凡社、一九九四年、六〇〇―七一六頁）。

(26) Jean Leclercq, op. cit., p. 113. 邦訳、一四三頁。

(27) 中世の修道院運動の中にはこの消極主義に抵抗する傾向もあった。中でも人文主義的展望と歴史感覚の保持がある。やはり重要なのは「そのままの」自然への畏怖である（Op. cit., pp. 135-7, 226-7. 邦訳、一七三―五、二七七―九頁）。しかしこれらの傾向は非キリスト教徒哲学者に由来する姿勢に打ち勝つほど強くはなかった。背教者ユリアヌス帝が初期修道僧をキリスト教世界のキュニク派だと嘲ったのには相応の実質があった。そうした実質は中世にも続いた。修道院の姿勢は、例えばエピクテトスの「財政およびその方策」の議論と比較せよ。Epictetus, *Discourses*, 3, 22, 83-4. エピクテトス『人生談義』鹿野治郎訳、岩波文庫、下巻、一九五八年、八六頁。

(28) Maurus Wolter, *The Principles of Monasticism*, tr. by B. A. Sause, St Louis: Herder, 1962, p. 498. この本には教父や修道院の労働論がたくさん集められている（pp. 457-577）。

(29) Op. cit., pp. 498-9. こうした姿勢が生産活動を合理的に組織するという関心を軽んずるとしても、それは同時にいま目の前のあらゆる課題に献身することを命ずる。だから聖バシレイオスは勧める。「人はみな自分の生業に献身すべきである。自ら熱心にそれに向き合い、周到な熱意と慎重な注意をもって申し分なく仕上げよ。神がそれを監視しておられるかに考えて……」（Op. cit., p. 534）。僧侶の実践上の経済的達成と経済分析への寄与の対照は接近法の中のこうした根本的二元性を考慮するとより説明しやすい。二元性は実践上は修道院コミュニティを院長のもとで合理的に組織することで解決する。院長は僧侶と同じく、まさしく控えめにすべきとされている範囲の関心事を実施するよう求められる。組織化のモデルは理念化されたギリシアのポリスで、きっかけとなる力は聖バシレイオスの制度であった。この点については次を参照せよ。Charles Norris Cochrane, *Christianity and Classical Culture*, London: Oxford University Press, 1957, pp. 341–2.

(30) *The Pedagogue*, II, 3.

(31) *Stromata*, IV, 5. クレメンス『ストロマテイス（綴織）I』キリスト教教父著作集4／I、秋山学訳、教文館、二〇一八年、三三三頁。

(32) *The Pedagogue*, I. 12.

(33) Op. cit., III. 11.

(34) *Quis dives salvetur?*, XI. クレメンス「救われる富者は誰か」秋山学訳、上智大学中世思想研究所編・監修『初期ギリシア教父』中世思想原典集成1、平凡社、一九九五年、四三〇頁。この論考の重要性については次を参照。Ernest Baker, op. cit., pp. 424–30.

(35) Op. cit., XIV. 邦訳、四三三頁。

(36) *The Pedagogue*, II, 12 および III, 6. 金口ヨハネも富者の道徳をめぐる議論で共同使用を支持した（*Patrologia Graeca*, Vol. 62, Cols. 562–4）。彼は問う。「……しかし主の財を排他的に所有し共同のものを一人で享受するのは誤りではないのか。大地とそれを埋めるものは主のものではないのか。そしてそれゆえ私たちの所有物が主の共有的贈り物なら、それらはまた仲間のものではないのか。主のものはすべて共同的であるがゆえに」。聖バシレイオスも同じ立場をとった（*Patrologia Graeca*, Vol. 31, Cols. 273, 278）。教父の所有論については次にあたるのがよい。John A. Ryan, *Alleged Socialism of the Church Fathers*, St Louis: Herder, 1913.

(37) Frank P. Cassidy, *Molders of the Medieval Mind*, 1944, Port Washington, NY: Kennikat, 1966, pp. 149–150.

(38) 修道院の伝統の中では聖アウグスティヌスの著作の一部に大いなる尊敬が払われた。しかし僧侶たちが促進し続けた前〔初期〕キリスト教的な経済分析のとらえ方に対して問題を提起する側面は相対的に無視された。次を参照。J. Leclercq, op. cit., pp. 104, 222–3. 邦訳、一三〇、二八六―七頁。

(39) H. Richard Niebuhr, op. cit., p. 40.

(40) Tertullian, *On Idolatry*, XI. 商行為、特に交渉プロセスは詐欺的行動を特徴とするとみなされていた。

(41) *De Anima*, XXX, P. L. II, 700.

(42) Ibid.

(43) Christopher Dowson, *The Dynamics of World History*, ed. by J. J. Mulloy, 1956, New York: New American Library, 1962, p. 236.

(44) Igino Giordani, *The Social Message of the Early Church Fathers*, Peterson, NJ: St Anthony Guild Press, 1944, pp. 263–4.

(45) Op. cit., p. 261. 例えば同作の結部でヘルマスに天使が与えた助言を見よ。『旧約聖書』でもそうだが、知恵と人間性をもって資源を運営した者は「その人生において生き延びて繁栄するだろう」（「ヘルマスの牧者」荒井献訳、荒井献責任編集『使徒教父文書』「聖書の世界」別巻4、新約II、講談社、一九七四年、三〇八頁）。

(46) C. Dowson, op. cit., p. 237.

(47) Herman, *Pastor*, Sim. I.「ヘルマスの牧者」二四四―五頁。

(48) 次を検討のこと。O. H. Baudenhewer, *Patrology*, tr. by T. J. Shahan, St Louis: Herder, 1908, p. 205; Ernest Baker, op. cit., pp. 460–72.

(49) C. N. Cochrane, op. cit., p. 196.　著者は続ける。「この自由社会民主主義的プログラム（コンスタンティヌス帝が適用するとそうなった）を見舞った運命からは、近代にも類似の運動がおこれば現れそうな結果を予測できる」。

(50) 次を検討せよ。J. Danielou, 'Patristic Literature,' in Jean Danielou and others, *Historical Theology*, Harmondsworth, London: Penguin, 1969, pp. 88–9.

(51) キリスト教と教養の合一を打ち立てる別の試みについては次を見よ。H. Richard Niebuhr, op. cit., Ch. 3.

(52) *Patrologia Latina*, Vol. 22, Col. 1079.

(53) Op. cit., Col 1078.　次も見よ。Vol. 25, Col. 155.

(54) Op. cit., Vol. 22, Col. 984.

(55) John A. Ryan, op. cit., pp. 71–8.

(56) *Commentary on Ecclesiastes*（op. cit. p. 75に引用）.

(57) ジャン・ダニエルーはヒエロニムスとアウグスティヌスを比較して書いている。「ヒエロニムスは翻訳者としての仕事以外ではギリシア世界に多くを負っている。対照的に聖アウグスティヌスには真新しい創造が見られる。そこではキリスト教的西洋が天才の精神において示されている。ラテン的キリスト教思想が独自の進路へと枝分かれするのが決定的になったきっかけはアウグスティヌスである」（J. Danielou, op. cit., p. 119）。

(58) F. P. Cassidy, op. cit., p. 145.

(59) アウグスティヌスの革命的人格論については次を参照せよ。C. N. Cochrane, op. cit., p. 386ff.

(60) Thomas J. Bigham and Albert T. Mollegen, 'The Christian Ethic,' in Roy W. Battenhouse ed., *A Companion to the Study of St Augustine*, New York: Oxford University Press, 1955, p. 393.

(61) Quincy Howe ed., *Selected Sermons of St Augustine*, London: Gollancz, 1967, p. 91.

(62) *De Civitate Dei*, XIX, 17.　アウグスティヌス『神の国』泉治典ほか訳、教文館、下巻、二〇一四年、三五七頁。

(63)「富者や貴人、また真の至福から縁遠い人々に幸福が存在すると想像させるあらゆるものについて言うと、それらは手にすると失う恐れを招き、所有したいと切望した欲求の強さが生んだ以上の苛立ちを引き起こすので、その豊富さを楽しむよりもそれから独立である方がいいと見るなら、それらはどんな慰めをもたらすか。人はこれらいわゆるよきものを所有することでよくなるようにできてはおらず、他の仕方でよくなるとすれば、それらのものをうまく使うことでそれらを真によきものとするのである」。*Epistula*, CXXX, II, 3.　アウグスティヌス『書簡集(2)』著作集別巻II、金子晴勇訳、教文館、二〇一三年、三六頁。

(64) *De Moribus Ecclesiae Catholicae*, XXIII, 42.　アウグスティヌス『カトリック教会の道』P・ネメシャギ責任編集、熊谷賢二訳、上智大学神学部編、キリスト教古典叢書2、創文社、一九六三年、七四頁。同じ基本原理は消費の型にも応用される。*De Doctrina Christiana*, III, 12.　アウグスティヌス『キリスト教の教え』著作集第六巻、加藤武訳、教文館、一九八八年、一六六―八頁。

(65) Edward R. Hardy, Jr., 'The City of God,' in R. W. Battenhouse,

op. cit., p. 274.

(66) *De Civitae Dei*, XIX, 24. 下巻、三七一頁。アウグスティヌスの考え方では国籍は個人の精神と意思の問題である。

(67) Ibid.

(68) Op. cit., VIII, 23.

(69) *In Joann. Evangel.*, XL, 10. アウグスティヌス『ヨハネによる福音書講解説教(2)』著作集第二四巻、金子晴勇、木谷文計、大島春子訳、教文館、一九九三年、二一九頁。

(70) 逆の例はこう描かれる。「自分の意思に反して失うかもしれないものを愛するとき、私たちは最も悲壮な形でそれらにきっと労を惜しまないからである。そしてそれを得るために地上的気づかいの瀬戸際で各人が自らのためにただちに手に入れようと欲しては他人を出し抜こうとしたり、彼からもぎ取ろうとするから、不正をたくらむと言うしかあるまい。」(*Enarrationes in Psalmos*, VII, 16. アウグスティヌス『詩編注解(1)』著作集第十八巻I、今義博、大島春子、堺正憲、菊地伸二訳、教文館、一九九七年、九一頁)

(71) H. Richard Niebuhr, op. cit., p. 215. こうした問題に対するアウグスティヌスの基本的な接近法は次の言明で示される。「愛の促進に使われる知識は有益だが、孤立して取り出されてこうした目的と切り離されると、無益なばかりか有害となる」(*Lib. II, ep. 55, Ad inquisitiones januari*, S. 39)。また知識なき愛に根ざす行為も避けるべきである。彼は物的支援の提供における思慮不足に対して「ディダケー〔教え〕」の聖句を繰り返す (I, 5-6)。「誰に与えようとしているのかわかるまで施し物に手の中で汗をかかせよ」(「十二使徒の教え」杉崎直子訳、上智大学中世思想研究所編・監修『初期ギリシア教父』中世思想原典集成1、平凡社、一九九五年、二九頁)。

(72) Christopher Dawson, op. cit., p. 312. 同じ点については次も検討のこと。C. N. Cochrane, op. cit., p. 440. 彼の指摘ではアウグスティヌスにとって「時間とは閑暇にほかならない。しかし時間が奇跡を起こすと述べることは、人が時間の中で奇跡を起こすと現に述べることである。それは実際、人が自力で直接かつ現実的に創造主が人を見る如く自分を見るようにされた時空内での変化について自ら意識することを通してである……。」

(73) Edward R. Hardy, Jr., op. cit., p. 274. アウグスティヌスが死の床にあったとき、蛮族の一群がまさしく彼が臥す町ヒッポの城壁を包囲していた。

(74) T. J. Bigham and A. T. Mollegen, op. cit., p. 393. イェール大の神学者ニーバー (Niebuhr, op. cit., pp. 215-27) は、アウグスティヌスがその篤信に従った新しくて定立的な経済学的・社会学的分析を展開し損なったことを神学上の予定説の教義に遡って跡づけた。同教義では「選び the elect」は「地獄行き the damned」と変更不能な形で区別される。宗教改革者ジャン・カルヴァンが同様の誤りを犯したことも言及されている。

(75) 最後の点については次を見よ。*De Civitae Dei*, XI, 16.『神の国』金子晴勇ほか訳、教文館、上巻、二〇一四年、五五七頁。

(76) ラインホルド・ニーバーはアウグスティヌス思想とアクィナス思想の間にある強い対照性について記す。「事実アクィナスは古典古代的で基本的にアリストテレス的な基盤のうえに自然法理論を築いた。古典期にも中世にも理論は自然の統一性に合致する秩序を歴史の中に仮定したという弱点がある。……アウグスティヌスは自然法理論がもたらしたとされた解決を避けた点で賢明だった。それは古典期と中世の両方における現実主義の欠如の根にあり、歴史的出来事に固定的な形相を読み取るアリストテレス的な考えが乗り越えられてかなりたった今日もなお残っていることがある……」。結論はこうである。「アウグスティヌスが表明した人間本性と歴史についてのキリスト教的知見が、トマス・アクィナスの体系理論においてはほぼ矛盾がないと感じられて古典期の思想に従うとされえたことには、実際どこか不思議な点がある……」(R. Niebuhr, *Christian Realism and Political Problems*, London: Faber, 1954, pp. 126-7)。ニーバーがここで、アクィナスがとりわけ旧約の律法と新約の律法についての論考で歴史の順進と社会行動の関係に一定程度注目した点を見落としていることには注意を要する。

訳注

[1]「ベン・シラの知恵」村岡崇光訳、日本聖書学研究所編『聖書外典偽典第2巻 旧約外典Ⅱ』教文館、第六版、一九九九年、八五―二〇七頁。

[2]「現代世界憲章 Gaudium et spes」第一部第三章三四節、『第二バチカン公会議文書 改訂公式訳 Sacrosanctum oecumenicum concilium Vaticanum II: Constitutiones, decreta, declarationes』第二バチカン公会議文書公式訳改訂特別委員会監訳、カトリック中央協議会、二〇一三年、六三三頁。

[3]「学者の知恵は存分に暇があって生まれるものであり、実務から解放されている者が知恵を得ることができる。」(邦訳、一七三頁)

[4] オリゲネス『ケルソス駁論』山村みや子訳、キリスト教教父著作集第九巻、教文館、一九九七年、一五九頁。

[5] 邦訳(本章注64参照)、一六四頁。

第5章　三つの法学的伝統

ユダヤ法、ローマ法、教会法

【111】経済思想の進路を定めるうえで主な宗教思想家や哲学者の社会観が果たした役割に比べると、法学者の一見もっと地味な寄与は一般に等閑視されている。けれどもヨーロッパ的な経済分析が古い時代の法学的考察に多くを負っていることは否定できない事実である。ローマ法学者のこの面での寄与は認知されていることが多い。しかしローマ・カトリックのキリスト教会による法体系の展開が重要だと考えられることはあまりない。ミシュナに依拠するユダヤ的伝統については、歴史的証拠が分厚くなく、研究者が言語理解の面で問題をもつため、ほとんど完全に無視される傾向にある。本章ではこれらの法思想体系の経済的側面について基本的な知見を提供する。今後さらに詳説する作業が必要となるのは承知で、のちにスコラ学者たちの議論に出てくる分析的経済学の特質に影響を及ぼした諸側面も示す。

1　ミシュナ

使徒の聖ヨハネが執筆活動をした約百年後、教父で学者のユダ（Judah c. A.D. 135-220）は、律法書士やパリサイ派によって伝えられた口承律法の集成作業をガリラヤでなしとげた。この集成がミシュナである。その起源は少なくとも紀元前二世紀前半にまで遡る。ユダヤの宗教文献でミシュナより古いものは聖書だけで、ミシュナがバビロニア・タルムードとパレスチナ・タルムードの基盤となった。ミシュナはそれに対する後代の註解ゲマラとともに【112】のちの世紀にわたって正統派ユダヤ人にとって中核的な参考文献となった。ユダヤの思想や行動を形づくるうえでそれが果たした中心的役割を視野に入れ、また正統派ユダヤの慣習が西洋文化の展開に及ぼした影響も考慮すると、ヨーロッパの経済学的考究全般を研究するためにはミシュナの経済思想を必ず取り上げる必要がある。[1]

上述のとおり、モーセ五書では経済活動は創造主の意に沿う管理の実行というとらえ方をされており、このため経済学の探求とは人間に与えられた役割の正しい推進に至りつく道を探すことの一環をなしていた。ミシュナもこの基本的立場を変えてはいない。とはいえ、それまでの書物に比べると、人間の役割の推進にかなり詳しい検討を加えている。ミシュナはすでに形成ずみだった「経済問題」の観念の中で機能するが、その観念が求める経済学的考察の一類型へと向かっている。議論の枠組は基本的に法学的で、一般的原理の組織的提示ではなく事例研究の手法を重視している。この事例研究を通して、個々の経済的関係が分類、分析されるのである。ミシュナは経済変数間の関数関係を直接検討することには関心を寄せない。物価や産出がいかに決まるか、雇用や利潤の水準がなぜ増減することがあるかに説き及んではいない。それはむしろ、売買、貸借、資源に対する支配の行使といった事態が進行する中で実際に見られることを明らかにしようとする。そういうものであるがゆえに、ミシュナは経済生活の現実の理解を深めようとして生じた動きの中で最も意味がある。

【113】ミシュナはモーセ五書にある律法の全分野をふまえており、全体は六つの「巻 order」という部分に分けられ、各巻がユダヤ的遵法精神に関わる世界に捧げられている。第一巻『ゼライム（種子）』には「中命記」や「レビ記」で展開される厚生の実現に関する考察が見られる。しかし経済分析の面でもっと関心をひくのは第四巻『ネシュキン（損失）』で、財産の損壊、貨幣や財の移転をめぐる議論が見られる。第四巻に含まれるセクションの中では「ババ・メツィア（中門）」と「ババ・バトラ（後門）」の二つが特に重要である。

（1）交換と価格

経済の問題に対するミシュナの分析的接近法は交換行為を扱うさまざまなくだりによく表れている。次の文章を見ていただきたい。

　金で銀が手に入るが銀で金は得られない。銅で銀は得られるが銀で銅は得られない。昔のコインでいまのコインは得られるがいまのコインで昔のコインは得られない。非鋳造金属で鋳造金属が得られるが、鋳造金属で非鋳造金属は得られない。動産で鋳造貨幣は得られるが鋳造貨幣で動産は得られない。動産では他の動産が得られる。だから買手が果実を売手から引き取ることで所有してまだ代金を支払ってなければ、どちらも撤回される可能性はない。しかしすでに代金を払ったのに果実を所有できていなければ、いずれも撤回されることもあろう。（「ババ・メツィア」4: 1-2）[2]

このように、基本的に交換行為は問題となる財が現に買手の所有（引取り drawing）に帰していることと規定されている。それは買手の売手に対する代金支払だけで定義されてはいない。ミシュナによると、律法においては売手が商品を手放すことをもって代金への権利が生じるのであり、買手が【114】貨幣を手放したことをもって商品に対する権利が発生するのではない。ハーバート・ダンビー曰く、「結果的に問題は（金銀ほかの）コインの交換において現れる。引き取られると購入が成立する商品はどちらで、その〈引取り〉、すなわち他人の所有に帰することによっても交換の基本要件を構成しない支払手段はどちらであろうか。答えは〈流通性や利便性が低い手段は「財」で、流通性と利便性が高い手段は購買手段となるというものである〉」(3)。

　交換という取引を定義する基本原理は第一巻の「シュヴィイート」でも繰り返される。「動産財はどれも購入者の所有物として引き取る行為によってのみ合法的に入手したとされる」(10: 9)。他でも随所でさまざまに表現を変えたくだりが出てくる。不動産販売の場合は次のように扱われる。

　有担保財産（不動産）は貨幣、証文、時効で取得される。無担保物は引取りのみで取得される。有担保物に関連づけられた無担保物は貨幣、証文、時効で取得され、有担保物件に対する宣誓も必要となる。（第三巻『ナシーム（女性）』「キドゥシーン」[1] 1: 5）

　この説明は、契約書を交わす販売行為で交換が行われるという事実についてのもので、この行為が記載される条件と、取引の特定に必須となる情報は規定されている（「ババ・バトラ」10: 3、「ギティン」3: 2）。財の支払と移転がなされたかをめぐって争いが生じたら証明する義務があるとも規定されている。「ラビ・ユダ曰く〈物品の所有者よ、彼の手が第一（の証拠）なり〉」（「シュヴォート」[2] 7: 6）。取引が進む中でその財数量を数える間における買手と売手の相対的地位に注意が向けられる（「ババ・バトラ」5: 7-8）。

【115】この直前のくだりほかでは(4)、商品価格が突然の変動に晒される変数として取り扱われている。価格形成は競争的で相《あい》対《たい》的な communal 市場プロセスを通して行われ、また個々の交換取引はその時々の市場の趨勢を十全に知ったうえでのみ行われるべきものとして描かれている。

　品物をめぐる交渉はその市場価格がわかってから行われるだろう。ある売手が品物をもたなくても別の売手はもつので、交渉はおそらく市場価格がわかってから始まる。……交渉は品物に支払う引渡し時に一般的な最安値から始まるだろう。ラビ・ユダ曰く「交渉が品物に支払う最安値で行われなくとも、彼は〈その値で品物を売ってくれ、さもなければ返金してくれ〉と言うだろう」（「ババ・メツィア」5: 7）。

　ただこのくだりでは、おそらく十全な知識と完全な市場がないもとでもある種の適法な取引が行われるだろうとみなされている。桶入りのオリーブ、将来の増産向けに使う産品など農産物の生産者がストックしている財の卸売取引が想定されている。後者の財はオーストリア学派のベーム‐バヴェルク（Eugen von Böhm-Bawerk 1851-1914）の表現では「媒介産品」または「社会的資本」であって、「陶工の粘土塊」「石灰石が窯《かま》に沈められた直後の石灰」や肥料がこれにあたる。

(2) 後見制、貸付、預託

以上から、ラビは固定資本とその他の資財、社会的資本と最終産品、また小売では収束する状況があるが卸売ではさほどでもない競争的市場の条件を明確に区別して分析できていることがわかる。[5] 多種多様な貨幣的債務も各カテゴリに分けられた。有担保と無担保の貸付、卸売商に対する帳簿上の債務、借上料金、科料などである（「シュヴィイート」10: 1-9）。各形態の賃金支払も区別されており（「ババ・メツィア」【116】9: 11）、生産的活動は三十九の主な仕事類型に区別されている（第二巻『モエード（祭日）』「シャバト」7: 2）。分析の主な領域は資源の支配とそれへの責任の度合に関わっており、それらは完全な所有権がない場合も含まれる。所有者以外で支配する者は四種ありうる。報酬なき後見人 guardian、借手、報酬ある後見人、相続人である（「ババ・メツィア」7: 8）。

例えば、作業所で他人が所有する材料を用いる職人はみなこれらの材料の報酬ある後見人とみなされる。これは職人が材料を作業の報酬に対する抵当として保持できることを意味するが、同時にまた材料が消失または損害をこうむれば彼らが金銭的に責任を負うことも意味する。だから作業が終わって経営者が〔賃金を〕支払っていいと意思表示して職人作業所から移動させると、職人の地位はもはや損害に責任を負わない報酬なき後見人に変わる。それから、貸付に伴う抵当の受取人は、抵当の報酬ある後見人とみなされる。ただラビ・ユダの所論によると、財貸付と貨幣貸付は区別すべきである。貸手は財貸付の場合のみ報酬ある後見人となる。貨幣貸付では抵当の報酬なき後見人である。ハーバート・ダンビーによるとこの推論は、財を貸すと「貸手は貸さなければこうむりえた財の劣化による損失を免れ、この利点は抵当を安全に保管する手数料を受け取るのと同じであるというものになる」。[6] ただし、アッバ・サウルは抵当の後見人がとれる裁量の位置づけと程度の問題にもう一つの側面を加え、保管の手数料として払われる所得が対象を用いることによる減価のコストを上回れば、後見人は貧しい者の抵当を用いてよいと反論した。差額収益は貧しい者の債務の減殺に活用される（「ババ・メツィア」6: 6-7）。

抵当について用いられたような論証は、ラビの間で意見の相違は確かにあるにせよ、預金にも用いられる。ある額の貨幣の購買力が預金期間中にも変動することが認識されており、受託者が商取引に貨幣を使ったときに預託者に返す預金の額を評定する基準の問題について彼らの意見は分かれる。【117】シャンマイ学派の見方では「ある人物が自分の手元に託されたものを自分のために用いたら」、それの価値が途中で低下した場合も元の価値どおり返す義務がある。反対に、価値が上昇したら上昇後の額を返す義務がある。これには反対した学派がある。

ヒレル学派が言うには、預り人は預託物を自分のために使ったときと同じ価値に戻さなければならない。ラビ・アキバ曰く、「それは請求のあったときの価値である」。ある人物が預金を自分のために使う意図を表明したとき、シャンマイ学

派によると彼はただちに債務を負い、ヒレル学派によると実際に使うまで債務を負わない……。(「ババ・メツィア」3: 12)

預託をめぐる論争は、各人の一般的な社会的役割よりは経済的機能の観点から考察を進める試みにとって意味がある。既述のとおりソクラテス学派の哲学者においては、個人は世帯の主人であり市民であった。こうした社会的カテゴリは経済活動の分析に十分役立つと考えられていた。だから例えば主人が消費者として果たす経済的機能と生産または流通関係者として果たす機能にははっきりした区別はなかった。ところがミシュナではこうした区別が出てくる。家の主人は、主人としては事業主《ビジネスマン》とはされていない。もっとも、小規模な家族経営の小売業ではそうでない疑いもある。次のような議論がある。

ある人物がお金を保管してもらうために両替商に預け、それが封印されると、両替商は使えないので、そのお金がなくなっても責任は負わない。お金が封印されていないと使えるので、それがなくなると責任を負う。もしお金が世帯の主人の保管に委ねられると、封印の有無にかかわらず彼はそれを使えない。だからもしお金がなくなっても責任は負わない。店の経営者は世帯の主人とも考えられる。ラビ・メイアもそう考えた。ラビ・ユダによると「店の経営者は両替商と考えられるべきである。」(「ババ・メツィア」3: 11)[7]

(3) 所得と仕事

【118】ミシュナの経済思想の際立った特徴は利子、利潤、地代、賃金など別種の所得形態に対する関心である。利潤とは投機的な事業からの報酬で、次のとおり利子とは区別される。

何がウスラ(ネシェク)で何が増益(タルビート)か。ある人物が一セラ(四デナリ)を五デナリで貸したり、二セアーの小麦を三セアーで貸せば、それはウスラである。彼は割増料取得者(「ノシェク」すなわち噛みつく者)になるからである。では何が増益increaseか。ある人物が産品を取引して手にするものが増えたときである。いかにか。ある人物が小麦一コル(体積単位)を市価が一金デナリ(二五銀デナリ)のとき他人から買ったとし、そのあと小麦が三〇銀デナリに値上がりしたとする。彼は「小麦を引き渡してくれ、その値で売ってワインを買うから」と言う。そこで相手は「あなた様の小麦を三〇デナリと勘定いたしますれば、あなた様はわたくしめにその値でワイン債権をおもちでございます」と言う。しかし彼の手元にワインはないのである。(「ババ・メツィア」5: 1)

この直後のくだりで固定資産に関してウスラと適法な賃貸料との差が検討され、続いて(5: 8-11)貸手がウスラをとろうとする別のケースが詳論される。この議論が進む中で導師《ラバン》ガマリエルが流動性の損失自体がコストを意味し、利子の形をとる適法な収益を保証するとの見方を否定したとして引合いに出される（5: 10）[8]。一年を超えると買手が支払った価格で売手が随時買戻すオプションをもつという条件がつく固定資本を購入する事例が別の所で考察されている。この場合は買手が【119】潜在的なウスラを受け取ることになると思われる。資本をしばらく使用したことに加え、売手がオプションを行使すると決めれば初めに支払われた額の収益が手に入るからである。判決は「これはいまだウスラならざるウスラである」とする[9]。ここでは、買戻しオプションが売手側に設定されているのだから購入者が利子を稼ごうとは考えていないと想定されているようだ。そしてまたこうした契約で買手が不確定性に晒されるという事実がある。おそらくこれが、結果が不確定な投機的事業企図でとられるものに近い補償を正当化するのであろう（第五巻『コダシーム（聖物）』「アラヒン」9: 3）。

　利益入手は利子収益だけでなく賃金所得受取りからも注意深く区別されている。これは事業パートナーシップが活動・睡眠パートナー双方について論じられる際に現れている。活動パートナーはある状況では努力による収益を賃金として受け取るべきである。この賃金は事業企図がもたらす黒字配当一般と区別される。同時に、黒字の額は睡眠パートナーの初期投資コストが粗収益から差し引かれて彼のものとされるまで定められることはない。これに論及したくだりを見よう。

> 利益の半分を受け取るという条件で店主に企画をもちこんではならず、〔転売〕利益の半分を受け取るという条件で彼にお金を渡して何かを買うよう求めてもいけない。ただし労働の対価として賃金を受け取る場合は除く。利益を分けあうことを条件に他人のニワトリに自分のために卵を産ませるとか、予期される損得の半分をとるという条件で他人に子牛や子馬を与えて育てさせてはならない。ただし労働の対価としての賃金や餌のコストを受け取るのはかまわない。（「ババ・メッィア」5: 4）

> 非活動パートナーが牛やロバなどの資本を供与し、それが活動パートナーにパートナーシップ活動自体とは別に排他的な付帯利得をもたらす場合【120】、この利得を賃金受取の権利にとって代えてよい[10]。

　経済活動の個々の特質に関するミシュナの探究は聖書のそれよりもかなり集中的ではあるが、『旧約聖書』に出てくる仕事の範囲と意味についての一般的な吟味に何かを付言しようとはしない。ただ断片的省察はいくつか見られ、それはこの問題をより広義にとらえるとき重要になる。とりわけ第五世代ラビ教師のシメオン・b・エレアザル（Simeon b. Eleazar c. A.D. 165–200）の寄与が大きい。ナザレのイエスの言葉（「マタイの福音書」6: 26–30）を思わせる一連の質問で、ラビ・シメオンは問いかける。「汝、野の獣や鳥の手仕事をなすを目にせしことあらんか。気遣わず暮らせど永らえ、われに益あるよう創られしにあらずや。しかるにわれはわが造物主に益あるように創られり。しからば〔獣や鳥よりも〕さらにいかばかり気遣いなく生くべきにあ

らざらんや。」(「キドゥシーン」4: 14)

キリストは山上の垂訓で、稀少性の問題を懸念することの不合理について、同じ疑問を呈して聴き手を説得しようとしたが、ラビ・シメオンは堕世界ではこうした懸念に合理性を見出してこう説いている。「しかるにわれは悪を生み出し、かくて気遣わず生くる正しさを強めり」。他のラビの言葉のくだりも添えて、生計を立てるために「清廉なる職」の追求を勧めつつも、同時に富をなすか否かを決めるのは職人の技術ではなく道徳的価値の程度であると警告している。あらゆる職のうち最も益多いのは律法のわざである。「なぜなら現世ではその報酬を受け、来世ではその価値がことごとく残るからである」(「キドゥシーン」4: 14)。法の知識を獲得するための配慮とその厳密なる遵守のための配慮が、稀少性問題に対処する最良の手段を与える。

(4) のちの発展と影響

【121】ユダヤ教の伝統における経済学的探究の歴史はミシュナで終わりではない。その後さらにミシュナの評注者が研究にとりかかり、その見解は六世紀にゲマラという形で恒久的なものとなる。これら二つの編纂書を合わせてタルムードと呼び、特にバビロニア・タルムードが正統的ユダヤ人の生活指針として中核的参照対象となる。その後もなお学者マイモニデス(Maimonides 1135–1204)の広範囲に及ぶ法体系書十四巻の中に、ほぼもっぱら経済活動関係の問題のみを扱う三つの巻がある。[11]

この伝統の思想は相当洗練されているが[12]、経済問題の分析は法学的考察に従属した単なる道具にとどまる。それはギリシア人思想家、例えばアリストテレスが価値を扱いクセノポンが分業の拡大は市場の規模に制約されると見抜いたとき示したような形で経済変数の決定にまで踏み入ろうとはしない。またそれは経済生活の多くの面にわたるものの、のちのスコラ学の博士たちの著作には現れる「経済 the economy」という概念にはたどり着いていない。加えて、西洋の主流派経済思想にそれがどの程度影響を及ぼしたかを少しでも確実に測るのは難しい。十三世紀より前にはユダヤ人の大半がイスラム文化によって支配される地域に住んでいた[13]。ただ中世の間ずっと彼らは、まずヨーロッパ南部、次いで北部の町々の商業生活で重要な役割を果たしたと思われる。それればかりか【122】、サロ・バロンが述べるように中世ヨーロッパの多くの地域で長い期間にわたって「ユダヤ人は口頭だけでなく広範囲に流通したパンフレットや論考をとおして彼ら自身とキリスト教徒の生活態度の違いを率直に論じた。近代の諸国の中で……自らの胸中をかくも自由に、また既存秩序や支配層の利害にこうも明らかに反して吐露することを許された人たちはほとんどいなかったであろう」[14]。これほどの自由があることと、商取引や金融におけるユダヤ人の存在の重要性を考えると、タルムードの経済思想はキリスト的ヨーロッパで経済分析が徐々に姿を現す際に及ぼした力として過小評価してはならないのはもっともである。

2　ローマ法の伝統

ヨーロッパの社会思想の構成要素の中でも最も重大な影響を与えたものの一つがローマ由来の法学的論究活動である。それが重要性を帯びた起源は、ローマが長らく帝国国家として政治的支配を行なったこと、その後の体制の中で法と秩序を構築する際にローマ・モデルが復興されたこと、具体化された分析的著述が特筆に値する高い質を備えていることにある。ローマ法とその展開は経済学にとっても際立って意味深い。その理由はどこにあるのだろうか。

十八世紀末までに経済問題について書いた人の大半の職業は事業主ではないにせよ聖職者か法律家であった。これら二種の経済学者が学問的修練を行なった分野は主にローマ法と教会法で、このためローマ法学者の概念、精神、さらにおそらくはある種の形式踏襲が経済分析の中に入りこんだ[15]。

【123】この伝統はヘシオドスやアリストテレス、またモーセ五書や『新約聖書』のヨハネ文書の著者が試みたようには「経済問題」がもつ意味の本質と意義について包括的な評価を与えてはいない。ここでもやはり経済学にはシュンペータのフレーズに言う「経済の機序についての〈いかに〉と〈なぜ〉」を関心の焦点とする独立の研究領域としての地位は確保されていない。経済の研究はむしろ、ミシュナにおけるように法学的分析のしもべである。経済的論点は、制度化された公正を人間の相互交流の特定域で達成できるような方式を明らかにするのに必要と感じる限りで研究されただけである。ローマ帝国での商取引活動はその最盛期にはかなりの水準の洗練に及ぶ、大変活発かつ商業的な活動であったため、ローマの法学者は公正と社会秩序に対する関心からいくつかの経済問題を深く考察せざるをえなかった。彼らの探究は最も影響力をもつものとなる。

ローマ法が最初に定められたのは、納税と兵役を義務づけられているのに当時まだローマ市民と分類されない地域に住む平民《プレブス》の間に紀元前四五〇年ごろ不安が広まっていたので、それに対処するためであった。その結果十二表法がつくられ、これはその後の立法措置によっても全廃されることはなかった。紀元前三六六年頃、ローマ市民と目される人たちに関して十二表法を施行するために都市政務官 Praetor urbanus が置かれた。その後ローマの政治的支配域が拡大すると帝国内でのローマ人と外国人、または外国人どうしの商取引が増えたため、紀元前二四二年頃には非市民政務官 Praetor peregrinus が置かれた。

非市民政務官が活動する属州では、万民法の重要性、すなわちあらゆる人種と国民に共通な法の一般原則の重要性に配慮して個々の訴訟事案に配慮することが求められた[16]。こうした配慮によってローマ法は単なる局地的な【124】習慣や伝統への依存を脱して施行された。背景が別々の人間たちを巻き込んだ訴訟の所与の状況では、何が公正の内容かについての理解は一見すると異なるので、ローマ法はその本質をとらえると思われるように相当一般化するという道を探るしかなかった。法的問題に関する純粋に学問的な探究を行う立場が確立され、手ごたえや挑戦しがいのある問題についての独自かつ新規な知的探究に自らの余暇を用いたいという意欲をかきたてられた優れたローマ人が続出した。例えばアンティスティウス・ラベオ（Marcus Antistius Labeo c. 50 BC–c. 11 AD）は法学の公開講義を行うという動きに出たし、紀元三〇年頃にはマスリウス・サビヌス（Masurius Sabinus）が法律学校《ロースクール》を創設した。

おそらくローマ法の古典期は、ドミティアヌス帝下のローマ帝国でキリスト教徒たちが政府から迫害されて社会的現実の意味をどう理解するかを考え直さざるをえなくなっていた頃に始まる。反ドミティアヌスの陰謀（紀元九四）に加担したユウェントゥス・ケルスス（Publius Juventus Celsus 67–130 AD）は、その頃彼の三十九巻からなる法学書『学説彙纂』を執筆し始めていた。その後ハドリアヌス帝はサルウィウス・ユリアヌス（Salvius Julianus c. 110–c. 170）に都市政務官と非市民政務官の不統一な規定の整理を託した。そうして結実した法典が『ハドリアヌス勅令 Edictum Hadrianum』（紀元一二九）である。同書は政務官の意思一つでローマ法が発展する時代の終わりを告げるもので、それ以降の法は法曹実務家や皇帝勅令によって発展することになる。

経済学者の関心を直接ひく分析が行われているのは、ユダヤ人のミシュナの編纂・公布と同時期に活動した法学者の著作においてである。法学者は主に二つの見解の学派に分かれていた。ラベオを継承するプロクルス派、それからサビヌス派である。サビヌス派で最も影響が大きかった人物の一人ガイウス（Gaius fl. 130–80）によるローマ市民法原理の入門書『法学提要』は紀元一三八年と一八〇年の間に書かれた。そのほかの指導的人物は、ケルウィディウス・スカエウォラ（Quintus Cervidius Scaevola）、スカエウォラ門下のおそらく最も優れた法学者パピニアヌス（Aemilius Papinianus 142–212）、ドミティウス・ウルピアヌス（Domitius Ulpianus c. 170–223）、パピニアヌスと同時代のユリウス・パウルス（Julius Paulus）、ウルピアヌス門下のモデスティヌス（Modestinus d. A. D. 244）らがおり、彼らは主としてプロクルス派で、同派の見解がやがて通説になる。

【125】これらの人々の著作は、キリスト教国家ビザンツ帝国皇帝ユスティニアヌス（Justinianus 483–565）の統率がなければ後代の思想にほとんど影響を及ぼさなかったと思われる。彼は五三三年にローマ法学文献の組織的集成を『学説彙纂 Digesta』の形で公刊した。その後も『学説彙纂』の非成文法に対して成文法を扱う『勅法彙纂 Codex』（五二九、五三四）を加えた。さらにはガイウスの『法学提要 Institutes』を現代化したもの、ユスティニアヌスの治世に発令された新たな成文法各種を盛った『新勅法 Novellae Constitutiones』も公刊した。これら四点が『ローマ法大全 Corpus Juris Civilis』をなし、[3] それがヨーロッパの市民法と教会法の展開に深く影響していく。[17]

ローマ－ビザンツ法の発展はユスティニアヌスで急に幕を閉

じたわけではない。しかしのちの発展の中で経済思想史にとって最も重要な出来事は、十二世紀のボローニャを中心としたローマ法研究の復興であったと考えられる。それを引っ張った精神はイルネリウス（Irnerius c. 1050-1130）で、彼は一〇八四年に法律学校を創設した。彼が『ローマ法大全』の註解書を著すと支持者が広まり、彼の『法学大全 Summa codicis』はローマ法学における中世初の体系書となる。イルネリウスと後継者たちはローマ法の原則を当時の状況に適用しようとしたが、そのとき「初期資本主義が中世という構造体に侵入し、伝統的な価格体系ばかりか既存の社会秩序をも動揺させた[18]」とされる問題に向きあうことになった。この問題に彼らは対応するが、【126】それが彼らの育てた法学的伝統の中で経済学的議論が占める範囲を大幅に拡大させる結果になる。そしてこの拡大が今度は聖トマス・アクィナスとその後の神学者の経済分析に影響を及ぼすのである。歴史家の一部の見方によると、これら法学者たちと一部の教会法学者たちこそが、初期資本主義を社会的・道徳的に土台から正当化するうえで指導的な役割を果たした。例えばジョン・F・マクガヴァンは書いている。

> 法学者たちは経済の将来像を見直して所説を詳解する作業を、他の分野の代弁者と同じくらいの時期、または大半の事例でそれよりも早い時期に行なっていた……法学者たちは富と商業活動に新たな方法で近づく際に主に三つの目的を達成したいと考えた。法の分野で発言した人たちは民間部門が活発で競争に励んでいることを好んだ。国家には資源保持、可能ならば資源増産も望んだ。最後に、教会法学者や市民法学者は政府が強い財政的基盤をもつべきだと感じていた[19]。

（1）販売と物々交換の違い

ローマ法学者たちが二世紀から三世紀に書いたものの中では売買 emptio-venditio 契約の範囲と意味を特定することに多大な注意が寄せられている。売買の特定は論争の種で、法学的見解の二つの指導的学派、プロクルス派とサビヌス派を巻きこんだ。後者は物々交換 permutatio の形での財交換から売買を区別することは重要ではないとした。こうした立場はアリストテレスがとった交換の公正論の立場、およびアダム・スミスの権威が十九世紀の正統派の経済分析に刻みこむのに一役買った見方とも整合する。だがプロクルス派は反論し、彼らの議論がローマ法思想やスコラ思想の道筋を定めた。

プロクルス派は貨幣と貨幣〔表示での財〕価格の存在が交換行為に重大な違いをもたらすとする。それがあるもとでの取引は、財を手放したい一義的な売手と【127】貨幣を手放したい一義的な買手がいるから成立しうるのであった。しかし物々交換の場合は取引の両側とも同時に買手でもあれば売手でもある。だからウルピアヌスは書いたわけである。「私たちは〈買手〉という語を〔貨幣〕価格と引き換えにものを得たい者一般と理解しなければならない。〔物々〕交換の場合は（しかし誰であれ物々交換をするなら sed si quis permutaverit）両者が買手かつ売手という立場にあると理解しなければならない」[20]。貨幣は本質的には物々交換である二者関係をヴェールで覆う単なる中間介在物《ミドルターム》ではまるでない。貨幣価格の存在は根本的で質的な変化を経済関係にもたらす[21]。

売買契約を定義する主だった特徴は『法学提要』に明記され、こう言い定められている。

売買契約は価格が合意に至るとただちに成立する。まだ支払がなかったり、手付金すら未払いであってもそうである。……価格がなければ売買はないので価格は定める必要がある。そしてそれは所定額でなければならない。……さらに価格は貨幣で示す必要がある。……売買契約が一度成立すると、まだ引き渡されていなくても売られたもののリスクはただちに買手のものとなる。……売手は彼の側での悪意や懈怠がないときに起きるすべての出来事を関知しないからである[22]。

こうした販売のとらえ方はミシュナによるそれとは相容れないと思われる。ラビの律法における決定因子は問題となっている財の買手への引渡しで、財の減耗や損傷のリスクは引渡しのときまでは売手のものである。しかしとらえ方の衝突は、少なくともユスティニアヌス法典の編纂のころには実質上というよりは見かけ上のものになっていた。リスクの発生、および売買成立の要件としての価格をめぐる合意といった点についてこれらの条件があてはまると考えられていたのは【128】、これこれの馬とか蓄蔵ワイン全体といった特定された対象の移転を伴う売買に限られていた。売手が手持ちの群れから選んだ馬とか、彼の蓄蔵ワインのうち一樽等、対象が特定されていない場合、リスクは売手の側にあり、売買は買手に品を引き渡してその所有に帰したときにのみ完成した[23]。

(2) 価　格

販売をめぐるローマ法の議論では価格形成プロセスは売手と買手の個人間交渉の営みとして描かれている。例えばパウルスは「売買においては一方が価値よりも安く買い他方が価値よりも高く売ることは自然法で認められている。かくて双方が他方を出し抜こうとしてよい。これは貸借でも同じである[24]」と記す。ウルピアヌスも同じ手法をとるが、交渉技術における合法な営みと非合法な営みの間に線を引こうとする[25]。価格が一連の歩み寄りの結果、交渉の妥協点で決まるという見方を最も詳しく示した見解はユスティニアヌスの『勅法彙纂』に見られる。関連箇所を引こう。

土地がいくぶん安すぎる価格で売られていると誰かがもらしただけでは取消の根拠にはならない。実際、売買の性質、買手は安く売手は高く取引したいと望んで契約に臨むこと【129】、売手は徐々に要求金額を減額して買手は要求量を増やす長いかけ引きをへて初めて両者が困難を乗り越えて一定価格に合意することを考慮すると、売買契約を支えるよき信頼も、またどんな合理的根拠も契約を合意に導く決定因ではなく、初めで値切ろうがあとで値切ろうがその人が出した理由で取り消されるということが疑いなくわかるであろう。……[26]

いましがた引いたようなくだりは一つ一つの契約における具体的な価格形成に注目したものである。個々の売手と買手の間での相対《あいたい》交渉の外にある市場というもっと広い世界はほぼ認識されていない。パウルスはおそらく〔市場の〕「価値よりも高く」売ることを指しており、先に引いた『勅法彙纂』の一節は一筆の土地が「販売時の真の価値を」もつ例に説き及んでいる。ただこうした言及はなお曖昧なものにとどまる。売買が二者的communal 活動としても行なえるという事実と、特定の時と場所で一つの客観的に知りうる市価がありうるという事実は、損失の問題が出てくるがゆえに契約当事者の一方が損害に対して責任を負う可能性を考えて初めて考慮される。だから法学者ポンポニウスが販売契約で財の引渡しが遅れたことで加えられる損害を考える際に、確かに市場における価格形成の認識が見られる。彼が論じるところでは、しかるべき日にワインを供給しなかった売手は「ワインの価値〔価格〕のうち販売日か審理日における高い方に、また販売地か訴訟地のうち高い方に」責任を負う。遅滞が買手の責任なら「訴訟のあった地の一般的価格は考慮しなくてよく、引き渡すはずであった地での価格を考慮すべきである[27]」。

ローマ法学者たちの価格理論というものがあるとすれば、それは価格が個々の交渉の帰結だとする議論だが、当時においても端的に言って不適切であった。より適切な価格理論への進化を促すうえで重要な一歩は【130】公正価格 iustum pretium の本質とは何かという問題が提起されて初めて踏み出された。この革新はキリスト教徒がもたらしたが、ユスティニアヌスの『勅法彙纂』に具体化された莫大損害 laessio enormis の学説によって前面に押し出された[28]。この学説によると、土地を販売する交渉で成立した価格が土地価格の半額未満なら、売手は買手が差額を払うことに合意しない限り契約を取り消せた。これは価格を公正なものにするためである[29]。初めこの原理は土地の売手の保護のみに限定されていたが、次第にさまざまな財や資産の買手なり売手に対して所定額の貨幣を保証するように拡大された。この拡大は主としてイルネリウス以降の中世ローマ法学者の業績である。

十二世紀から十三世紀にかけてのローマ法学者の価格に対する考え方に見られる傾向が示すのは、商取引において公正の問題を適切に取り扱うにはある価格が公正か否かを評価する基準と、さほど明示的ではないにせよ組み合わさって市場での価格形成を決めていると思われる諸力を理解する基準とを開発する必要があるという点であった。公正な価格づけを評価するために現れた基準を挙げると、最もよく求められている価格、その地に住む者が評定した価格、その商品に近い代用品の価格、生産的目的のために売り物を使う際に生じると期待される所得〔販売価格〕などである[30]。こうして商業の公正についての中世の分析法においては現行の市価が【131】抜きん出た役割を果たすが、ローマ法学者自身は市場の諸力が現れるとき作用する因子に大いに通じていたようには少しも思えない。そうならなかった理由の一端は、彼らが依拠した古代の法学的伝統では経済的価値の本質という主題について思考をめぐらすことを促す確たる足がかりがなかったからであろう。

(3) 価　値

ローマ法学者たちは価格決定に関して実務的な分析法を用いており、販売に関する考察を確定的に価値論を定式化する試みにつなげようとはしなかった。彼らの視野の範囲はアリストテレスのそれとはまるで異なる。しかし彼らの思考には売買分析とは別の一面もあり、それがのちに価値論が発展したことに何らかの関連性がある。その一面とは所有権の基盤、もう少し絞ると、単一品目の互換性ある財産の所有権を手にする自然な方法の検討であった。ローマ法学者が認めた方法の一つが加工specificatioだが、それを認めたことがヨーロッパにおける労働価値説の出現の背景をなす基本的要因であった。

加工による獲得が生じるのは、個人が自分の技能と労働を支出して他人財産を新たな形に転換する、例えばAがBの材木で船を造る場合である。所有権のこの権利源泉は特に争いなく成立した。

サビヌス派は原材料が考察対象だと考え、その所有者が製品所有者だと考えた。プロクルス派は製品は生産者の所有物だと見た（G. ii. 79）[5]。ユスティニアヌスは中間の道 media sententia をとった。ものが以前の状態に戻せるなら（AがBの青銅でつくった彫像など）原材料の所有者のもので、戻せないなら（例えばAがBのブドウからワインをつくった）生産者の所有物となり材料費を支払う[31]。

【132】この分析で労働支出に与えられた地位は中世スコラ学者にも引き継がれ、次章で輪郭を描くとおり哲学者ジョン・ロックが長らく受け継がれた所有理論を価値論に転換できた背景となった。そこでロックは先行するスコラ学者の思想の他の側面だけでなくローマ法学者の思想にもなお助力を仰いでいる。後者では経営上のパートナーシップ societas において「人間の技能や労働はしばしば貨幣と等価である」ため、資本を投資したことはパートナーの一員が利益を分けあうことを正当化するが、投資していない人の要求についてはもっぱら労働を提供したか次第となったであろう[32]。

のちの思想家が損害に対する賠償と相続財産の分割にローマ法で対処したときに、価値問題についてのもう一つの型の考察が与えられた。『学説彙纂』によると、いずれの場合にも適用されるべき基底的原理は「ものの価値は個人の感覚や関心から計算すべきではなく一般的見解から（共通の仕方で）計算すべきだ」[33]というものであった。ここに肯定的に述べられているのは、価値決定は社会的プロセスの帰結だという考え方である。

それは合意成立の所産であって、私的で個人的な選好を直接反映した作用の結果ではない。

キリスト教徒のローマ法学者が公正価格の本質を探究し始めたとき、損害や相続に関するこうしたくだりはそこからの派生問題に関する疑問全般に答えを出すために用いられた。例えば権威あるボローニャ学派の法学者フランシスクス・アクルシウス（Franciscus Accursius 1182-1260）が莫大損害について論じた中に直接そうしたくだりに依拠したものがある。それ以前の大半の法学者と違って彼は公正価格を確立するという問題に意識的に向き合っていた。コミュニティの価値評定が商品の真の価値の尺度として活用され【133】『学説彙纂』の損害・相続論から関連した原則を引証して法学的伝統の後ろ盾を借りつつ自分の立場を表明したのである[34]。

彼の師アゾレヌス（Azolenus d. 1230）はユスティニアヌスの『ローマ法大全』に何かのヒントを得て、のちのローマ法学者が展開した資本価値評定問題の分析法を開拓した。ケネス・カーンは述べている。

> 彼［アゾレヌス］は社会に対する債務を支払うためになされた財産の公的販売に関するユスティニアヌス法（『勅法彙纂』4: 44: 16）に依拠して示している。財産価値はその収益の大きさで定められる。こうして定められた価格は公正 iustum である。他の法学者はほとんど即座にある種の精密さを議論につけ足した。彼らによると、価値は財産によって二十年から五十年の期間に生じる所得で評定すべきである。おそらく彼らは所得をある率で資本還元すると考えているのだろう。この手続はユスティニアヌスの『新勅法』（120: 9 序文、7: 3 第一段落）から導かれ、十三世紀前半にラウレンティウス・イスパヌス（Laurentius Hispanus）、ヨアンネス・テウトニクス（Johannes Teutonicus）、タンクレドゥス（Tancredus）、ウィンケンティウス・イスパヌス（Vincentius Hispanus）によって示されたものである[35]。

この理路に沿った価値についての考え方と二者間での評定を重視する見方との関係をアクルシウスが取り上げている。結局彼は固定資本とその他の販売可能な対象を区別するに至る。期待将来収益が資本価値決定の主要因である。これはよく取引される穀物のような動産ではあてはまらない。動産価値は現行の市場に働く諸力によって客観的に決まる[36]。

（4）貨　幣

中世スコラ学者の経済学に対するローマ法の影響は価格、価値、財産所有権、所得の問題に尽きない。この伝統は彼らの貨幣の本質のとらえ方を固めることにも役立った。『ローマ法大全』の中で貨幣問題を最も掘り下げた単一の言明は【134】パウルスが書いた次のくだりである。

> 販売は物々交換に由来する。昔は貨幣などなく商品とか価

格を指す明確な語彙もなかったが、必要や欠乏から不要物を有用物と物々交換したわけである。なぜならある者にはあり余ったものを別の者は欠くからである。しかし必ずしも〔欲求が〕簡単に一致する、すなわちあなたが私の欲しいものをもつときに私があなたのぜひ手に入れたいものをもつとは限らないので、国が恒久的価値を与えたときある素材が選ばれ、統一的な尺度ができたために物々交換の困難が取り除かれたのであろう。この物質は造幣所で刻印を押されると商業や運搬に役立つが、その内的な質よりは量ゆえに役立つ。そうなるともう交換するもの両方を商品と呼ぶことはなくなり、そのうち一つが代金と呼ばれるのである[37]。

聖トマス・アクィナスやその同時代人はアリストテレスの『倫理学』や『政治学』の翻訳を読めるようになると、彼の貨幣観が『ローマ法大全』のそれで確証されることを見出した。特筆すべきは、それらは同じ強固な非金属主義をたいへん重視していることである。パウルスにとってもアリストテレスにとっても貨幣は基本的に法がつくったもので、その存在理由は「その内的な質よりは」国の法令によるのである。スコラ学者はパウルスに学んだのだが、貨幣はやはり商品から区別しなければならない。貨幣がもちうる「商品」としての側面はどれもそれが経済生活の中で果たす役割にとっては付随的なものであるというわけである。

アリストテレスに類した言明に即しつつもそれを超えて、ローマ法では貨幣を互換物 res fungibiles に分類した。互換財とはふつう他と違う個別的な単位をなすとみなせないものを指した。穀物やワインがそうだが、特定ストックか残高の形で保有されたある量の貨幣は、別の残高の同量の貨幣と大きく違わない。ローマ法ではまた、例えば家など使用で消滅しないものとワインや食べ物など消滅するもの res quae usu consumuntur が区別されている。法学者の区分に従った中世のスコラ学者は貨幣が後者のカテゴリに属すると論じた。【135】ある額の貨幣は所有者からすると使用用役一回分のみに役立つ。その用役を果たすと貨幣は彼から消滅する[38]。使うことによって貨幣の所有権は不可避的に移転するのである。

(5) 利　子

ローマ法は貨幣と財、互換財と非互換財、消滅財と非消滅財を区別したが、これらはスコラ学が利払いを取り扱う際にも中核に位置する。法学者自身が利子現象について直接考究したことも、経済分析のこの中核的な一面の研究法の決定因であるということも明らかとなる。

ローマ法では利払いの必要性は対物契約の四つの主要類型の二つで問題になる。四つとは、消費貸借 mutuum と使用貸借 commodatum と寄託 depositum（ものを安全に保管するために他人の管理に委ねること）と抵当 pignus である。利子はその契約が第一のものに関連していても消費貸借に、また不規則寄託 depositum irregulare に関連する。消費貸借とは、互換財の消費向け貸付である（貨幣、ワイン、穀物など）。だから当然借手は所有者 dominus となり、その責務は借りたものを返すことではなく価値が同等のものを返すことである。消費貸借の前身は古代法の拘束 nexum（債務不払のとき人を抵当に入れること）で、厳正契約 contract stricti juris（当事者の債務が約束だけで定められる）であった。このため借手は契約そのものによって、自分が受け取ったのと正確に同等のものを無利子で返すよう求められ、それは債務不履行（遅滞 mora）、すなわち適切な時期に返済できなくなっても同じであった。利子を確保する唯一の手段は【136】借手に別の契約、すなわち問答契約 stipulatio と言われる契約で利払いを約束させることであった。[39]

問答契約の内容は、借手が貸付対象物についての貸手からの形式的質問に形式的に答えることで債務を引き受けるというものである（「形式的」とは「法に基づく」というほどの意味）。

不規則寄託が適用されるのは、保管者が所有者となるので貨幣等の預けた互換財と価値が同じものを返す義務を負うだけと承知のうえで、ある者が互換財を安全に保管してもらうために他人に移転したときである。しかし受託者からの貨幣の返済が合意した時期より遅れたら（遅滞）、寄託者は寄託直接訴権 actio depositi directa によって利子を請求できる。この場合、問答契約はなくてもよい。

消費貸借と寄託ではいずれも契約の本質的特徴は、初めに合意が成立したときに一方、すなわち貸手か寄託者が契約のもとでなすべき責務をすべて完遂していなければならないという点である。彼は自分が所有していたものを他人の所有に移転させたことによって義務を完遂している。契約に関わって借手や受託者は返還の遅滞などで相手に損害を与えうるが、貸手や寄託者は相手に損害を与える立場にはない。

このように潜在的な損害の発生を重視したことは、中世に利払いの考えられる経済学的基礎が探られたとき、その方向性に根深く影響を与えた。スコラ学者の著述家は、ローマ法がすでに背景にある中で、貨幣の借手よりは貸手にあてはまる条件の中にこうした基礎を探すことになった。借手側の貨幣の用途に無関係に、貸手が借手の行為で損害をこうむれば借手は利払いの義務を負う。借手が貸付貨幣を消費に使うか生産目的で使うか、また彼が多少にかかわらず利益を得るか否かは【137】考慮を要するほど重要ではない。彼の行為が貸手をどの程度害するかこそが重大問題なのである。

スコラ学者による利子理論の発展は、販売のような諾成契約（形式を欠くが承認できる契約）における損害についてのローマ法学者の議論からも影響を受けた。ローマ法の伝統では、購入した商品に目に見えない欠陥があるか引き渡されなかった場合には、買手は利子をつけて購入代金を返金してもらえることがあった。さらにまた、売手は買手の支払が遅ければ利子を要求できた。

売手が買手から支払額の返金を求められるような、販売による ex venditio 訴訟についてのウルピアヌスの見解は、当然利子が伴うというものである。彼は論じている。「この行為で取り戻せるものを挙げよう。まず販売代金である。次にこの代金につく引渡し日以来の利子である。なぜなら買手はその品を享受しているので彼が代金に利子をつけて支払わないと公正でないからである。引渡しを受けると、意思次第で取消可能とはいえ所有権が生まれることになる。なぜなら買手が果実を得る力能をもつかさえ考えればよいからである」[40]。この一節は、対物契約における利子徴収の分析法と対照的であるため、特に重要である。ここでは売手に生じた損害ではなく、むしろ買手に生じた利得こそが、利子賦課を求める根拠をもたらす。ウルピアヌスの分析は『学説彙纂』の次の一節を援用したものである。「買手が代金支払を遅らせたら売手に利子のみを支払えばよく、買手の遅滞なきときに売手が得たであろう収益、例えば売手が業者であるため業務から当該利子以上を稼げるような場合の収益すべてを支払わずともよい」[41]。売手は現行の利子率で受け取れる額を超過する潜在的利益の欠損で損害をこうむっているにもかかわらず、その超過分に対する補償は受けられない。

対物契約における損害や利子の取扱いでさらに一貫性があるのは、【138】奴隷のような資本財を購入したのに引渡しがない場合における買手への補償の分析である。ローマ法では奴隷は人 persona ではなくもの res である。加えて、貨幣と違って奴隷は使用で消尽しないものなので消滅物 quae usu consumuntur として分類される可能性もなければ互換財でもない。奴隷の現在価値または資本価値は奴隷がこうむりそうな減価率と、彼を使用することでフローとして生じる用役の期待価値の影響を受ける[42]。そうした要素は奴隷の買手が売買契約で引渡しを受けられないために損害をこうむったときは考慮される。かくてネラティウスは述べる。「私には買手から得たもの（売り渡した奴隷の代金）だけでなく、奴隷をすでに引き渡していたなら買手が得られたであろうものすべてに関して買手に善処する義務がある」[43]。同様にしてパウルスも奴隷を含む買主訴権 actio empti を考慮して、訴訟は「奴隷が未入手なことによる買手の利害全体を」[44]扱うという原則を認める。パウルスは過去に生じた利益だけでなく、ある条件下では得られなくなった利益も、損害の評定には重要だと想定しているのであろう[45]。

パウルスはすぐあとで、買手が初めに払った代金をはるかに超える不利益を売手がこうむったときに売手が現在の資本価値の全額を補償する義務を負うとするのは不合理であるとして対抗見解を示す。販売時にたいした価値のない奴隷も途中で技術を習得するかもしれず、この習得と、したがって【139】彼の価値の増大は予見できない。どんな資本の価値評定にも将来予想が絡む面が必ずあるので、『学説彙纂』も『勅法彙纂』も購入価格の二倍をもって売手の責任の実務上の境界線としている[46]。とはいえ基本的で一般的な原則は残る。「売却されたものが引き渡されなければ、損害について訴訟が提起され、それはものを入手することが買手に利益 interest をもたらすからである。買手の利益がものの価値 worth、すなわち売値を超える場合、それはときに本体価格を超えることになる。[47]」

おそらくパウルスは資本財の売買では、損害の評定にとって停止する利益が重要だと示唆しているが、消滅するものの販売における未引渡しが潜在利益を阻むことの重要性は認めない。彼はこう記す。

売手のせいで未引渡しになった場合、損害は買手の損失全体を視野に入れねばならないが、それは買手の損失がその品に直接関連する部分に限る。かくて彼がワインを取引して利益を得たであろうということはすでに購入した穀物の未引渡しによって一家が飢えに苦しむことと同じく考慮を要さない。この場合彼は穀物分の価値〔価格〕を払えばよく、飢えで死んだ奴隷の価値を支払う必要はない。[48]

この否認はのちの世紀にスコラ学者が貨幣貸付について展開した思想の主流とは好対照をなす。逸失利益は停止利益lucrum cessansという権利源泉のもと、貨幣貸付で利子をとってよいことの主たる根拠になるのである。取引活動において貨幣を使用して利益をあげられる貸手は、その金額を借手に移転したために「損害をこうむる」。だから利子はこうむった害の一補償形態となるのである。

3　教会法

中世の神学者が法学者の思想に通じるようになったのはローマ法研究が復興されたからだが、この復興とともに教会法の社会活動の進化を理解するには、こちらの法学的伝統を評価することも重要である。

【140】 組織的で学問的な分析法も発展した。中世の社会思想と個々の教会関係者と、彼らが属する広大で複雑な組織は公正を取り扱い続け、それには何世紀にもわたって多くのヨーロッパ最良の精神が専門的な関心を向け続けた。教会法学者はキリスト教の道徳理論をもとにキリスト教徒が社会生活を送るための客観的に望ましい指針のあり方に関わる規則をつくる仕事に取り組んだ。この結果、彼らは当時の社会生活の経済的側面を分析するよう迫られた。

(1)　グラティアヌス以前

ローマ教会の教会法はローマ法という先例に多くを負っている。[49] しかし早い時期のその内容は多くがニカイア（三二五）、カルケドン（四五一）などの公会議の教令によって与えられた。それとともに属州における各種の教会公会議による関連教令、ローマ教皇の規約や書簡も用いられた。教会関係者がローマ市民法からかなり距離をとろうとしていたことは第一次ニカイア公会議決議第十七条に現れている。同法は述べる。

聖職者で利得に対する貪欲と欲望から行動する者は多いが、彼らは「お金をウスラに投じないように」という聖書の制止〔「詩篇」第十五章五節〕を忘れ、代わりに貸付に対して月に一％の利子を求めている。だから神聖にして偉大なる当公会議は、将来において利子をとるか、何らかの形でウスラに手を染めて五〇％の利益を求めるか、同様の手法でお金を稼ぐ者は誰しも、組織から追い出され除名されるよう命ずる。[50]

【141】 教会法のまさしくこういう観点は中世を通して幾多の公会議で繰り返され、これが経済分析の歴史にとって特段の重要性をもつ。その一歩によって教会当局は教会法の経済思想に固有の色合を与える伝統の形成に踏み入ったのである。中世の法学者が教会法の体系化を試みるようになったとき、彼らが手にしていると思ったものがあった。「個々の悪に差し向けられて一つ一つの法が制定されている。ウスラを定義し投機的販売の悪を難じたそれらの文言によって教会法学者は売買の領域全体を包括する一般的な理論を生み出したのだ。古代の教会法やカロリング朝法制の個別法から始まって経済分析の端緒が生み出されたのである」[51]。学問的研究としての教会法の発展のまさしく出発点から利払いの問題は論究の経済面の核心部に位置づけられていた。利子問題は経済学的探究活動の中心論点だというオーストリア学派経済学者ベーム‐バヴェルクの見解を受け入れるなら、教会法学者のこの問題への集中は経済学の発展にとって実り多いものとなる可能性を秘めていた。

遅くとも四世紀以降にヨーロッパ各地の学僧は主教ほかの聖職者の導きを受けて教会法令集の編纂に取り組んだ。この仕事は非集権的に進められ、標準的法典が現れる機会はほぼなかった。これら法令集の流通範囲の一部は限られたが、一部は長きにわたってヨーロッパの特定地域で教会活動をつかさどるうえで権威の座を占めるに至る[52]。また十一世紀より前に集成にあたった学者は編纂作業の際に目次をほとんど体系的に並べようとせず【142】 自らが形を与えた教会法や市民法各種がもたらす規定間の矛盾を調和する努力もほとんど行わなかった。十一世紀以降は体系化と調和化の流れが始まり、うち最も特筆に値するのはアウグスティヌス派のシャルトルのイーヴォ主教（Ivo of Chartres c. 1040–1116）による『教令集』で、その影響は広範囲に及んだ。

イーヴォは『教令集』でかなり昔からの広範な法学文献にあたった。ケネス・S・カーンが言うには、こうして売買に関する彼の公正論は『テオドシウス法典 Codex Theodosianus』（四三八）の規定から直接成立したものもあれば、『西ゴート・ローマ法 Lex Romana Visigothorum』（五〇六）、八世紀バヴァリア法、ベネディクトゥス・ディアコヌス Benedictus Diaconus が編んだ九世紀の教規集による変形をへて修正のうえ成立したものも一部ある[53]。イーヴォによると、取引に詐欺も暴力もなければ売手には売買の取消を求める根拠がない。なぜなら単に価格が安すぎるというだけでは販売の取消はできないからである。同様に、買手側はあとで価格が高すぎると思ったからといって訴えることはできない。個々の買手と売手のお互いの合意は、初めの交渉が自由な話合いができる条件下で行われたなら価格決定の妥当な方式である[54]。

自由な話合いを重視するのはユスティニアヌスの『ローマ法大全』の場合と一致するが、公正契約での市価決定因としては二者関係を相対的に重視しない点も共通である。イーヴォの『教令集』もそれを重視していないが、少なくとも八世紀末から九世紀のカロリング帝国にまで遡る立法の伝統を別の所で参照することによって修正されている（Part VI. Chap. 259）。それから、カール大帝（Charlemagne 742-814）は初期教会の法令に大幅に依拠した教規を発令して領内の経済生活の指針を規制するようになった。これは派遣役人や主教が共同で経済その他において帝国内各地域の取決めを巡察する務めを与えられた巡察使 missi dominici に対する条令の形をとった。カロリング朝の【143】教規はのちの教会法の範囲と内容に、またそれらを通してヨーロッパにおける経済分析が発展してゆく方向にも大きな影響を及ぼした。

フランス人民が当時経験していた広範囲の困難に向きあう中で、カルロマン帝は八八四年に十四か条の教規を発令して問題の一部を解決しようとした。第十三条は公正価格の決め方に関わり、各地の市価をもってそれとする決定的な一歩となった。イーヴォとのちの有力な教会法学者もこの教規を繰り返し述べたため、のちにスコラ学者が経済関係における公正の根拠を理解することを求めて市場現象を分析したとき、それが注目を集めた。その教規によると「教区牧師は自らの羊たち〔信徒〕に、各地の市場で手に入る価格以上を旅人から徴収しないよう勧告せよ。さもなくば旅人が牧師に不平を訴え出て、牧師は価格を〈人間らしい〉ものとする必要に迫られる[55]」。ここではユスティニアヌス法典の場合よりもはるかに一般的に市価が引合いに出されている。

カロリング朝法制は価格形成が自由競争のある市場でなされるべきことについても譲らない。部分的独占に至りかねない投機的な市場活動の試みも八〇六年三月のネイメーヘン教規で違法とされた。それは厳しい飢饉のさなかに発令されたが、第十五、十七条はこう述べている。

明らかに貨幣を稼ぐためにさまざまな不実な策を講じてあらゆる種類の財を貯めもうとする者は不正な利得を得ている。……穀物やブドウの収穫期に自分は不要なのに単に貪欲の下心から穀物やワインを集める者がいる。例えば大樽を【144】二デナリで買って六デナリかそれ以上で再販できるようになるまで保存するのである。こういう者にはみな不実利得と呼ばれる罪がある。他方で必要だから買って自分のために保存したり他人に分け与えるとすれば、それは商取引 negocium である[56]。

こうして公正価格成立にとって重要な前提条件だからという理由で早い時代に自由競争に力点が置かれたことも、教会法学者が分析において取り上げて広めたもう一つの要素なのである。オックスフォード大学で教えトマス・ア・ベケット（カンタベリ大司教）の法律顧問を務めたヴァカリウス（Vacarius c. 1120-1200）が『貧者の自由 Liber Pauperum』で述べた見解も特異ではない。ヴァカリウスはワインや服地取扱い業者、土木建設業者の価格維持組合の形成を攻撃した。同時に大半の中世法学者と同じく労働組合とは取引を規制するために活動している独占体だとみなした。ただヴァカリウスはどの個別取引でも市価が支持できると信じたわけではなく、三類型の価格区分を立てた。

真正 verum 価格があり、別に共通 commune 価格があり、さらに特殊 singulare 価格がある。真正価格とは品物が売られている価格である。共通価格とは誰にでも売ってよい価格である。特殊価格とはあるものが一人にとって他人にとってもよりも価値があるときに見出せる。優れた職人である奴隷が職人に売られた場合を考えると、彼にとって奴隷は職人でない者にとってよりも価値がある。(57)

ネイメーヘン教規はまたウスラ問題に対する教会法の姿勢を定めるうえでも意味があった。七八九年、カール大帝は「一般訓戒 Admonitio Generalis」を公布してウスラ禁止を帝国全域に拡大し、平信徒にも聖職者にも適用した。これは八〇六年という困難な年にも（帝国の分割が始まった）ウスラを大変広義に定義することで拡大された。同勅令【145】第十一条によると「ウスラとは与えた以上に返せという要求を指す。例えば一〇ソリデゥスを与えてそれ以上を返すよう求めたり、小麦一樽を与えたあとにもう一樽要求するなどである」。第十六条は続ける。「貸すこととは何かを与えることである。貸付は与えた以上を求めなければ公平かつ公正である(58)」。

これは普遍的と思われる表現で利子徴収を厳しく指弾しているが、カール大帝の帝国全域で用いられた最も権威ある教会法令集『アドリアナ Hadriana』にも対応箇所がある。それは聖職者にウスラ徴収を禁じ、受け取る平信徒は恥辱の利得 turpe lucrum を求めたとして責められた。ヌーナン教授の見解ではこの弾劾こそがのちのウスラ法制の土台になった(59)。中世スコラ学者の一部やその後継者はこれらを背景に努力を続け、ウスラの一般的禁止に対する例外的許容の理論を構築するという形で利子の定立的 positive 理論をつくる必要があった。長いウスラ法制史はまさしくこの側面において、経済分析を前進させるうえでの第一級の意義をもった。ウスラ徴収の禁止は、おそらく有益であったスコラ学者による分析的な提言の一部を抑えこんだのだが、またそのおかげで彼らは十九世紀と二〇世紀の初めの数十年に主流派経済思想を支配した過てる利子理論を選ぶという拙速を避けられたとも言えるのである。

(2) グラティアヌスとその後

組織的研究としての教会法の発展の分水嶺は『教会法異説例解集 Concordantia discordantium canonum』（ふつう『グラティ

アヌス教令集 Decretum Gratiani』として知られる）の公刊によって到来する。ボローニャ大学で講じたイタリア人の僧ヨアンネス・グラティアヌスによる一大編纂事業は一一四〇年から一一五一年の間に行われた。『グラティアヌス教令集』では、

教会法令の一大集成は対話方式で構成された。法的な問題を挙げたあと、まずある立場、次に【146】別の立場へと進むのである。両観点の権威〔典拠〕は慎重に配列され、それらのずれと争いから調和や統合がなる。……十分確立された伝統が綜合されて新たなスコラ的方式で表明されるときに最も重要な瞬間にたどり着き、それがただちに教会法の全領野をとらえて従来の積上げが追い払われ、法廷の最高権威と学校の標準的教科書となる。それが教会法という学問の始まりを画したのだ。[60]

『グラティアヌス法令集』出版の結果、その註釈を事とする重要な学派がドイツ、フランス、イングランドで発展したが、それでも研究の主な拠点は依然ボローニャであった。教令学者の手になる註解書の中でも特筆すべきなのはヨアンネス・テウトニクスの『標準註解 Glossa ordinaria』（c. 1215）とピサのフグッチオ（Huguccio of Pisa d. 1210）の『法学大全 Summa』であった。

教令学者たちは当時のボローニャほかの研究拠点にいたローマ法学者と同様に、とりわけ都市生活に革命をもたらした経済活動の新傾向の中で、長持ちする指針を〔各訴訟に〕適用しようと考えざるをえなかった。遅くとも一一〇〇年には資本主義を基盤にした生産活動と取引方式を合理化する大きな波が目につくようになっていた。一三〇〇年に一つのピークを迎える発展プロセスが進展する中で経済関係が質的に変貌しており、それが伝統的な経済道徳をますます危機に晒し始めていた。[61]

教令学者たちはその著作によって、生まれたての資本主義が求める従来よりも自由な法的・社会的枠組をつくる手助けをした。この点で最も重要な彼らの寄与の一つは、財産所有権の問題に対する新たなキリスト教的分析法であった。

【147】一二〇〇年頃、教令学者らは財産に関する教父たちの教えを根本から大幅修正した。このため私有財産権は神聖な原理であり各個人の人格的な権利とみなされた。なぜならそれは自然法に由来する、または「万民法 jus gentium」に固有の一部分だったからである。……聖トマスの私有財産観の源泉はおそらく法学者たち、とりわけフグッチオとアラヌス（Alanus c. 1128–1202）と見てよい。[62]

道徳的・法学的議論は、民間人が蓄積した富を政府当局による恣意的接収から守ることにこぞって向けられ、こうして商工業者は自分自身と後継者について合理的な長期的視点をもって事業拡大に取り組む望みを抱けた。

法実務は法文に従属するものだが、教令学者がそこから解放

してくれる傾向をもったため企業家《アントレプレナー》は彼らの一部にも助力を求めるようになった。教会法学者の一連の思想は（新たな社会組織を排除する、革新に抵抗する等と思われるような）古代の勅令の厳守には反対していた。これはその思想が単に既存の法を厳格に適用することに基づくという意味で公正な判断を下すよりは、争訟事案において衡平の確保を促そうとしたからである。グラティアヌス自身がこの点で先導者的な魂であった。モーリス・アメンは述べる。

> ……『グラティアヌス教令集』では法的厳密さを卑屈に遵守することで得られると思われるものよりも衡平の方が高度な形の公正であった。衡平は静態的ではなく動態的で、つねに人間の条件を考慮する生きた現実であった。グラティアヌスは成文化されていない衡平を用いることをためらわず、この手法は十二世紀半ばにボローニャ大学で教えていた他の教会法学者たちの中で彼を際立った人物にした。[63]

この自由路線は『標準註解』で支持された。もっともフグッチオは同書に反対したし【148】、有力であったトルネーのステファヌス（Stephanus Tornacensis 1128-31）も『グラティアヌス教令大全』で反対した。彼らはローマ法学と連動させてもっと制限的な衡平観を維持したいと思ったのである。グラティアヌスの自由路線には非難がつきものであったが、それは権威筋からの支持者を見出した。最も目立つのは十三世紀の卓越した教会法学者ホスティエンシス（Hostiensis d. 1271）である。[64]

グラティアヌス以降の教令学者の経済思想が企業経済の実態をますます意識するようになっていた証拠を示そう。八〇六年のカロリング朝教規は商業活動に厳しい枷をはめたが、それとは逆に従来よりも高い価格で各商人が財を売るのも許容できると反対する者もいた。こうした営業を承認する背景には、必要、財の形態や質の向上、財取引の際のコストや労働支出の請負い、商業の世界で職分を追求することで被扶養者を支えるという目的があった。誠実な商人が手にする利益はまったくもって正当な所得形態でありえた。[65]『自然法便覧 Apparatus: Ius naturale』（1210-15）によると、動機が善良なら聖職者でさえ販売で利益をあげてよかったし、当該品目を公正価格で販売していた。利益は利子と混同されてはいない。利子をとるのは禁止されていたからである。公正価格の数字を確定するには、おそらく第三者の判断（善意の第三者の裁定 vir bonus arbitratur）を仰ぐ必要があった。ここで判断の基盤となる基準などないが、ほぼ同時にタンクレドゥスは彼の『便覧 Apparatus』（c. 1215）で述べている。「ものはそれが売れる価格分の価値をもつ……が価値は個人ではなくコミュニティ全体の作用で成立する」[66]。

【149】十二世紀の終わり近く以来、教会法学者の身分に変動があり、最終的には同分野がグラティアヌス法令の註解者から離れて進歩するのを促した。註解者たちは初期教会法令の分析をうまく体系化し、これが近代的な判例法集の構築を促した。これら判例法集は各時代の教皇や教皇庁が発した教令書簡に示さ

れた判決に注目していた。教令の法律化の問題によって教令学者の仕事に陰りがさし始めていたが、この分野における力点の移動はパヴィアのベルナルド・バルディ（Bernard Baldi of Pavia）が一一九一年にボローニャで出版した『第一集 Compilatio Prima』に現れている。これは主に、自らボローニャ大学教会法学教授時代にグラティアヌス教令の註解書も書いたアレクサンデル三世の教皇時代（1159-81）とその後に発せられた教令書簡からなる。その後四十年に同様の編纂書が編まれ、作業はグレゴリウスの『教令集』の刊行で山場に達した。編者の聖ライムンド・デ・ペニャフォルト（Raymundo de Pañafort; Raymundus de Pennaforte 1175-1275）は一一五〇年以降に発令された教皇教令を基盤とし、同書は一九一七年に改訂されるまで教会法の基本書であり続けた。グレゴリウス九世は一二三四年の『平和の王 Rex pacificus』でこれが決定版だと宣言した。

十三世紀のポスト・グレゴリウス期の教会法学者で経済分析を行なった主要人物はホスティエンシス枢機卿である。彼はボローニャでもパリでもローマ法と教会法を学んでフランスやイギリスで教え、イングランド王ヘンリ三世の教皇インノケンティウス四世への使節を務めた。一二四四年に主教となり、一二六二年にはオスティアの枢機卿、大主教に就任する。主な著作は『大全 Summa』（1250-61）、『教会法文献註解 Commentaria super libros decretalium』（1271）である。その中で彼は教会法思想の中の自由主義的立場に従ったのみでなく、当時の商取引の世界の経済的実態を前例のないほど高く評価した。

上述のとおり、彼は既存の法文から公正を運営する際に衡平を関連づけるというグラティアヌス教令の柔軟な姿勢を取り入れた。さらに財産所有は自然的なので、自然的方式に従って個人が取得してよいと考えた。彼は支配者による臣民の財の没収は【150】相当強い理由がない限りあってはならないと断じている[67]。ホスティエンシスは、経済的価値は相対《あいたい》市場で決まる変数だとの信念をもとに販売の詳細な分析にとりかかる[68]。その分析の背後には中世のローマ法学者が莫大損害を考察する際に見出した事柄があった。それから、公正価格を各地の市場で入手可能なものと定めたカルロマン二世の八八四年教規をグレゴリウス九世が『教令集』で法制化したという事実があった[69]。

ホスティエンシスが貨幣取引の問題について述べたことは特に重要である。ウスラが全般に弾劾されていたことを踏まえ、貸付に伴って行われる元本以上をとられる支払を十三例挙げている。その一つは保証人 fidejussor である。貸付の保証人が保証している人物に利払いの義務がある契約で縛られているために、利つき貸付に対する支払人の一人となることに同意を迫られている場合である。別の例は信用売り差額 vendens sub dubio である。これは商品の将来価格に疑いがある場合、売手が信用取引の市価よりも高い額を要求しても適法だとするものである。ホスティエンシスはさらに慣行科料 poena conventionalis も認める。これは債務者が契約にある約定日までに貸付元本を返済しないとき債権者が補償を受けられるように契約書に加えられる罰則条項である。こうした認定は協力労務 labor《ラボール》（羅英同形異音）にも与えられる。債権者が特定の貸付の供与について引き受けるよう求められる労働である。[70]

ヌーナン教授の考察によると、これらの事例以外にホスティエンシスは貸付開始時から利子を徴取する根拠を初めて論じた権威ある人物であった。[71] この根拠が停止利益で、のちの書き手も取り扱って、詐欺、強要、遅滞のない場合に利子率がゼロにならない理由を初めて述べた理論の基盤となった。ゼロにならないのは、貸手が手元に貨幣を手放さずに自分の取引に使うことをあきらめて他人に貸すことによる逸失利益の補償を求めても合法だからである。【151】 ホスティエンシスは記す。

取引と市場での商売に慣れて大きな利益をあげている商人が、自分の商売に使えた貨幣を、私から見て慈善目的で貨幣を切望する人に貸したとする。ウスラの虚偽がなく……上述の商人がこの形でウスラをとることを習いにしないなら、私はこれから彼の利子《インテレッセ》が生まれて当然だと思う。

貸した相手に問題がなくても、習慣的ではなく慈善目的で貸した商人は利子を求めてよい。[72]

この点でホスティエンシスが一歩先んじた部分は、十五世紀スコラ学の経済学説の主流に取り入れられた。[6] 彼のもう一つの革新は債務者贈与 gratis dans をウスラ禁制の例外として許容した点で、それはフィレンツェの銀行業においては通例になる。債務者贈与とは、銀行経営者が預金者に対して裁量で利子を支払うのを認めることで、利子について形式上はウスラ契約は交わされない。法的な業務引受ではないものの、競合する銀行に預金者が預金を移すのを恐れて利子が支払われた。銀行経営者の「贈与」は一定程度の拘束などもなく供与された。[73]

【152】 ホスティエンシスの著作は神学者トマス・アクィナス、ローマ法学者アクルシウス、オドフレドゥスと同時代に書かれた。この三人の法学者は専門性に優れるが、将来への影響という点ではアクィナスなる人物の陰にすっかり隠れてしまう。聖トマスは市民法学者、教会法学者を含む広範囲の資料にあたり、彼の知性が来たる数世紀の経済や社会の研究の分析的枠組をつくり上げた。彼は恩寵と自然の和合という教説を武器にキリスト教思想家たちに公正な経済秩序の問題を探究する新鮮な誘因を提供し、同時にまた、この仕事を進める際に役立ついくつかの明晰にして新しい分析的ツールももたらした。[74]

原注

(1) 中世におけるユダヤ人の思想や活動の影響については、例えば著名な歴史家サロ・W・バロンがこう述べている。「封建的な中世の世界ではユダヤ人はおそらく最も〈リベラルな〉経済集団である。それは経済的な生き残りのために彼らがさまざまな発明をせざるをえなかったからというだけでなく、逆説的なことに彼らが執拗に伝統にこだわったからでもある。初期近代のフランス、ドイツの経済に対してローマ法の〈受容〉がもった大局的な意味は、その前の初期中世ヨーロッパにおいてタルムード法の求めに応じて活動するユダヤ人によって完成された部分が少しある。そして、それもまたギリシア帝国や初期ローマ帝国の準資本主義的文明のもとで形成されたものである。」Salo W. Baron, *Ancient and Medieval Jewish History*, New Brunswick, NJ: Rutgers University Press, 1972, p. 252.

(2) これおよび以下のミシュナからの引用は次の書物から。*The Mishnah*, tr. Herbert Danby, London: Oxford University Press, 1933, reprinted 1972.

(3) Op. cit., p. 353.

(4) 例えば「ババ・メツィア」5: 9.

(5) 卸売と小売の役割の明確な区別は次にも見られる。「デマイ」2: 4.

(6) Op. cit., p. 358.

(7) 次も見よ。「メイラー」6: 5.

(8) 利子徴収に関する禁制はイスラエル人の共同体内のみに適用される。「貨幣を異教徒からウスラつきで借りたり、ウスラつきで貸してもかまわない。同じことは国内に居住する異邦人にもあてはまる」(「ババ・メツィア」5: 6)。これはラビたちが利子賦課に健全な経済的基盤があると見ていたことを示すが、「レビ記」や「出エジプト記」といった古来の戒律は主の民をお互いの取引においてなお縛っていた。

(9) さらに、すでに地代が課されている農地の生産力を上げるために行なわれた貸付からの収益は、借地人が地代が上がっても払うと約束することで〔貸手が〕その収益を稼げる場合は正当とされていた(「ババ・メツィア」5: 5)。

(10) 労働時間、労働条件、賃金稼得者の非賃金利得については導師シメオン・b・ガマリエルの金言が引かれている。「どんなことでもその地の慣行を踏まえよ。」(「ババ・メツィア」7: 1)。ミシュナがはっきり強調しているが、雇い入れた労働の適切な最低収益は各地の習慣で規定される問題だから額は不ぞろいである。何世紀もたってから、正統派ユダヤ人の両親によって子供のころタルムードを学ぶ学校に入れられたイギリス人経済学者デイヴィッド・リカード(1772-1825)も、雇用された労働の最低収益は各地の習慣で決まるとの考え方に賛同している。次を見よ。J. A. Schumpeter, *History of Economic Analysis*, New York: Oxford University Press, 1959, pp. 664-5.

(11) アリストテレスや中世キリスト教神学者たちとの比較を含むマイモニデス経済学の研究としては次を検討のこと。Salo W. Baron, 'The Economic Views of Maimonides,' op. cit., pp. 149–235.

(12) ヴェルナー・ゾムバルトは述べる。「ラビの中にはリカードやマルクスを修得したかに語る者がおり、控えめな例でも数年間証券取引所の仲買人を務めた者もいる……」(Werner Sombart, *The Jews and Modern Capitalism*, New York: Collier, 1962, p. 291.

(13) イスラム的背景において際立った経済学研究の例を挙げておく。Ibn Khaldun, *The Muqaddimah: An Introduction to History*, tr. by Franz Rosenthal, 3 vols., New York: Random House, 1967. イブン＝ハルドゥーン『歴史序説』森本公誠訳、岩波文庫、二〇〇一年。

(14) S. W. Baron, op. cit., p. 266.

(15) J. A. Schumpeter, *History of Economic Analysis*, New York: Oxford University Press, 1959, p. 70. 法学者の仕事以外ではロ

ーマの文献は経済問題についての洞察においてほとんど寄与していない。教養人は彼らの関心にとっては無価値だとして経済分析を退けた（例えば Cicero, *De Officiis*, 2, 24, 87. キケロ『義務について』泉井久之助訳、岩波文庫、一九六一年、一三八頁、および訳注一〇五、二八八頁）。農場経営について書いた人もおり、経済学に周縁的な関心を示してはいる。その例として次を見よ。F. Harrison, *Roman Farm Management in the Treatises of Cato and Varro*, New York: Macmillan, 1913.

（16）万民法は市民法 ius civile や自然法 ius naturale と区別される。またそれを聖トマス・アクィナスとのちのあまたのヨーロッパ人法哲学者が用いた「自然法」と同じと見てはならない。これらの違いについては次を検討せよ。A. P. D'Entrèves, *Natural Law: An Historical Survey*, 1951, New York: Harper and Row, 1965, pp. 28-9, 59-60. ダントレーヴ『自然法』久保正幡訳、岩波書店、一九五二年、三九―四〇、三七―九、八七―九〇頁。

（17）「ビザンツ国家の力を維持するのに独裁が基本的な役割を果たしたとすれば、ビザンツ社会を束ねていたのは法であった。そしてビザンチン皇帝ユスティニアヌスが制定してイタリア経由で西方世界に伝えられたローマ法こそが、おそらくはビザンツ帝国の近代世界に対する実践面での主たる遺産である。」Deno J. Geanokoplos, *Byzantine East and Latin West: Two Worlds of Christendom in Middle Ages and Renaissance*, New York: Harper and Row, 1966, p. 34. 六世紀にはイタリアの少なからぬ部分が蛮人の侵入を受けた。ラヴェンナがローマ－ビザンチン法伝播の拠点となるが、八世紀にはランゴバルド族の手に落ちる。その三世紀後にヨーロッパは初期中世の静態的な状況を脱して北イタリアの諸都市で経済発展が始まる。ランゴバルド〔ロンバルディア〕国がこの動きの中で顕著な役割を担い、ラヴェンナは新たな成長を体現する都市の一つになる。

（18）Edgar Salin, 'Just Price,' *Encyclopedia of the Social Sciences*, ed. by E. R. A. Seligman and A. Johnson Vol. VIII, New York: Macmillan, 1932, p. 505.

（19）J. F. McGovern, 'The Rise of New Economic Attitudes in Canon and Civil Law, A. D. 1200-1550,' *The Jurist*, Vol. 32, No. 1, Winter 1972, p. 50.

（20）*Digesta*, Book 21, Tit. 1, Lege 19. 京都大学西洋法史研究会「ユスチニアヌス帝學說彙纂第二〇《ママ》巻邦譯㈤」法学論叢第六四巻第四号、一九五八年、6頁[4]〔21.1.19.5〕。ここと販売に関する他のくだりはズルエタの次の本の翻訳からである。F. De Zulueta, *The Roman Law of Sale*, Oxford: Clarendon Press, 1945.

（21）アリストテレス経済思想、またアダム・スミスや二〇世紀に至るその後継者の経済思想の不備の多くはこの基本論点を評価しそこなったことに起因するのではないかと思われる。この問題に関する初期の論争はガイウスの『法学提要』に見られる（Book 3, s. 139-141. 『法学提要』佐藤篤士監訳、早稲田大学ローマ法研究会訳、敬文堂、二〇〇二年、一五七―八頁）。パウルスの次の箇所も見よ。Paulus, *Digesta*, 18, 1, 1. 江南義之訳『「學說彙纂」の日本語への翻訳⑴』信山社、一九九二年、四三一―二頁。

（22）*Institutes*, 3, 23: 'De emptione et venditione.' 末松謙澄訳『訂正増補ユスチーニアーヌス帝欽定羅馬法學提要』第四版、帝國學士院、一九二四年、三九一―六頁。

（23）だから『勅法彙纂』はこう述べるのである（*Codex*, 4, 48, 2）。

「ワイン販売が一甕《かめ》あたり特定価格で合意に達したとせよ。そうすると甕を引き渡すまでは売買は不完全なままで、ワインが劣化するリスクは、買手側がそれを見積もる仕事を怠ったわけでないなら彼に帰属しない。しかし貯蔵庫に置かれたワイン全体が見積に無関係に売られ鍵が買手に渡されたら帰属しはしないか疑う者もいよう。この場合売買は完結しているので、ワインの劣化によって生じるあらゆる損傷は買手側の問題となる。これらはみなワインのみではなく、財が悪化しているか完全に消失しているとすれば油、穀物等々の販売にもあてはまる」。Cf. *Digesta*, 18. 1. 35, and 18. 6. 江南訳⑴、四四〇―二・四七六―八二。また次も見よ。*Fragmenta Vaticana*, 16.

(24) *Digesta*, 19. 2. 22 江南訳⑴、五二七頁。

(25) ウルピアヌスは述べている。「売手が彼の品物を吹っかけようとして口にすることは正式な言明でも約束でもないとみなされる。しかし買手を欺こうとして言われたなら、言明や約束に違反行為がなくとも欺きの de dolo 行為［すなわち詐欺や偽計の行為］があったと考えねばならない。」（*Digesta*, 4. 3. 37. 春木一郎訳『ユースティーニアーヌス帝学説彙纂プロータ』有斐閣、一九三八年、四三九―四〇頁）

(26) *Codex*, 4. 44. 8: Idem AA. et CC. Aureliae Euodiae. A. D. 293.

(27) *Digesta*, 19. 1. 3. 江南訳⑴、四八八頁。

(28) ローマ法学研究者の一部はこの革新がディオクレティアヌス帝によるとしてきた。『勅法彙纂』自体が重要な答書 rescript を発令したと思われたからである。ところがデ・ズルエタによると答書には改竄の痕跡があり、ディオクレアヌス帝以降の法制と矛盾する。彼によると「この学説は〈莫大損害〉として知られるがディオクレティアヌス帝が発したものでないのは実質的に明白で、ユスティニアヌス帝自身に始まると思われる」（Zulueta, op. cit., 19-20）。

(29) *Codex*, 4. 44. 2; 4. 44. 8. 莫大損害は実際にはポスト註釈学派キヌス（Cinus 1270-1333）が初めて用いたらしい。『勅法彙纂』の中でこのくだりを詳解したのはカーンの次の論考である。Kenneth S. Cahn, 'The Roman and Frankish Roots of the Just Price of Medieval Canon Law,' *Studies in Medieval and Renaissance History*, Vol. 6, 1969, pp. 13-18.

(30) この段階のローマ法の優れた議論としては次を検討せよ。John W. Baldwin, *The Medieval Theories of the Just Price: Romanists, Canonists, and Theologians in the Twelfth and Thirteenth Centuries*, Transactions of the American Philosophical Society, New Series, Vol. 49, Part 4, 1959, p. 22ff. ここで示した諸基準はボローニャ大学の優れたローマ法教授オドフレドゥス（Odofredus d. 1265）によって打ち出された。

(31) R. W. Leage, *Roman Private Law*, London: Macmillan, 1909, p. 129. ユスティニアヌスはAが一部はBの、一部は自分の材料で新たな製品をつくったならAのものになるとの条項を追加した。

(32) Op. cit., p. 301. 労働が財産所有の正当な権利源泉であることに初期キリスト教徒がふれた例は影響力のあった金口ヨハネ（St John Chrysostom c. 344-407）によるものである。相続による個人の富の保持を攻撃している中で（*Patrologia Graeca*, Vol. 62, Cols 562-4）、『旧約聖書』のヤコブを難詰から除外した。ヨハネがそうした根拠はヤコブの「富は彼の労働の報酬として受け取ったもの」だからである。聖アウグスティヌスが財産を「公正な労働の成果」と述べていることも参照せよ。*Patrologia Latina*, Vol. 38, Col. 650.

(33) *Digesta*, 9, 2, 33. 江南義之訳『「學說彙纂」の日本語への翻訳Ⅱ』信山社、一九九二年、八三頁；35, 2, 63.

(34) Accursius, *Commentariis*, C. 44, 4, 2.

(35) K. S. Cahn, op. cit., pp. 46-7.

(36) Op. cit., p. 49.

(37) *Digesta*, 18, 1, 1. 江南訳(1)、四三一頁。

(38) J. T. Noonan, *The Scholastic Analysis of Usury*, Cambridge, MA: Harvard University Press, 1957, pp. 38-9 には同様の貨幣観が一一八〇年頃から教会法でも見られると記されている。その起源は五世紀か六世紀に異教徒が書いた『開殻集 Palea ejiciens』である。ここの部分の貨幣についての発言の方がローマ法の「有体物 things」のカテゴリを取り入れたことよりもスコラ学者の姿勢に大きく影響を与えたのかもしれない。

(39) R. W. Leage, op. cit., pp. 266-7. 用益権が貨幣のような互換財に関連づけられることは論理上ありえないという点を意識することも重要である。用益権とは、財産実体が損なわれていないことを条件に他人財産を用いる権利である。この付帯条件は使えば破損または消滅するワイン、穀物、貨幣のようなものには適用不能であろう。

(40) *Digesta*, 19, 1, 13. 江南訳(1)、四九八―九頁。

(41) Op. cit., 18, 6, 20(19). 江南訳(1)、四八三頁。

(42) 例えば、奴隷代価の取消や減額のための訴訟を考察した高等按察官 curule aediles の告示は述べる。「しかし買手は売手に配慮して以下のすべてについて善処を求められる。奴隷の販売・引渡し後に生じた毀損、自損によるか彼をもつ世帯か代理人による毀損、販売以降に生じたり受けたりした要因、販売の付帯品としての奴隷に生じた他の事柄とそこから買手に生じた利益である。」op. cit., 21, 1, 1. 京都大学西洋法史研究会「ユスチニアヌス帝學說彙纂第二〇《ママ》巻邦譯(四)」『法学論叢』第六四巻三号、一九五八年、3頁。次も見よ。Op. cit., 21, 1, 24 and 21, 2, 8. 同訳、同巻第四号、13頁および第六号、一九五九年、3頁。

(43) Op. cit., 19, 1, 31. 江南訳(1)、五〇六頁。

(44) Op. cit., 19, 1, 43. 江南訳(1)、五一〇頁。「買主訴権」は買手が自らの権利を承認させるための最も一般的な訴訟であった。この事例では買手は奴隷の所有権を得ているが、売手が販売する権利をもたなければ奴隷を諦めねばならない。

(45) パウルスの議論は曖昧さを免れていない。彼が資本維持のための発生ずみコストか資本に付随する受取額の停止のどちらを重要な要素と考えているかは必ずしも明確ではない。

(46) Op. cit., 19, 1, 44. 江南訳(1)、五一一頁：*Codex*, 7, 47, 1.

(47) *Digesta*, 18, 1, 1〔正しくは19, 1, 1〕. 江南訳(1)、四八七頁。

(48) Op. cit., 19, 1, 21. 江南訳(1)、五〇二―三頁。

(49) この借りの範囲は二〇世紀の教会法においてもなお歴然としており、それはデューチュの一連の論考で研究されている。Bernard F. Deutsch, 'Ancient Roman Law and Modern Canon Law,' *The Jurist*, Vol. 27, 1967, pp. 297-309 および同誌のそれ以後の号を見よ。

(50) *Conciliorum Oecumenicorum Decreta*, St Louis, 1962, 13〔『教会公会議教令集』〕. 当時のローマ市民法では、貨幣貸付に認められた利子率は最大で年十二%、実物に対しては最大五〇%であった。のちにこれに類するが聖職者だけでなく一般信徒にも対象を拡大したエルヴィラ公会議第二〇条決議の例がある。「聖職者がウスラ取引に関与したことが疑いない場合、名誉を剝奪されて破門される。他方、一般信徒がウスラ関与者に堕した場合は赦されるが、その後は活動を停止して罪を繰り返さないことが条件となる。この罪にとどまるなら教会から排除されるからである」。

(51) John W. Baldwin, op. cit., p. 41.

(52) 比較的重要な法令集のリストとしては次を見よ。Charles Duggan, *Twelfth-Century Decretal Collections, and Their Importance in English History*, London: University of London, Athlone Press, 1963, pp. 12-13.

(53) K. S. Cahn, op. cit., pp. 6-12.

(54) Ivo of Chartres, *Decretum*, part XVI, Chaps. 244 and 285.

(55) 十四条教規のリプリントとして次を見よ。A. Boretius and V. Kraus, eds., *Capitularia regum Francorum, M. G. H. Legum, Sec. II*, Hanover, 1883, Vol. II, pp. 371-5. のちの経済理論にとってのこの規則の制定がもった重要性については次を見よ。Raymond de Roover, 'The Concept of the Just Price: Theory and Economic Policy', *Journal of Economic History*, Vol. 18, Dec 1958, p. 421; K. S. Cahn, op. cit., pp. 41-2. 後者は初期カロリング朝の価格法制についても論じている。

(56) Robert Latouche, *The Birth of Western Economy, Economic Aspects of the Dark Ages*, London: Methuen, 1961, p. 156.

(57) Francis de Zulueta ed., *The Liber Pauperum of Vacarius*, Publications of the Selden Society, Vol. XLIV, London, 1927, p. 150; また p. 165 も参照。

(58) R. Latouche, loc. cit.

(59) John T. Noonan, op. cit., p. 15.

(60) Charles Duggan, op. cit., pp. 15-16. また次も見よ。S. Kuttner, 'Scientific Investigation of Medieval Canon Law: The Need and the Opportunity,' *Speculum*, Vol. XXIV, 1949, pp. 493-501.

(61) この波については次を見よ。J. Gilchrist, *The Church and Economic Activity in the Middle Ages*, London: Macmillan, 1969, pp. 7-10. イタリア諸都市ではまずヴェネツィア、次いでピサ、ジェノヴァ、フィレンツェが経済の新しい波の先端を走る切っ先であった。フランドルもまた重要な地域となりつつあり、のちにはイングランド、フランス、ドイツの都市が、拡大する資本主義的商業ネットワークに接続されるようになっていた。

(62) John F. McGovern, 'The Rise of New Economic Attitudes in Canon and Civil Laws, A. D. 1200-1550', *The Jurist*, Vol. 32, Winter 1972, pp. 42-3.

(63) Maurice Amen, 'Canonical Equity Before the Code', *The Jurist*, Vol. 33, Summer 1973, p. 266.

(64) Op. cit., pp. 276-7. ホスティエンシスの経済問題の取扱い方についてJ・W・ボールドウィンは書いている (op. cit., p. 42)。「ホスティエンシスの著作はローマ法学におけるアクルシウスやオドフレドゥスの著作、神学におけるトマス・アクィナスの『神学大全』の、教会法学における対応物にあたる。」

(65) 詳しくは次を参照。J. W. Baldwin, op. cit., pp. 41ff. グラティアヌスの『教令集』自体は決して自由主義的ではなく、利益をウスラとみる傾向にあった。さらにグラティアヌスはカロリング勅令の広義のウスラ定義に従った。つまり「元本を超えて要求されたものすべて」という定義である。

(66) Op. cit., p. 54 に引用。一一八〇年頃にビシニャーノ（Simon of Bisignano）は『大全』の中で「ものにはそれが売れる価格分の価値をもつ」との考えを、ある取引におけるウスラの有無を判断する導きとして用いていた。また利子徴収論に関わってもう一つ特記すべきは、『標準註解』における利子 interessse という語の用例である。この語の由来とウスラとの意味の異同については次を見よ。J. T. Noonan, op. cit., pp. 105–6.

(67) 次を検討のこと。Richard B. Schlatter, *Private Property, the History of an Idea*, London: Allen and Unwin, 1951, p. 44.

(68) J. W. Baldwin, loc. cit.

(69) 用語法はその後やや変わるが意味は同じである。次を見よ。Gregory IX, *Decretals*, III, 17, C. 1, C. I. C., Vol. II, Col. 518.

(70) *Commentaria super libros decretalium, V De usuris*, 16.

(71) Hostiensis, loc. cit.

(72) ホスティエンシスは停止利益という権利源泉を非習慣的な貸手に制限することで、専業の貸金業者も認めていると見える可能性をすっかり追い払おうとしている。事業ではなく慈善を動機にしてなされた貸付を支持するとき彼は、自分が利払いを承認しているこの事例では公正よりも衡平の必要を念頭に置いているとおそらく言いたいのだろう。純粋な事業目的での取引は公正の準則で執り行われ、伝統的にはそれら準則がもたらす利子徴収に根拠はない。しかし慈善という社会関係の領域で重要なのは衡平の命ずることであり（彼はこれを「慈愛によって甘めに緩和された公正」と呼ぶ）、それが利子受取を承認させるのであろう。ホスティエンシスから三百年後、停止利益という権利源泉を認めたスコラ学者はふつう貸付の動機が慈善目的であることという条件を付したからである。スコラ学の利子理論の発展をさらに理解するには、停止利益が生じる場合に各書き手がとった姿勢を、彼らの公正と衡平の関係についての見解と関わらせた研究を行うことが重要だと考えられる。例えばフランシスコ・スアレスの所見に関するアメンの発言（Maurice Amen, op. cit., pp. 291–2）を見よ。

(73) 次を検討のこと。Raymond de Roover, *The Rise and Decline of the Medici Bank, 1437–1494*, Cambridge, MA: Harvard University Press, 1963, pp. 101–2.

(74) 教会法をめぐる既述の議論の中では、教会法学の伝統とユダヤ・タルムードの流れの異同については何も書かれていなかった。オーレンステインの指摘によると、少なくとも英語圏に関してはこの欠如は主に「ラビには社会経済学的学説についてはほとんど材料が見当たらない」という理由による（Roman Ohrenstein, 'Economic Thought in Talmudic Literature in the Light of Modern Economics,' *American Journal of Economics and Sociology*, Vol. 27, 1968, p. 185）。中世経済学のこの分野の研究に関心のある人はオーレンステイン教授の論文（pp. 185–96）の参考文献を検討すべきである。同氏の次の論文も参照。'Economic Self-Interest and Social Progress in Talmudic Literature,' *American Journal of Economics and Sociology*, Vol. 29, 1970, pp. 59–70.

訳注

［1］『タルムード、キドゥシーン篇』三好迪訳、三貴、二〇一〇年、九一—二頁。

［2］『タルムード、シュヴォート篇』三好迪・倉内ユリ子訳、三貴、二〇〇四年、二五六頁。

［3］ユスティニアヌス法典の略語は『学説彙纂 Digesta』『勅法彙纂 Codex』『新勅法 Novellae』『法学提要 Institutes』と『ローマ法大全 Corpus』である。

［4］『法学論叢』は縦組だがこの翻訳は横組みで左から始まる。アラビア数字は後者の頁数を示す。

［5］次を指すと思われる。ガイウス『法学提要』佐藤篤士監訳、早稲田大学ローマ法研究会訳、敬文堂、二〇〇二年、六九―七〇頁。

［6］銀行の帳簿では預金が債務なので、債務者とは銀行のこと。預金利子は贈与と見られていた。

第6章　聖トマス・アクィナス

【153】十三世紀前半に経済道徳の問題について議論が白熱したとき、神学者たちは教会法学者や中世ローマ法学者が探索し始めていた一帯に徐々に入りこんだ。このことで議論は分析上の新たな高みにまで昇りつめた。初期の最も優れた貢献者の一人が聖大アルベルトゥス（Albert the Great 1193-1280 アルベルトゥス・マグヌス）である。彼はシュヴァーベン（いまのドイツ南西部）生まれの貴族で、パリとケルンで教え、ドミニコ会と関連する神学的伝統の創始者と一般にみなされている。ところが、決定的なものとなった著作、また体系をなす統合的思想を構築することで今日の多くのヨーロッパ人学者に深甚な影響を与え続けることになる著作は、門下の聖トマス・アクィナス（Thomas Aquinas 1225-74）によるものであった。その思想で相対的に小さな位置を占めるのが経済生活の諸側面であった。

　聖トマスはナポリ王国のロッカ・セッカにアキノ伯爵ランドルフの子として生まれた。幼少期に勉学を始め、最初はモンテ・カッシーノのベネディクトゥス会、のちにはナポリ大学で学んだ。一二四〇年ごろドミニコ会入会を試みるが、両親が彼を二年間幽閉して物理的に入会不能にした。彼は最終的にはそこから脱出し、ドミニコ会に入り直してケルンに赴き、のち師の大アルベルトゥスとパリにたどり着く。

　それらの地で学んだことで彼は豊かな学問の世界にふれた。ヨーロッパの学問の誕生は修道院という隠遁所が可能にした。昔の時代の不安定や野蛮が学問をそこに追いやったのだ。いまや学生たちは広い空間を転々と移動することができ、普遍性のある共通語としてのラテン語ができるという大きな利点をもっていた。知の高みに達した主な拠点としてはパリ大学とオックスフォード大学がある。こうした機関について【154】ジョーゼフ・シュンペータは「彼らは大幅な自由と独立を享受した。それはいまの機械的な大学より広い範囲の仕事を個々の教師に行わせた。大学は社会のあらゆる階層の人たちが集う場であった。そして本質的に国際的であった[1]」。アクィナスの思想体系はこの活発で世界市民的な環境の特筆すべき所産であった。

　聖トマスは一二五二年にパリにあるドミニコ会の学校 studium の副総監に任命された。教育活動の傍ら一二五七年にパリ大学で学位を取得し、のちに同大学で教えるとともに、ケルン、ローマ、ボローニャ、ナポリなど他のさまざまな拠点でも教えた。教師としての彼の名声が高まると、一二六五年にナポリの主教座を与えられた。ところが彼は教会行政畑に移ることうした試みに抵抗し、研究や著述という学問的営みに自分の身を捧げる。この研究によって彼はそれまでの思想のさまざまな流れを統合しようと努めた。一方で聖書、教父に根ざすキリスト教の長い伝統やローマの思想家の知見があった。他方でギリシア哲学があった。キリスト教的伝統は早期にプラトン思想の綱要を吸収したが、アリストテレスはユダヤ人学者のほか、アヴェロエスやアヴィケンナなどのアラビア系註釈家を介して中世ヨーロッパによって当時ようやく「再発見」されたばかりであった。さらに聖トマスが前にした光景には直前のローマ法研究の再興、教会法の体系化、研究分野としての神学自体の隆盛があった。アクィナスの神学上最も重要な先行者としては、サンヴィクトールのフーゴー（Hugh of St Victor 1096–1141）、ペトゥルス・ロンバルドゥス（Peter Lombard 1100–60）らがおり、後者の『命題集 Sententiarum libri quatuor』は大学の神学教程において標準的教科書として採択されていた。

聖トマスは神学者なので、主たる関心は人間を創造主との関係で研究することにある。この研究は必然的に社会の中の人と人の関係の探究を促す。なぜなら、アリストテレスと同様にアクィナスにとっても人間は社会的存在であり、コミュニティを背景として人間の救いに取り組んだからである。【155】社会関係における公正は神学的思弁の埒《らち》内に含まれ、聖トマスは哲学者《アリストテレス》と同じく財交換と貨幣取引の道徳を考察する方向に進む。聖トマス思想における経済学的議論のあり方を何らかの形で評価するには、彼の六十の著作の中で最も著名な『神学大全』（一二六五—七三頃）の構造においてそれが占める位置づけを見ればよい。『神学大全』は長大で、神と創造、人間と人間本性（人の事績）、キリストと秘蹟を扱う三つの部門に分かれる。第二部の後半が個別的な人間の事績に着目しており、公正をはじめとする基底的徳 Cardinal Virtues（ふつう慎慮、勇気、中庸、公正の四つ）をめぐる議論を含む。アクィナスが財の価格づけやある額の貨幣の移転という問題を検討するのは公正論においてである。

貨幣や利子、価値や価格についての問いがアリストテレスの著作と同じくアクィナスの著作でも経済学研究の集約点である。聖トマスはこうした問題で明らかにギリシア人思想家の開拓者的努力に負っているが、彼はアリストテレスが到達しえた以上にこれらの扱い方を一般化しようとし、とりわけポリスという狭い制度的枠組が押しつける各種の限界から議論を解放した。ポリスという都市国家の概念はかつてアリストテレスに経済分析を進めさせた想源であり、かつその最も深刻な欠点の源でもあった。聖トマスは自分の時代の封建制にはほとんど注意せずに議論を進めた。スティーヴン・ウォーランドの考察によるとアクィナスは、

> 経済活動が展開される制度的枠組は概して無視し、この活動を単に私人の推進するものとして扱った。……基本原理についての問いに集中することで経済学探究を相対的に抽象度

の高いことに絞った。……彼は経済組織を、数多くの一様な人たちからなる人という種が、人にとって「自然的」な基本的制度である私的所有、分業、交換によって束ねられたものととらえた。(2)

【156】疑いなく、封建的諸概念が聖トマスの経済思想に一定の方向性を与えている。それは彼の貨幣論で最も顕著である。アクィナスが財の価格づけの公正を考えるくだりでもやはり中世の町の経済が背景になっている。中世の町では市場は恒常的現象であって、アリストテレスは自時代の社会システムの中で市場を消費者や生産者としての市民の生活から切り離すことができると考えたが、中世には切り離せない。銀行家以外は商人も市民の中である程度尊重されており、アテナイの非市民居住者ほど簡単にモラリストから抹殺されるわけはなかった。こうしてポリスからアクィナス時代の市場としての町に移行したことが、価値論の見直しが促された背景をなす。ただしこういう制度的要因が当然とされねばならなかったとしても、聖トマスの経済理論の展開が彼の住む経済という特定環境にほとんど何も負っていなかったという事実は残る。この借りの欠如は社会－経済的な形態がのちに続く諸世紀に変化したのに、彼の思想が説得力を保ったのはなぜかを説明する手がかりになるかもしれない。(3)

1　経済学の位置づけ

聖トマスは大半の人間が救いの道に入るには貧困生活の維持が必要だと説くような人物ではなかった。有徳な生活はすべて財やサービスを入手して物的基盤を得る何らかの手段を求める。この主張は「外的善」の役割を考察した『神学大全』できわめて簡明に説かれている（II-I, 4, 7c）。[1] さらに生存のために明らかに必要なものを超えて、例えば慈善貸付といったある種の有徳な行為を実行するには行為者はふつう自分の生存維持水準を超える何らかの余剰を支配できるよう求められるという事実がある。多くの人々がやはり、社会の中で割り当てられた役目にふさわしい機能を果たせるためには自分の生存を確保するのに必要な水準以上の所有を【157】求められるのではなかろうか。こうした理由から、コミュニティの中の健全な霊的条件は、実行可能な生産と消費のしくみを維持することに注意するよう求めた。アクィナスによると、このシステムが最も確実になるのは市場での移転で補われた財産の私的所有制に基づくときである。国家も時には財の分配を促進する役割を担えることもあろう。民間主体はコミュニティのすべての構成部分において必ずしも物的厚生の必要水準に、したがって有徳な生活を可能にする見込みに到達できないかもしれない。だとすれば、経済生活は神学者が無視できないものであり、その研究には市民と市民、市民と国家の間の関係の究明が必要になる。

聖トマスにとって経済理論研究は道徳哲学と、また法的な指図の確立とも統合されている。道徳哲学は個人としての人間の行為、世帯の成員としての彼らの心得、市民としての行動を扱う分野とみなされる。道徳哲学のこの第三の分野が政治学で、経済学もそこに含まれる。経済分析は市民と市民の取引の適正な基準を定めるために行われる。それは何よりもまず公正の研究の一部分をなす。サー・アレグザンダー・グレイは述べる。

　中世の経済学の教えの全局面を包摂する一語を探すとすれば、それはおそらく「公正」なる観念に見出されよう。……私たちは兄弟なので兄弟としてふるまうべきで、生活におけるお互いの権利や立場を尊重する必要がある。各人が認められた権限を受容すべきである。中世の人たちが理解していた限りの公正が実行されねばならない。どんな状況でも自分の隣人を利用してはならない。これが中世経済学の教えの総体であり本体である。[4]

【158】経済学説は公正に注目するので、アクィナスの法体系の中に決定的な場所を占める。一般的に言って、問題とする行為の適切な目的に照らして人間行為を整然と並べられるようにする合理的指図が法だと観念されている。法にはさまざまな種類があるが、その基盤には聖トマスが「永遠の」法と呼ぶものがある。これは被造物の行動の内在的傾向に関わる。これを基盤にして人間が自らに固有の性質を自覚することで成りたつ〔定在的〕自然法 Natural Law が打ち立てられる。自然法の原理は派生的な側面では時の経過とともにやや変わる余地があるが、基礎部分については自明かつ不易と考えられている。この可変的、派生的側面が移行してもう一つの水準の指図、すなわち万民法 ius gentium; law of nations がある。経済生活に関する一般化はこの水準にこそ位置する。この一般化は自明ではなく、指図は社会ごとに異なりうる。さらに変わるのは自然法を個別的な事例や状況に適用しようとする人定法 positive law である。最後に、アクィナスの構図においては人間の推論ではなく、むしろ神の啓示で与えられた指図で成りたつ神定法 divine law が認められる。

　社会生活における公正には三つの側面があると聖トマスは言う。第一にコミュニティに対する個人的義務を扱う、一般的公正に必要な条件である。第二に個人と個人の間を支配する交換の commutative（取引 commutatio から）公正である。第三に分配の公正に伴う問題としてのコミュニティの個人に対する義務である。アクィナスの経済理論の展開は以上三つのカテゴリのうち主に第二に関係している。財や貨幣の移転は概して個人間関係に関わる問題である。売買、投資、貸付の道徳は明示的、諾成的な契約に関わり、民間各主体は自発的、非自発的に契約関係に入る。こうした契約による相互関係の中で公正が獲得される条件は経済分析を介して解明される。経済分析の役割をこう理解することは、続く世紀のスコラ的伝統全体を貫いて効力を保つ。経済学の範囲についてのこの見方こそがスコラ学者の

【159】貢献を束ねる因子である。個々の問題についての回答には多様性があったが、それはこの範囲内での話である。

2 貨幣・利子・銀行業

商業契約の道徳についての聖トマスの研究は、形式的なものでもそうでないものでも、貨幣の本性、利払いの根拠、商人や銀行家の役割の分析を求めた。それはまた、価格決定の経済学について最も影響力の強い試論にたどり着いた。その詳細は本章次節で取り扱う。彼の経済学の考え方は生産理論の研究を促さなかったし、実物資本の役割が何ら真剣な取扱いを受けていないことは現代経済学の視点からは彼の経済学の主たる欠点の一つである。さらに彼は経済分析を分配の公正よりもむしろ交換の公正の問題に関連づけたので、所得分配の理論についての知見の形をとる解明はほとんど見られない。

貨幣についてのこの神学者の理論は二つの観念に支配されている。第一の最も重要な観念は、財の交換の媒介物としての貨幣の働きである。彼は記す。「哲学者《アリストテレス》の『倫理学』第五巻第五章や『政治学』第一巻第三章によると、貨幣は主に交換を目的として発明され、この結果貨幣の適正で主たる使用法はそれを交換において消費・譲渡して減少させることである」[5]。貨幣は同時に計算単位でもある。貨幣は価値の共通標準、交換可能なものの相対的な値打ち worth を比べる測定尺を与える。

他のものはみなそれ自体で何らかの価値をもつ。しかし貨幣はそうではない。とはいえ貨幣は他のものの効用の尺度である。これは哲学者《アリストテレス》の『倫理学』第五巻第九章から明らかである。したがって貨幣を使うときはこの貨幣自体から生じる効用の尺度はない。しかし貨幣を財と交換するそれぞれの人によって貨幣で測られるものから生じる効用の尺度はある。[6]

【160】いま引いたくだりは貨幣と財の根本的な相違を示すと聖トマスは言う。財は「それ自体から」効用が生じるのに、貨幣はそれ自体では効用をもたない。だから財の価格づけと生産についての一般理論を貨幣の経済学の分析に直接適用することにはどんな根拠もありえない。貨幣は特例である。

貨幣と財の峻別は『神学大全』(II-I, 2, 1)[2] でも再述される。そこに聖トマスは書いている。「富には二種類、すなわち自然的富と人為的富があるからである。自然的富とは人間が自然的欠乏を癒すことに役立つもので、食品、飲料、衣服、輸送、住宅の類《たぐい》である。他方、人為的富とは自然的欠乏に直接役立たないが人間の技能によって考案されたもので、貨幣がそれである。」

(一) 交換手段

貨幣は交換手段なので消費可能物 consumable に分類できる。つまりそれは使用で消尽しうる consumable ものである。貨幣の所有者が財を入手するためにそれを使うと、彼から見て貨幣は失われる。所有権は人手に渡る。この点の強調は遺贈についてのローマ法に見られる。消費可能なもの、消費で減るもの res quae minuuntur vel consumuntur は使うと消滅もするし、消滅すると考えて使われる。貨幣はこのカテゴリに属す。『ローマ法大全』全四作のうち指導的なローマ法学者の見解を集成した『学説彙纂』や『法学提要』はともに元老院の規定を含み、この扱い方をとっている[7]。この結果、聖トマスはローマ法の見地に従い、一定額の貨幣を使う法的権利を手にした人はその貨幣額の適法な所有者とみなさねばならないと論ずる。貨幣を使うとはその所有権を移転することであり、人は引渡し可能な自己所有財産以外を合法的に他人に与えることはできない。だから法と道徳において貨幣の所有権と使用は切り離してはならない[8]。

所有権と使用を一致させるこの見方の唯一の例外は【161】貨幣の使用が貨幣の消費を意味しない状況である。この状況の標準的事例を与えるのは、貨幣の受取人が展示のために ad pompam 貨幣を使おうとして行う一時的移転を扱うローマ法の契約である。契約は受取人が交換でそれを使うという意味で貨幣を消費するのを認めないので、所有権の移転は含意されていない[9]。所有者は〔借手が〕貨幣を使用すれば責めてよいが、契約は合意された期間がすぎると移転額を返済するよう定めている。

だが基本的なねらいや目的について考えると、貨幣は使用で消費されるものである。それは使用用役という単一の役割を果たす。その重要性、活力、意味は交換された瞬間に集約されている。聖トマスは貨幣が「不胎」だとは述べなかったが、中世に一般的なこの見方は各貨幣所有者が貨幣から引き出せる用役の単一性についてアクィナスやその後継者が分析において強調したことを反映している。

この強調を所与としてしまうと、貨幣が一連の用役を生み出しうる物的資本に相当するとの見方は排除されてしまう。聖トマスの立場と、さらにのちのスコラ学者の立場は、スコラ的伝統の外で最終的に優勢になる見地とは鋭い対照をなす。彼ら〔後者〕の考え方は、例えばルネサンス期フランスの法学者モリナエウス（Molinaeus: Charles du Moulin シャルル・デュ・ムーラン 1500–66）のそれとは全面的に対立する。彼によると「……貨幣の用役や実益は即時に支出したり使用したりすることに存するのみでなく、それによってもたらされる品物や財をその後使えることにも存する[10]」。スコラ的な立場の一つの重要な帰結は、貨幣貸付の利子と資本収益を概念的に区別するよう主張できた点である。モリナエウスの扱い方を見ると、この区別はぼかされているか瑣末なものになっている。

聖トマスが交換活動を強調したことのもう一つの帰結は、貨幣がストック、つまり貨幣残高として保有されるときの意義についての考慮が相対的に手薄な点である。貨幣は交換で用役を果たすが【162】、保有されると直接用役を果たさなくなる。後者の用役があることが意識されるのはスコラ思想のかなりのちの展開においてであった。それでもなおアクィナスは貨幣残高を完全に無視してはいない。この点については後述する。

（2） 共通標準または計算単位

貨幣は共通標準 common standard（standard は「本位」とも訳される）として機能し多くの標準通貨単位で構成される。同一の建値の単位は区別されず、一定率で他の建値の単位と自由に交換できる。別の単位でも、ある単位と同じように社会的役割を果たせる（銀や銅でも買物できる）。このためスコラ学者は一定額の貨幣を「互換的 fungible」としたローマ法の分類を受け継いだ。互換財は個性で区別されず、一つの括り《クラス》の対象物と見て区別されるのみである。

この結果、貨幣貸付に関わる契約はローマ法の消費貸借 mutuum である。消費貸借の対象はつねに互換的なものである。ユスティニアヌス帝の『法学提要』で定義された消費貸借の実施は、重量、数量、測定器で成りたつもの、例えばワイン、油、穀物、貨幣、また重さを測るか数えるか計測して受取人の財産になるように渡せるものの貸付で問題になる。この契約で借手は受け取ったのとそっくり同じ量の互換財を返す義務を負う。元本返済に加えて何かを支払うよう求めるとすれば、第二の契約が必要である。こうした支払を説明するのに用いられる語がウスラ usura である。

聖トマスは貨幣と貨幣貸付についてのローマ法の分類を用いるが、ウスラの合法性は認めない。ところが彼は、借手が契約で特定された時期と方式で元本を返済できないために貸手に一定の損失または損害が生じたときは、貸手が利子 interesse を受け取る権限をもつことは認めるのである。当時のスコラ学者の書き手は大半が類似の見解をとっている。

第3章で見たが、返済遅滞に対する補償を受ける権利を認めたのはプラトンであった。しかしこの問題に対するスコラ学者の接近法はローマ法の実務から進化した。利子という語はアゾレヌスの造語と思われる。【163】彼は十二世紀ボローニャの教会法学者で、ローマ法の契約で当事者の一方が債務不履行に陥って生じる損害を指すための「介在物ゆえに quod interesse」という句からとったらしい。それが『標準註解』に盛りこまれ、一二二〇年には標準的な議論になった。[11] 利子は損害の発生を念頭に着想されている。それは貸手が貸付期間の終わりにもつものと、公正が彼にもつように求めるものとの「間の」額である（inter にはこの意味がある）。それは貨幣使用の対価ではなく、損失の賠償 indemnification である。[12]

借手ではなく貸手の立場が、貸付元本を超える支払に何らかの根拠があるかを定める。トマスがこれを強調したことがのちのスコラ学者の思考にも受け継がれる。彼が貨幣を賢明に使ったか愚かに使ったか、消費目的に使ったか生産目的に使ったかはどうでもいい問題である。貸付に対するスコラ的分析法に関してずっと言われ続けている誤解の一つは、それが貸付を消費目的か生産目的かに区分しようとしたというものである。しかし権威ある現代の研究者は聖トマスがこうした区分を設けていないことを明らかにした。[13] さらに言うと、彼の後継者たちが利払い現象を説明しようとしたときローマ法の伝統とアクィナスの権威によって、借手が使う貨幣ではなく潜在的貸手の手中にある貨幣の意味について考える結果になった。彼らはそれを重視したので、単純な利子の生産理論のようなもの（利子率が利潤率で決まるとの見方を含む）にこだわらなくなる。しかし十九世紀前半の古典派経済学はそれに取り憑かれたのであった。

貨幣は共通標準として機能するのでアクィナスはそれを消費貸借契約があてはまる互換物とみなしたが、彼は貨幣が標準であるなら【164】他の互換財とは根本的に違うと信じた。貨幣は単にもう一つの形の財なのではない。ジョーゼフ・シュンペータは聖トマスにおいて貨幣が占める特殊な位置づけにふれた。彼はアクィナスが「……価値標準に選ばれた財の価格は定義によりどれも基礎単位 unity（「一」の意味もある）だとの命題を暗に信頼した」と記した[14]。

この「信頼」は、標準というものはその社会的機能を効果的に発揮するには法で確定、維持されるべきだという見方に起因する。財の市場価格はいわば世論の変転激しい合意で決まることがあるが、標準はそういうもので決まるに任されてはならない。法務当局は貨幣の額面価値を定め、それが貨幣の公正価格を確定する。共通標準の価格は、その交換対象となる財の移ろいゆく量に対して決まるのではない。貨幣は法の被造物、目印《トークン》、計数装置《カウンター》であって、その公正価格は法的取決めでしか変更してはならない[15]。

こういう聖トマスの法定主義を支えるのはギリシア、ローマの書き手たちや封建的な貨幣制度のとらえ方である。第３章で見たプラトンは、国における交換の媒介物は国が裁可した象徴か目印だけであるべきだと見ていた。アリストテレスは師の見地を受け入れた。これら哲学者のあとにローマ法学者パウルスが続いた。彼にとって貨幣の「……役立ちと力はその実体よりは量［公的価格が設定される個数］に由来する[16]」。

【165】封建的考え方ではコイン群は王の財産である。彼は貨幣の生産に対する独占権をもち、通貨の所有者としてその法的価値を定める権限をもつ。一国内のすべての重量と尺度は彼の管掌事項で、貨幣も当然それに含まれる。王は人々がお互いに、または社会全体に対して負う債務の「公正な割合の測定者」とみなされる。貨幣は民間的、社会的負債が賦課される程度を測る物差しまたは計算尺なので、参照基準としてのその位置づけは支配者の司法権次第の問題となる。加えて、エストラップ教授が論定するとおり、「コイン群とは王が価値を定める目印にほかならないから、実際のコイン群の内在価値は重要ではない。王はどのコインの含有金属量や金属価格も互いに独立に固定できる[17]」。

聖トマスの貨幣論の背景をなすのは非金属主義の伝統である。彼はのちのスコラ学者の一部と違って、貨幣は正しく機能するには貨幣としての地位とは独立に価値をもつ素材からできていなければならないという説にこだわっていない。金属含有量は偶発的で、価値標準の本質的特徴ではなく、このため貨幣の公正価格をその含有金属のいわゆる内在的値打ちによって定める理由はない。含有金属量の購買力の変動に関係なく、貨幣の公正価格は法においてまた法によって基礎単位のままである。

（3）保有残高としての貨幣

私たちはここまでで、貨幣は「それ自体から」価値をもたず計算単位として固定的な測定基準で、それを何倍しても交換の中で所有者にとって使用役という単一の働きをするものとしてのみ経済的意味をもつという聖トマスの思想を見てきた。彼の視線は財を受け取るときの反対移転の瞬間において、または貸付終了日という瞬間における貨幣に焦点を当てている。しかし主にそこを重視したのに彼が完全に無視しなかった問題がある。【166】ストックまたは残高として保有するときに貨幣がもつ意義如何という問題である。

彼はアリストテレス『倫理学』の註釈で、貨幣は将来の消費の必要に資する手段として保有されることがあり、こうした残高は購買力変動に従うだろうという哲学者《アリストテレス》の主張に注を付してこう書いた。「しかし貨幣は他のものと同様、実は変動に従う。貨幣はつねに同じではない、すなわちつねに同じ〔交換〕価値ではないので、自分が望むものをそれで入手できないこともある。しかし貨幣は同じ価額なら他のものより安定するように図るべきである[18]」。アリストテレスはここで述べられた問題に法的な価格固定で対処したが、聖トマスは貨幣が交換機能を十分果たすにはその購買力変動を極小に保つべきだという考え方で満足する。

こうして貨幣残高の購買力変動を認識することは、貨幣が法で確定された固定的な計算単位とみなせるという聖トマスの信念とはぶつかると思われる。しかしここでは外見上の分裂は中世ヨーロッパで発達した「計算貨幣」と「流通コイン」の区別によって説明がつくだろう。これについてはF・P・ブローデルが書いている。

> すべての価格、すべての計算システム〔最も初歩的なものも〕、すべてまたは少なくともほぼすべての契約は計算単位建てで定義される。すなわち「必ずしも金属貨幣で表されるとは限らない」が、流通コインの尺度として働く貨幣で定義される。各国が固有の種類の貨幣と補助貨幣をもち……どの支払も計算貨幣で定義された価格から通貨への引換えである[19]。

貨幣は法的取決めで定められた安定な尺度だと言明するときアクィナスは、計算上の意味での貨幣を指していると考えてよさそうである。流通する多様なコイン群はともにあるいは増価し、あるいは減価する。【167】それは豊富さがまちまちの特定財に対する支配力で示されるが、形態や建値が異なるコイン群の間での為替比率は法的に確定された計算貨幣建てで固定されたままとなるだろう。契約関係で重要なのはこの最後の意味での貨幣であるから、法的に固定された尺度は契約関係の道徳のどの分析でも作用しているものなのである。

アクィナスが残高としての貨幣の地位を考えるもう一つの視点は、『神学大全』で盗まれた貨幣の弁済を論じる際に現れる。

彼は窃盗によって所有者がこうむったありうべき利益の喪失の補償も含む額を、泥棒は犠牲者に返すべきだと考えた。この場合貨幣ストックは所有者に利子を稼いでやる可能性をもつとみなされており、これは種子が穀物をもたらす可能性をもつのとよく似ている。彼は記す。「だが盗人は、人や仕事の状況次第で何らかの補償を与えるべきだと考えられる。……畑に種をまく人は事実上ではなくとも実質上収穫を手にしている。同様に、貨幣をもつ者は事実上の利益ではなくとも実質上の利益をもつ。そしていずれも多くの仕方で妨害されうる[20]」。

この事例で聖トマスは交換によって真の所有者が使うことで消費される前の貨幣を考察している。それは手中のストックとして財やサービスと交換される可能性をもち、所有者がそれを活用すると結果的にコストを上回る黒字が生じる可能性がある。この可能性を認識していることも、アクィナスが貨幣貸付の返済遅滞の補償を論じた背景にある。債務者は債権者に対して、遅滞で彼がこうむったありうべき利益喪失の等価物を含む額を返すべきだと考えられている[21]。

返済や補償をめぐるこうした分析はある人から別の人に初めに移転された以上の貨幣額を返済する根拠を、一方がその移転のせいで特定の財務的不利益をこうむったという事実に見出そうとするスコラ的な営みの早期の事例である。この不利益は停止利益 lucrum cessans【168】、実害 damnum emergens と命名され、のちに正の利子率が適法に生じる理由を説明しようとした際に注目される論点となる。

アクィナス思想において特定の財務的不利益の発生とはきわめて限定された事柄である。それは利益を生むのに使える財と交換に資金を使うと考えられる事業主の例だけに適用できるものであった。補償の議論もやはり貸付元本を超えるものなら何でも合意ずみの貸付終了日までに支払われると示唆しているわけではない。また遅滞でも窃盗でも、超過払いに経済学的基礎を与える利益喪失 loss of profit は厳密に非自発的な喪失であった。聖トマスは、貸手がありうべき利益を自発的に犠牲にする場合は、プラトンと同じく利子という割増分のような埋合せを保証されないと見た。アクィナスは警告する。「貨幣を貸した者は自分に損害を引き起こさないように注意すべきである。また貸付を受けた者も貸手の愚かさによって損失を生じるべきではない[22]」。

ある者から別の者への貨幣残高の自発的移転が貨幣の元の所有者に元の額以上を返してもらう権利を与える例が一つある。ソキエタス societas、すなわち二人以上の人間が貨幣、労働、技能を共通の目的のために取りのけるパートナーシップである。ある者がパートナーシップに単に貨幣を収めるだけでもよく、それで元の納付額を額面で優に上回る利益を出しても合法である。聖トマスは記す。「商人か職人にある種のパートナーシップによって貨幣を預けた者の貨幣所有権は、彼に移転したのではなく本人の手元に残る。こうして商人はその貨幣で自らのリスクにおいて取引し、職人は仕事をする。このため、利益が出たら、自分の財産から利益が出たときと同じく一部を要求しても適法である」[23]。

アクィナスはここで事業パートナーシップに法人格を認めようとしている。これは同胞法 ius fraternitatis、すなわちある種の同胞集団で、それを誕生させるために分担金を納付した人たちからなるものである。貨幣をパートナーシップに移転した個人は【169】自分が構成員である母体にそれを移転したことになる。パートナーシップが貨幣を使う、すなわち財と引換えに貨幣を譲渡するとき、その母体が貨幣の所有者兼使用者で、財務的な構成員《パートナー》は獲得した財の部分所有者《パートオーナー》である。この財を使って利益が生じると、その見返りの一部に彼は権利がある。同胞集団の一員であることを資金供出者が見分ける印は、この企てが失敗したときの損失のリスクを分担するか否かである。リスクを引き受けないならソキエタスの財の部分所有者ではなく、初めに出したのと同じ貨幣額を最後に返してもらう権限をもつのみである。

だからソキエタスの例は単なる貨幣貸付とはまるで異なる。後者では貸手たる事業主に対する返済遅滞がありえるほか、元本を超える貨幣稼得は保証の限りではない。アクィナスは貸付と事業投資の問題に明確な区別を設けるが、この区別は経済理論でも経済実務でも将来の発展に対して大きな影響を及ぼし続けるのである。残高としての貨幣は保有者が事業主なら利益を稼ぎ出す可能性 potential をもつ。貸付でその可能性を自発的に犠牲にしても見返りとして黒字が保証されることはない。資金供出を受けた法人が生産要素を購入してその可能性が現実化されると利益を受け取れることもある。資金供出者が個人取引者として自ら企業活動を始めてもそれを受け取れる。

これにコメントして、聖トマスは貨幣貸付の利子とソキエタスの利益稼得の区別を貨幣理論において矛盾を犯すという犠牲を払ってのみなしとげたと述べる人もいる[24]。しかしそうとは思えない。そのソキエタスが法人格をもつなら、アクィナスは貨幣の使用と所有が区別できないとの基本的信念から離反する必要はない。また、パートナーシップが投資者の貨幣で買った財を使って利益を出したのなら、貨幣は「それ自体から」は価値をもたないものだというトマス的立場は覆らない。第三に、貨幣が使用用役という単一の働きを演ずるが【170】、ストックまたは残高としては何か別の意味をもつと考えることに矛盾はない。聖トマスの見方は現代貨幣理論の創設者と見る人も多いレオン・ワルラスがこう書くときのそれと同じである。「貨幣の必要とはその貨幣で買える財の必要にほかならない。これがストックを保有する理由である」[25]。両思想家とも貨幣が単一の使用用役機能をもつと見たが、そのストック的側面も認めたわけである。ワルラスは保有者の流動性を向上させる形で貨幣が満足を与えるがゆえに残高としての貨幣に特別の価値を認めるに至った。聖トマスはこの流動性に基づくストックの価値を完全に見逃すか暗黙のうちに拒絶し、貨幣残高固有の特徴を事業パートナーシップか個人取引者が財と引換えに使うことに振り向けたときにもつと思われる可能的利益に絞ったのである。

(4) 銀行業の地位

聖トマスは貨幣機能論を深めたが、銀行業実務の徹底した分析には何も手をつけなかった。むしろ彼は同時代の神学者の大多数と同じく、銀行業者という職業を尋常でなく道徳的に疑わしい形の職務とみなして満足した。こう疑うのは、貨幣が人為的富であって、食糧、衣服、住宅の場合のように蓄積に自然的な限界がないからである。貨幣取扱業者は利得を追求するうちに深刻な人格的歪みをこうむる傾向にある。それは『神学大全』でこう描かれる（II-I. 2. 1）[4]。「人為的富［その代表例が貨幣］に対する欲求は無限である。貨幣とは歪んだ貪欲の下僕だからである……」。

聖トマスはこの立場を初期キリスト教文献でもアリストテレスでも補強することができた。後者においては職業銀行家は非自然的な取引に従事しているのであった。こうしてアクィナスは哲学者《アリストテレス》の『政治学』に註釈する段になるとこう考えるに至る。「同様に、貨幣のわざまたは獲得は食糧をまかなう目的のときはすべての者にとって自然的である。これは果実や動物など自然的なものの中から食料を買う貨幣のことである。しかし貨幣が【171】自然的なものではなく貨幣自体によって獲得されると、これは自然に反する」[26]。

聖トマスはまた、小売業一般に対するアリストテレスの非難を為替銀行業という個別事例に適用するに至る。この適用は小売業を表すギリシア語の誤訳に起因する。モエルベクムのグリエルムス（William of Moerbeke）訳の『政治学』はそれを「交換業 campsoria」という語に変えたが[5]、これは中世には貨幣交換業を指した。こうしてヌーナン教授が言うとおり「すべての小売業を難ずれば中世のキリスト教神学者は受け入れなかったであろうが、初期スコラ学者はそうせずに、アリストテレスの中に貨幣交換の非難のみを見出した。そして自分たち自身はすでに〈交換業者 campsores〉に疑いの目を向けていたとはいえ、小売業をとても自然的なものと見ていたのである」[27]。

銀行家の道徳性に不信を抱く他の根拠は、彼らが平常業務で恒常的にウスラ徴収に関与していると信じられていたことである。当時最も顕著な銀行業務の形はヨーロッパ各地の市《いち》が開かれるたびについて行く貨幣交換業者による通貨交換であった。フィレンツェのような銀行業の一大拠点においても、同市の銀行家ギルドは貨幣交換業 Arte del Cambio のギルドとして知られていた。貨幣交換扱業者と、各回の市で財を取引しようと集結する商人の間の取引では、業務用の与信が通貨交換の処理と混じりあうことが多かった。一つの取引がある種類の通貨での貸付でもあれば、返済期日が到来すると別の種類の通貨との交換でもある。だから大半の状況において貨幣貸付における利子徴収に対するスコラ学者の非難は、為替銀行業における利益稼得にもあてはめられる傾向にあった。例えば聖トマスは「詩篇」第五章五節にコメントして「自分のお金をウスラに投じない者」なら、「多くの詐欺を犯す貨幣交換業者」にはあてはまるが「衣服等の財の売手にはあてはまらない」詩句を見出すと述べている[28][6]。

【172】アクィナスは銀行活動に対する姿勢を商人にはもちこまなかった。彼はアリストテレスと違って一定の限度内で商人に確実な支持を表明した。この支持が意味したのはそれまでの中世的な姿勢の転換であり、おかげで聖トマスを受け継いだスコラ学者は最終的に銀行業の諸側面を正当化する根拠を見出すことができた。こういう諸側面の中に「聖トマスが新興の企業家とその利益、また市価とその公正さを、キリスト教道徳哲学の枠組に向けて統合したという事実自体から、彼は〈自由主義的な知的運動の開拓者〉という名を与えられたのである」[29]という主張のしかるべき根拠がある。

一〇七八年になっても、ローマの教皇庁は商人と兵士はいずれも仕事をすれば必ず罪を犯してしまうとする教会法を発令している。別の職業を見つけない限り彼らに永遠の救いの希望はないと宣告されたのである。この見方に従うのが十二世紀にペトゥルス・ロンバルドゥスが出した『命題集』で、アクィナスはパリで教え始めたころこれを教科書に使っている。同書は商人が職業にとどまる限り告解者は彼が罪を悔いているとは認めないと論じた。[30] こうした言明はアリストテレスの立場と完全に合致する。第2章で示唆したが、彼は商業活動による利得を軍事的征服によるそれに近いものとして扱った。いずれの形の利得も相手方を傷つけないと入手できないというわけである。

十三世紀には数多くの神学者たちが商人は何らかの必要な社会的機能を果たしうるのだという見方を受け止めるようになる。イギリスのフランシスコ会士ヘールズのアレクサンデル (Alexander of Hales d. 1245) の著作には商人を擁護しようという意欲が顕著である。[31] 大アルベルトゥスもロンバルドゥスの著作への註解で、社会の秩序の中に商人を位置づけようとしている。[32] だから聖トマスがロンバルドゥスの見解を自ら論じたときは商人が罪を犯さずに仕事を行える可能性を先行例をふまえて論じたのである。ただそれは容易ではないとして商人に警告を送っている。[33]

【173】アクィナスは『ロンバルドゥス註解』よりあとに書いた『神学大全』では商人という職業をもっと肯定的に分析した。同書で彼は国際的、域際的な交易に携わる商人を容認しようとした。[34] これらは各地の財の過不足を克服して余剰産品を移転する。これと同じ容認は『君主統治論 De regimine principum』にも見られる。聖トマスは同書で、国が物的必要をどうすれば提供できるようになるかを考究した。望ましい国家の目的として自給が前面に押し出される。彼は記す。「ものが尊重されているほど自己充足的である。……だから自らの領内から豊富な食料を得られる国 city は交易でその提供を受ける国よりも尊重されている」[35]。ところが彼は商人の活動が必要なことがかなり多く、「完全な」国ですらそうだと認めている。秩序正しい社会ならその用役を適度に用いるだろう。[36]

聖トマスのすぐあとに続いた指導的な神学者たちは、商人をもっと容認する道を先に進もうとしており、とりわけ国際貿易を行う場合にそうであった。[37] しかしこの容認が商人から銀行家に移行するプロセスは相当遅れてしか進まなかった。トマス派の伝統の中のみに絞ると、トマス・デ・ヴィオ、カエタヌス枢機卿（Thomas de Vio, Cardinal Cajetan 1465–1524）の到来によって初めて、曖昧《あいまい》でない言葉でそれが実現した。彼は聖トマスの註釈書を書いた権威あるドミニコ会士で、その経済分析は次章で検討する。彼は商人という職業が道徳的に認めうるなら、為替銀行家という職業も商人の活動を支えるのだから社会的に正当化すべきだと反論した。アクィナスはアリストテレスから離反して商人を容認したが、外為業者についてはこの哲学者に従って非難している。カエタヌスは前者を用いて後者に反論したことになる。一四九九年になって初めてこうした対抗的な議論が提出されたが、その頃にも過半数の神学者の目からは銀行家の活動の多くが道徳的疑義の分厚い雲で覆われていた。

3　価値と価格

【174】中世のスコラ学者は為替銀行家に正当な役割を認めなかったが、そのことは貨幣市場の存在を評価しないことと密接に関係する。他方で商人の機能を認めたことは財市場の承認と関係する。これを考えてゆく中で、世帯間での取引条件を定めることに着目したアリストテレスから、市場の合意の中での価格形成の問題へと歴然たるシフトが起こった。ところがアリストテレスと同様に彼らは人間事象の中に公正を確立する基盤を開発する問題として財交換に関心を寄せたのであった。

　アクィナスは『神学大全』で書いている（II–II, Q.77, Art.11）[7]。

「売買は当事者双方にとっての相互効用 common utility のために始まったと考えられる。なぜなら一方が他方の財を必要とするからである。……しかし共通善のために始まったことが一方にとって他方よりも負担になるのはいけない。だから彼らの間の契約は対等性に従って締結されねばならない」。

　公正の本質に関する彼らの関心から価値決定という主題をめぐる知見が現れる。価値についてののちの考え方の発展を導くうえで影響のあった他の知見は、所有、仕事、所得を取り扱うことから生じた。本節では聖トマスの寄与を価格と価値をめぐる議論から考察する。彼の他の寄与は次節で扱う。

　アクィナスによると、どの財の公正価格も、詐欺や独占的取引の営みがないもとで定まる現行市価である。ヘールズのアレクサンデルや聖大アルベルトゥスもこの見方をとる。それは販売コミュニティ communiter venditur で定まり、これは当該コミュニティで一般に課される価格であって、同コミュニティ内の一個人の選好や必要が命じた価格ではない。聖トマスのこうした思想の直接の背景には、十二世紀と十三世紀前半に教会法学者やローマ法学の専門家がとったものに似た公正価格についての立場がある[38]。さらに遡ると【175】、販売についてのローマ法、「ものの価格は単独の個人の影響や実益ではなく、人々の共通評価から生じる」という原理がある[39]。これが『売買論 De emptione et venditione』（c. 1262）や十年ほどあとの『神学大全』（II–II, Qu. 77）[8] でアクィナスが公正価格を取り扱う際の下地となった伝統である。例えばドミニコ会士ウィテルビウムのヤコビウス

（伊 Giacomo da Viterbo; James of Viterbo c. 1255–1307）宛書簡である前著では、個別的な市価としてラニー（フランス北東部）の市での服地価格を取り上げ、具体例が公正価格の尺度だとした。

聖トマスは『神学大全』で、財がその真の値打ちなり価値に一致する価格で提供され売られないと公正は実現されないと宣言している[40]。この言明は経済学者が第一の関心を寄せる分析上の問題、すなわち真の値打ちや価値の決定に作用すると彼が信じる諸力について解明をもたらさない。この問題に向きあってもアクィナスの著作に明答を見つけるのは難しい。価値をめぐる彼の考えが効用に着目していることを示唆するくだりを引くことはおそらくできる。他方、彼にとって生産コストが決定的な考察対象だとも言われてきた。アクィナスの立場には両義性がつきまとうので数世紀にわたり大論争があった。

聖トマスはアリストテレス『倫理学』第五巻九章にコメントしたとき、財の効用を人が評定することで定まる価値の目盛は自然や創造に従う目盛からは大きくずれると考えた。創造のとき真珠はネズミよりも小さいものだった。しかし人間の評価によって真珠の方が高く評価されるものとなった。販売可能物の価格はその有用性に支配される。『神学大全』でも経済的価値の同様の一般論が見られ、それはアウグスティヌスの『神の国』にふれたくだりである。馬は【176】奴隷よりも小さな被造物なのに、状況次第ではより有用だとして奴隷よりも高値となることがある[41]。だから効用の主観的評定が価値の源泉または起源をなす。価格は一群の個人がもつ選好の市場での合意や、必要に関係する主観的計算を反映するだろう。アリストテレスの同じ箇所について考察したアクィナス曰く「すべてを正しく測るこの一つのものとは必要である。なぜなら、それはすべての交換財をそれが人間の必要に関わる限りで包摂するからである」。

効用重視の一方で、アリストテレスの同じ箇所に評注を施すときにはこうしたくだりが置かれたのかもしれないが、そこで聖トマスは哲学者《アリストテレス》に従って比例的応分性の作用の中で「個人の不均等」の要素を考察している。アクィナスが、財はその生産に要した「労働とコスト」に換算して in terms of（の観点から）交換されるべきことをアリストテレスが主張していると信じていることは第3章で示した。付言すると、この評注者は「価格がそのように決められていないと手わざ《アート》が破壊される」と見ている。こうなると、別の書き手（アウグスティヌス）に対する聖トマスの評注で彼個人が労働価値説か生産コスト価値説をとっているものとみなしてはならないことがわかると言えないだろうか。彼は自分の見方を表明しているのではない。むしろアクィナスによるこのアリストテレス読解は元のテクストに明らかなことを優に超えている。アリストテレスの「不均等な個人」とはそれぞれの職業が異なる社会的値打ち、またはその道の熟練に達した人々だが、コストで測った彼らの産品の不均等に従って分立している。ここでもやはり問題とする生産の進行を途絶させてはならない限り価格は生産コストを賄わねばならないという示唆は、アリストテレスの議論では決して明白ではない。聖トマスはどの市場でも供給側の条件の背後にはコスト〔回収〕条件という基盤があり，生産者はその中で動くのだという見方を体得していたと考えられる。

聖トマスは市場の供給をコストに結びつけた点でアリストテレスを超えているが，この解明の含意を価格決定の一般理論に展開する方向には向かっていない。ホランダー教授が指摘するとおり，アクィナスは市価がいかにして通常コストを反映するに至るかを説明していない。【177】彼はアダム・スミスと違って供給価格を賄えなかった結果をたどることもなく，資源が相対的な収益力に反応して職業間を移動する様式を示すこともなかった。(42) そうしなかった原因の大なる部分が，おそらくアクィナスの公正価格論が交換の公正についての関心にこだわっているという点にある。交換の公正は単にある者と別の者の関係，すなわち特定市場における売手個人と買手一人の取引における公正を扱うだけである。価格づけはコミュニティ全体の経済的厚生が重要な参照点となる分配の公正を求めるような広がりあるコンテクストで考察されてはいない。(43) アダム・スミスは価格づけをこの広がりあるコンテクストの中で分析したので，潜在的な「手わざの破壊」という一般的帰結を視野に入れた。彼は特定市場において交換の公正が求める水準から価格が少しでも離れたら矯正する手段として労働と資本の可動性に目を向けたが，同時にまた，コミュニティ全体の厚生も同じプロセスをへて極大化されるのである。アクィナスは交換の公正と分配の公正という経済学の二側面を取り扱ったが，こうした統合は完成しなかった。

とはいえ，彼が効用も生産コストも価格決定において重要だと信じたと主張すべき強い根拠がある。需要側と供給側の条件がともに市価に影響を与えることを彼は確かに認識していた。需要の役割については，人々の評定が価格に与える影響についての考察においてとても顕著である。彼が供給の重要性に気づいていたことは『神学大全』にある市場開拓活動の道徳性に関する議論で例証される。(44) アクィナスは近々市場供給が増えることを小麦の買手は知らないが売手は知っている例を考察している。神学者アクィナスはここで疑いなく小麦の市価が将来の供給側での流入に反応して下がると見ている。

聖トマスが価格はコストの影響を受けると信じていたことをふまえて，歴史家の一部は【178】公正価格の差は産品の多種多様な供給者の社会的地位の相違を反映してはいないかと主張してきた。(45) これらの評注者によると，アクィナスは交換体系が公正ならそれは所得分配でも公正を確保するはずだと考えた。中世の社会慣行に照らすと，社会の中で重要な成員ほど，たとえコミュニティの中では生産的役割を担うとしても身分が低い成員より大きな取り分の所得を受け取るべきである。分配の公正が交換の公正と共存すべきなら，前者の用役は後者よりも高率のコストをかけるべきである。コミュニティの中で生産的な働きをするのが後者だとしても。この見方では財の公正価格は必ずしも先に示唆したようには現行市価でなくてよく，当の生産者の社会的地位を維持するのに見合った価格となる。

実を言うと、聖トマスはコミュニティが個人に何を負うかという（分配の公正の）問題を財の交換における公正の問題に関連づけていない。アリストテレスが「不均等な個人」の均等化にふれることでおそらくそうしようとしたことは第3章で見た。しかしアクィナスはアリストテレス註解の中で哲学者がこの点で先導者だったことを取り上げていない。聖トマスが随所で、市場取引に関する限りこの取引の進め方が道徳的か不道徳かという点以外では個人を区別しようとしていないのはまったく明白である。価格決定と社会的地位は別問題である。「公正な交換では、当の個人の社会的地位によって媒体は変わらず、財数量についてのみ変わる。例えば何かを買う者はみな、貧者から買っても富者から買ってもその値段分を支払わねばならない[46]」。

アクィナス思想のこの側面をめぐる論争と困惑はアダム・スミスが試みたような統合の可能性を彼が探らなかったことに起因する。聖トマス思想においては価格づけの公正の実現が分配の公正を確実にするという保証はない。【179】彼は交換と分配の関係の問題に向き合わなかったが、ウォーランド教授の指摘では、それは現代厚生経済学でも切問である[47]。アクィナスは交換の公正を確立するうえで社会的地位は計算に入れなくてよいと信じていたようだ。しかし分配の公正のためには社会的地位は計算に入れなければならない。客観的に社会により多く貢献する人は社会からより多く受け取るべきである[48]。これら二つの思考水脈はいまなお調停されてはいないのである。

4　価値、所有、所得、仕事

公正価格に関するアクィナスの見方を検討しても、「アクィナス学説の真の末裔は労働価値説である。最後のスコラ学者はカール・マルクスである」という歴史家R・H・トウニの主張のようなもの[49]はほとんど支持を得られない。聖トマスは労働を支出すれば価値が生じるとは見ていない。むしろ人間の必要こそが価値を生むための有効因である。公正価格とは生産の継続を確保するのに必要な収益だから、生産に要した労働コストを賄えねばならない。しかしそれはまた輸送費や保管費などの流通上の料金、業務遂行に伴うリスクや損失を引き受ける費用を売手が賄えるようにしなければならない[50]。

アクィナスの所有権論はその価格論がトウニの主張を裏づけたよりもはるかに強い裏づけをアクィナス思想の中でももつ。現代の評注者は簡単にこの部分で裏づけが得られるとは見ていないが、それは労働を支出するという理由で聖トマスが私的所有制を強く擁護しているというわけでもなさそうだからだろう。ところが財産を獲得する権利の根拠についての彼の見方ゆえに労働という因子が論じられている。

【180】アクィナスは私的所有制を自然法の基本原理として打ち建てうるものとは見ていない。むしろ人間は堕落した被造物であるがゆえに、私的所有の一般化した社会システムが時間内〔現世的〕存在にとって必然的な特徴とみなしうる[51]。仮に人間が

完全であったなら、こういうシステムは不要であっただろうが、不完全だから大半の人間が実現できる社会生活の最良の形態を維持するためにはそれが役立つ。私的所有制は平和的で秩序ある社会の最良の保証を与える。何よりもそれは最大の経済的効率を達成させてくれる。というのも、人間の精励への誘因がどんな型の共同的システムにおけるよりもはるかに大きいからである。(52)

ここでアクィナスは、最良の形の社会構成に関する彼の見解の主な指針として資源の分割についてのデモクリトゥスやアリストテレスの議論を用いている。彼らは経済的に優れているとして資源の私的所有を擁護したが、聖トマスという担い手をとおしてそれがスコラ社会思想の基本見解となった。またスコラ学者はアリストテレスと同様に所有に関するこの立場を共同使用の原理で和らげた。聖トマスと後継者たちは資源の所有とそれが生み出す産品の使用を峻別して、精励の果実がコミュニティ全体で可能な限り最も広く分配されるよう提案している。

財使用についてアクィナスは「人はこの点では外的なものを自分のものではなく共有のものとして所有すべきであり、そのうえで他人の必要に応じてそれを他人と交換しようと思えばできる」と述べる。(53)アリストテレスは『政治学』第二巻第五章で「財産は共有で使うのではなく私的にもつのが最良である」と考えたが、アクィナスの著作ではこれがはるかに強められて再登場する。曰く「神が人に与えた時間内的な財の所有者は私たちだが、使用者は私たちに尽きず【181】私たちが必要以上にももつもので支援してあげられるような他人のものでもある」。(54)

資源の私的所有を余剰品の共同使用と組み合わせることが、社会全体の産品の極大化と経済的厚生から見たその分配の最適化を見据えたアクィナスの筋書きである。私的所有を擁護する主な根拠は経済効率の向上である。共同使用の政策を唱えるのは道徳的な要請からである。彼は記す。「飢えて死にそうな人に与えなければ彼を見殺しにしてしまう罪を犯すから、彼に与えよ」。(55)余剰を共同所有すると今度は将来における社会的産出の伸びが鈍らないかという危惧は抱いていないようである。この筋書きでは資本蓄積に積極的な役割はない。聖トマスはアリストテレスのように経済成長に積極的に反対したとは言えないが、全部を共同所有する共産主義の所説を展開することからは距離をとり、それと同じくらい資本主義の倫理《エトス》全般に忠誠を控えた。

だからアクィナスが制度としての私的所有と財産使用についての議論でマルクスと全然違うカテゴリに属する概念で考えを進めたことは明白である。特にアクィナスの思想と、労働を価値の唯一の源泉と見る原理主義的なマルクス学説との関係については、一面的な見方では解明はおぼつかない。ただ制度としての所有から財産獲得の問題までを見渡すと、マルクスとの類似性を示す線の発端が明白になる。聖トマスによると、財産獲得権の根拠は占有と労働という二つの根本的な権利源泉にある。彼は記す。

自然権または自然的公正はその本性自体により、他人に合わせられるか、他人と応分とされる。ところがこれには二つの生じ方がある。第一に絶対的に解された賦与according、第二に自然にものが【182】他人と応分とされ、絶対的に解された賦与ではなくそれから生じるものに従うこと、例えば財産の所有である。特定の土地一筆を絶対的にとらえると、それが他人以上にある者に帰属すべき理由はわからないが、土地を耕すためにもち干渉を受けずに使用する例を念頭に考えると、それは一人の所有物であって他人の所有物ではないという一定の応分性がある……[56]。

土地のある一帯を耕すか占有するときの労働支出は、その所有要求を正当なものにするかもしれない。聖トマスの立場の背後には、財産獲得の自然な形についてのローマ法の伝統が息づいている。例えば法律家ガイウスによると、財産に対する権限を獲得する自然な仕方には、伝統、占有、相続、加工（材料を新たに製品に転換すること）がある[57]。加工では労働支出が示唆されよう。

アクィナスの主張は早期の弟子パリのヨアンネス（John of Paris; 仏 Jean Quidort ジャン・クワドール c. 1250–1306）によってさらに強められた。彼は聖トマスも属したパリのサン・ジャックのコミュニティに属する一員で、フランシスコ会の神学者が聖トマス思想をさまざまな形で批判的に攻撃し始めたときそれを擁護した。彼は教皇ボニファティウス八世のフランスのフィリップ四世（端麗王 Phillip the Fair; 仏 Philippe le Bel）との論争の中で一三〇二年頃『王と教皇の権限』という論著を書き、フィリップの立場を支持した。同作はこのあと続いた教会と国家の関係をめぐる論議にとって一つの古典的著作となるが、クワドールは議論を進める中で所有権の源泉として労働を特別視してこう書いた。

……平信徒の財産は教会の財産のようにコミュニティに寄贈されたものではなく、個々人が自分の技能、労働、勤勉によって獲得したものである。だから個人は個人としてそれに対して権利と権限をもち、正当な支配力 lordship をもつ。各人は自分のものを思いのままに差配【183】、処分、管理、保有、譲渡してよい。他人に損害を加えない限りはそうである。それは彼が主《あるじ》 lord だからである[58]。

クワドールは続ける。個人や、ある状況では社会全体に損害を与えるリスクがあるので人間はある種の社会契約に入り、自らの所有権を制限した。財産が誤用されかねない条件が満たされることになるので「……人民は支配者を立ててこうした状況に責任を負わせ、公正と不正を判定し、不正を罰し、共通の必要と厚生に対して各人が所有する公正な割合を測らせた[59]」。君主は共通善が求めて「必要があれば」、財産使用を統制するために介入してよい。そうでないときは、先だって支出した労働に基づく個人の「支配力」は侵害を免れる。

クワドールは労働と所有のつながりを堅固にし、その三十年ほど前にアクィナスもそうしていたので、それを可能にしたローマ法の獲得論の伝統はのちのスコラ思想の重要な要素として残った。のち一六九〇年に至って哲学者ジョン・ロックがこの要素を取り上げた。彼の思想は多くの点でスコラ学の考え方に依拠していることがわかる。獲得についてのスコラ学者の見地はロックの手の中で新しくて本源的な一面を与えられた。彼は「所有 property」をきわめて広義に用いて、労働に基づく所有権は「自然状態」における人間の権利でコミュニティや政府のどんな権利にも先立つと論じた。彼はさらに決定的な一歩を踏み出し、労働は所有権の原因となるだけでなく他の何よりも所有に経済的価値を与える要因だと主張した。

　聖トマスとのちのスコラ学者はロックのように権利論から経済的価値論へと移行しなかった。しかし【184】知の鎖の重要なつなぎ目をつくり、それがロックの推論とつながっている。十八世紀にはアダム・スミスがロックの労働理論を古典派経済学の中心的支柱として活用するに至る。そして十九世紀前半にはさらに前進があり、カール・マルクスの経済学では形而上学的な基盤としてさらに高い意義をもった。スコラ学者がマルクスの先駆者だとする言明に基盤を与えるのは、彼らの公正価格理論ではなく財産獲得理論である。この点では例えばR・H・トウニの主張が支持できる。

　同じく重要なのは、スコラ学者にとって労働支出は財産獲得の一つの源泉であるだけではなく、所得受取の正当化が可能になる主たる根拠だったという点を評価することである。J・W・ボールドウィンが考えたとおり「〈労働と出費 labor et expensae〉を加えることが教会法学者の議論でも神学者の議論でも承認できる経済的利得または増収の基盤にあったと思われる。神学者が最も関心を寄せる経済的要素は労働という要素である」[60]。例えば聖トマスでは労働用役に相当額を支払うことは公正を定立する行為とみなされる[61]。また商業業務での利得は労働への一種の対価、労働の俸給相当物 quasi stipendium laboris と考えられている[62]。こうして所得を入手する権利も資本つまり財産を獲得する権利も、同じ源泉から生じると認めうるわけである。

　だからといって、スコラ学者が肉体的な労働支出を所得・資本創出の唯一の源泉と見たということにはならない。カール・マルクスは唯物論という神秘的教義を自ら積極的に信ずることを選んだが、それはスコラ学者の合理的形而上学とは逆の極にある。だからアクィナスの事業パートナーシップ論では商業的企業活動でのリスク引受という機能は適法な所得源泉と見られている[63]。スコラ学者の書き手たちもやはり労働 labor と精励 industria を区別し【185】、企業家的活動《アントレプルナーシップ》、すなわち実行すると報酬が生まれる活動を後者に含めた[64]。聖トマスは利益入手の基盤としてこの機能にふれて記す。「私が貸したお金からその実際の貸付額を超えて借手が手にする増し分や利得はみな、そのお金を賢明に用いる借手自身の精励から生じている[65]」。

　リスク引受と企業家精神は労働とともに所得を生む要因とな

り、それはアクィナスが考えるような生産と分配の経済的現実の中に基礎をもつ。しかし最もよく認知されている権利源泉は労働で、労働を重視したことがヨーロッパ思想の中で最終的に労働価値説が現れる一種の足場として一定程度役立ったかもしれない。

労働価値説の出現には、労苦なり肉体行使の意味での労働が、仕事についてのスコラ神学の中で新たに地位を得たことも力を貸している。ギリシア哲学者、特にアリストテレスには、さまざまな形での物的努力、特に経済的利得のための手仕事に対する蔑視が見られる。彼は手仕事を本性上隷従や奴隷の地位に落とされた人たちに最もふさわしいと見ていた。しかしスコラ学者とその前の修道院関係者やその同時代人にとっては、肉体労働を含む仕事は品のないものではなかった[66]。例えば聖トマスは『定期討論集 Quodlibeta』(VIII, 7, 17) で手仕事は怠惰の防止や肉体の鍛錬に有用だと論じている。それはまた実定法と自然法が命ずるところでもある。そのうえ、神の創造行為に参画することだとも見ている。この点をめぐるアクィナスの見解についてスターク教授はコメントしている。「聖トマスのものの見方では、物的被造物、すなわち世界とそこに含まれるすべては人間の労働からすると大いなる未加工材料である。人間は【186】それを砕いて形を与え、そうすることで自分がその製作者 Maker の真の似姿たることを端的に証明している。なぜなら神もまた物的実在をかたどり、それをご自身の目的に役立つようにされているからである[67]」。スコラ学者は、自然の諸力にただ合わせて調和を図る存在というソクラテス思想における人間を、物的宇宙をかたどる者に取って代えたのである。

労働支出が神の授けられた企てへの意味ある参画になりうるという考えが、その労働支出が財の獲得を支えるのだという考えと組み合わされたとき、労働価値説なるものを採択するためのきわめて肥沃な土壌が用意された。中世のスコラ学者は収穫を潜在的な域にとどめて刈り入れなかったが、その可能性があったことは十九世紀や二〇世紀に彼らを受け継いだ一部の人たちの著作に具体化されている。例えば現代のある倫理学教授は論じている。

私有や所有権自体のみでは不十分である。財産のほかの何かが私有に加えられない限り、財産が人間を支えたり完成させたりすることはないだろう。例えば人の原始の祖先が森の果てまで行って木を手に入れることもあっただろう。……彼は一片の財産を獲得したが、それで何かをし、それを使う、すなわち切り分けて見上げ、家をつくるか火を起こすかしない限り、木は何の役にも立たず、彼にとってためになることはないだろう。財産は使うか働きかけるかしない限り、人間にとって役立たない。それは人の役に立つためにそこにあるが、それで何かするまでは役立たない。私有に労働を加えない限りそうなる[68]。

こうした推察からアダム・スミスの労働価値説に至るには小

さな一歩で足りる。マルクス説とのつながりはあるにはあるが、そこにはなおいくらか距離がある。マルクスは唯物論形而上学を抱き、人間の人格の発達は私的所有に淵源すると見られるのにこういう面での有益な効果は無視した。これらはマルクス派の伝統とスコラ学の伝統の間に大きな違いがあることを示している。

原注

（1） Joseph Schumpeter, *History of Economic Analysis*, New York: Oxford University Press, 1959, p. 77.

（2） Stephen Worland, *Scholaticism and Welfare Economics*, Notre Dame and London: University of Notre Dame Press, 1967, pp. 8-9.

（3） アクィナスの著作のラテン語版は St Thomas Aquinas, *Opera omnia*, 34 vols., ed. by P. Maré and S. E. Frette, Paris: Vives, 1871-80 である。最も有名な著作『神学大全』の英訳は全二十巻からなる（London, 1911-25）。アリストテレス註解書の一つは英訳されている。*Commentary on the Nichomacian Ethics*, Chicago: Library of Living Catholic Thought, 1964. 経済学者の関心対象となる著作の選集は次の中に見出せるだろう。*Basic Writings of Saint Thomas Aquinas*, ed. by A. C. Pegis, 2 vols., New York: Random House, 1945; A. E. Monroe, *Early Economic Thought*, Cambridge, MA: Harvard University Press, 1924, pp. 52-77.

（4） Alexander Gray, *The Development of Economic Doctrine*, London: Longmans, 1959, p. 46. 道徳哲学の一分野としての経済学については次を見よ。Ernest Bartell, "Value, Price, and St Thomas", *The Thomist*, Vol. XXV, No. 3, July 1962, pp. 325-81. バーテルは聖トマスの考え方について「経済に関する決定はこうして自発的な道徳的行為なので、経済行為を研究する人間の知の分野は道徳哲学の一分野となる。道徳科学は機械的技術固有の合理的製造技法を研究するのではなく、目的に対して互いに序列づけられた自発的な人間行為を考察する」（p. 345）。

（5） *Summa theologica*, II-II: 78, 1. アクィナス『神学大全』第十八巻（II-II, qq. 57-79）、稲垣良典訳、創文社、一九八五年、三八八—九頁。次も見よ。*In III primos libros politicorum*, Bk I: 6, 7, 8.

（6） *In IV libros sententiarum*, III: 37, 1, 6. 次も見よ。*In X libros ethicorum*, Bk V, Lect. 9. 先行者大アルベルトゥスはこう記していた。「定規の単位が測られるすべてのものを加減算によって等しくするように、今度は貨幣が交換されうるすべての財を等しくする」（*In librum V ethicorum*, Tract. 2, Cap. 10, No. 36）。

（7） *Digesta*, 7: 5: 2, 5, 6, 7, 10. 千賀鶴太郎訳・註解『ユ帝欽定羅馬法學説彙纂 第七巻（用益權・使用權）』京都帝國大學、一九二三年、三三六—七、三三九—四七、三五三—四頁。*Institutes*, 2: 4: 2. 末松謙澄訳『訂正増補 ユスチーニアーヌス帝欽定羅馬法學提要』第四版、帝國學士院、一九二四年、一二六—七頁

（8） 例えば次を見よ。Saint Thomas, *Questiones disputatae de malo*, Q. 13, Art. 4c. 貨幣についてのこの見方はアクィナスが主にウスラを不道徳として難じた議論の基盤である。

（9） *Quaestiones disputatae de malo*, Q. 13, 15.

（10） *Tractatus commerciorum*, n. 530.

（11） J. T. Noonan, *The Scholastic Analysis of Usury*, Cambridge, MA:

Harvard University Press, 1957, p. 106; J. Gilchrist, *The Church and Economic Activity in the Middle Ages*, London: Macmillan, 1969, p. 279.

(12) H. Johnston, 'Some Medieval Doctrines on Extrinsic Titles to Interest', in Charles O'Neil ed., *An Etienne Gilson Tribute*, Milwaukee: Marquette University Press, 1959, p. 89.

(13) 次を検討せよ。Cardinal Joseph van Roey, *De justo auctario ex contractu crediti*, Louvan, 1903, pp. 282ff.; John P. Kelly, *Aquinas and Modern Practices of Interest Taking*, Brisbane, 1945, pp. 67-8; B. W. Dempsey, *Interest and Usury*, Washington, 1943, pp. 138-9; J. T. Noonan. Op. cit., p. 56; Herbert Johnston, op. cit., p. 88.

(14) Joseph Schumpeter, op. cit., p. 94.

(15) Cf. J. T. Noonan, op. cit., pp. 52, 93-4. 貨幣が固定的尺度だという考え方は聖トマスがウスラに反対する主な根拠となっている。ウスラ取扱い人は貸付をした貨幣額に利子を求めると「尺度をたがえ」ようとしたかどで有罪である。彼は二つの価値を一つの貨幣額に数え入れようと努めているわけである。

(16) パウルスの貨幣論については次を参照せよ。A. E. Monroe, *Monetary Theory Before Adam Smith*, Cambridge, 1923, pp. 10-11; Grice-Hutchinson, *The School of Salamanca*, Oxford, 1952, pp. 21-2. モリナエウスはこうした早期の分析を要約して一五四六年の『貨幣操作論 De Mutatione Monetae Tractatus』で記す。「貨幣が貨幣である限りそれは財ではなく……すべてのものの価値を測るとアリストテレスは『倫理学』第五巻で述べている。……これは貨幣の起源や制度によって証明される。アリストテレスによると……人間は貨幣を共通の合意で生み出し、必要物を供給して代表するようにした。そしてこのために貨幣はノミスマと呼ばれる。なぜならそれは法〔ノモス〕の所産であって自然の所産ではないからである。だから私たちには貨幣の価値を変更したりそれを無用なものにする権限がある。かの法律相談家〔パウルス〕も同見解をとり、こう述べている。……それ（貨幣価値）はその実体よりは量に存する。すなわち、それに対して設定される公的価格に存する。なおそれは近年、公的評価とか恒久評価と呼ばれるようになっている。」

(17) Hector Estrup, 'Oresme and Monetary Theory', *The Scandinavian Economic History Review*, Vol. XIV, No. 2, 1966, p. 102. この点については次も見よ。Gabriel le Bras, 'Conceptions of Economy and Society', *The Cambridge History of Europe*, Vol. III, 1963, pp. 561-2.

(18) *In X libros ethicorum*[3], Bk. V, Lect. 9. 次も参照。*De regimine principum*, ii, 7.

(19) F. P. Braudel, 'Prices in Europe from 1450 to 1750', in E. F. Rich and C. H. Wilson eds., *The Cambridge Economic History of Europe*, Vol. IV, 1967, p. 378.

(20) *Summa theologica*, II-II: 62: 4: 1, 2. 『神学大全』第十八巻、一二五頁。

(21) *In IV libros sententiarum*, IV: 15: 1: 5.

(22) *Questiones disputatae de malo*, Q. 13, Art. 4, Ad. 14.

(23) *Summa theologica*, II-II: 78: 2, Obj. 5. 『神学大全』第十八巻、三九七頁。

(24) 例えば J. T. Noonan, op. cit., pp. 143-5.

(25) Leon Walras, *Economie politique appliqué*, 1898, p. 95.

(26) *In III primos libros politocorum*, I, 57.[5]

(27) J. T. Noonan, op. cit., p. 47.

(28) Op. cit., p. 181. 為替取引と与信の間に近しい関係が想定できる点については次を見よ。Raymond de Roover, *The Rise and Decline of the Medici Bank, 1397-1494*, Cambridge, MA: Harvard University Press, 1963, pp. 132-5.

(29) E. Bartell, op. cit., p. 378.

(30) *Sententiarum libri quatuor*, IV, Dist. 16, Qu. 4, Art. 2, Quaestincula 2.

(31) *Summa theologica*, Pars. II, in Quis. III, Tract. II, Sect. II, Q. II, Tit. III.

(32) *Commentarius in quatuor libros sententiarum*, Lib. IV, Dist. XVI, Atr. 46.

(33) *Commentum in libros IV senteitiarum magistri Petri Lombardi*, Dist. 16, Qu. 4, Art. 2, Quaestincula 3, Obj. 1 and Ad. 1.

(34) *Summa theologica*, II-II, Qu. 77, Art. 4, Resp. 『神学大全』第十八巻、三八三頁。

(35) *De regimine principum*, Bk. II, Ch. 3. アクィナス『君主の統治について──謹んでキプロス王に捧げる』柴田平三郎訳、岩波文庫、二〇〇九年、一〇五頁。

(36) Ibid. 邦訳、一〇七頁。

(37) 次を見よ。Duns Scotus (1265-1308), *Quaestiones in libros IV sententiarum*, Dist, 15, Qu. 2, No. 22; Richard of Middleton (fl. c. 1290), *Quodlibeta*, Quodlibet II, Qu. 23, Art. 1.

(38) 次を検討せよ。John W. Baldwin, *The Medieval Theories of the Just Price: Romanisits, Canonists, and Theologians in the Twelfth and Thirteenth Centuries*, Transactions of the American Philosophical Society, N. S., Vol. 49, Part 4, 1959, esp. pp. 21-57.

(39) *Digest*, 35: 2: 63.

(40) *Summa theologica*, II-II, Qu. 77, Art. 1. 『神学大全』第十八巻、三六九頁。「人間の使用に供されるものの価値 quantitas rerum はそれに付された価格で測られる。……だからものの価格がその価値の値を上回るか、逆にものが価格を上回ると、もはや公正の均等性はない」。

(41) *Summa theologica*, II-II, Qu. 77, Art. 2, Ad. 3. 『神学大全』第十八巻、三七五頁。アクィナスは「販売可能物の価格は自然におけるその序列ではなく……人間にとっての有用性に依存する」と結論している。

(42) S. Hollander, *The Economics of Adam Smith*, London: Heinemann, 1973, p. 28. ホランダー『アダム・スミスの経済学』小林昇監訳、大野忠男・岡田純一・加藤一夫・斎藤謹三・杉山忠平訳、東洋経済新報社、一九七六年、三六頁。

(43) Cf. S. T. Worland, op. cit., Ch. 9.

(44) *Summa theologica*, II-II, Qu. 77, Art. 3, Ad. 4. 『神学大全』第十八巻、三七七、三七九頁。

(45) 例えば次を見よ。Hannah Robie Sewall, *The Theory of Value Before Adam Smith*, New York: Macmillan, 1901, p. 19; B. W. Dempsey, 'Just Price in a Functional Economy', *American Economic Review*, September 1935, pp. 471-86.

(46) St Thomas Aquinas, *Quodlibetales*, Quodlibet VI, 10.

(47) S. T. Worland, loc. cit. 聖トマス思想の進展において交換の公正と分配の公正がますます分離されていった点については E. Bartell, op. cit., pp. 354-5 を見よ。

（48） この点については次を見よ。J. J. Spengler, 'Hierarchy v. Equality: Persisting Conflict,' *Kyklos*, Vol. XXI, 1968, pp. 217-38. 次も参考になる。Sister M. Jane Frances Ferguson, *The Philosophy of Equality*, Washington, 1943.

（49） R. H. Tawney, *Religion and the Rise of Capitalism*, rev. ed., New York, 1937 (reprinted 1952), p. 36. トーニー『宗教と資本主義の勃興――歴史的研究』出口勇蔵・越智武臣訳、岩波文庫、上巻、一九五六年、七五頁。

（50） *Summa theologica*, II-II, Qu. 77, Art. 4. 『神学大全』第十八巻、三八四頁。

（51） Op. cit. I a. Qu. 98, Art. 1, Ad. 3. 『神学大全』第七巻（I. qq. 90-102）、高田三郎ほか訳、創文社、一九六五年、一五五頁。

（52） Op. cit., II-II, Qu. 66, Art. 2. 『神学大全』第十八巻、二〇七頁。聖トマスは「誰であれ多くの人たちか全員が共有するよりも自分一人のための方が注意深くものを手に入れる。〔共有制なら〕各人が労働を怠けるし、コミュニティ関係のことはあまたの下僕がいるときと同じく人任せにされるからである」と記す（邦訳、二〇六頁）。

（53） Loc. cit. 邦訳、二〇七頁。

（54） Op. cit., II-II, Qu. 32, Art. 5, Ad. 2. 『神学大全』第十六巻、稲垣良典ほか訳（II-II, qq. 17-33）、創文社、一九八七年、三八九頁。

（55） Loc. cit. 邦訳、同頁。道徳的要請は聖トマス時代における少なくともある地域のヨーロッパでの実践を反映していることを示す強い証拠がある。ティアーニ教授によると、十三世紀の貧者は二十世紀まで再現例がないくらい面倒を見てもらえた。B. Tierney, *Medieval Poor Law: A Sketch of Canonical Theory and Its Application in England*, Berkley, CA: University of California Press, 1959, p. 109.

（56） St Thomas, op. cit., II-II, Qu. 57, Art. 3. 『神学大全』第十八巻、十一頁。

（57） ローマ法の伝統については次を参照。Richard B. Schlatter, *Private Property, the History of an Idea*, London: Allen and Unwin, 1951, Ch. 2.

（58） John of Paris, *On Royal and Papal Power*, tr. by J. A. Watt, Toronto: Pontifical Institute of Medieval Studies, 1971, p. 103.

（59） Op. cit., pp. 103-4. Cf. St Thomas, *Summa theologica*, II-II, Qu. 66, Art. 8, Ad. 3. 『神学大全』第十八巻、二二七頁。「共通善の保護のために必要なものを君主が臣民から引き出すことは、君主がそのとき暴力に訴えたとしても略奪ではない。しかし暴力によって不当なものを奪えば住居侵入にすら通じる略奪にあたる」。

（60） J. W. Baldwin, op. cit., p. 66. 次も見よ。Gabriel le Bras, 'Conceptions of Economy and Society,' in M. M. Postan and others eds., *The Cambridge Economic Hisotry of Europe*, Vol. III, 1963, p. 560.

（61） *Summa theologica*, I-II, Qu. 114, Art. 1. 『神学大全』第十四巻（II-I, qq. 106-114）、稲垣良典訳、創文社、一九八九年、二〇三―四頁。

（62） Op. cit., II-II, Qu. 77, Art. 4. 『神学大全』第十八巻、三八三頁。

（63） Op. cit., II-II, Qu. 78: 2, Obj. 5. 『神学大全』第十八巻、三九七頁。

(64) Cf. B. W. Dempsey, *Interest and Usury*, Washington: American Council of Public Affairs, 1943, p. 183.

(65) *III, Sent.*, D. XXXVII, Art. VI, Ad. 4.

(66) ヨーロッパの経済思想と実践に対する修道院運動の影響は過小評価されることが多かった。けれどもベルトラン・ド・ジュヴネルによると「近代には利益が用いられ、とりのけた稼得から〔生産活動の〕拡大が行なわれたが、それが修道院で始まって組織化されたことはおそらく注目に値する事実である。……聖人が……非消費的で禁欲的な型の資本家の真の起源である。ベルジャエフはキリスト教の禁欲主義が資本主義の発展において第一義的な役割を果たしたことを真に見抜いていた。それは再投資の条件なのである」(Gilchrist, *The Church and Economic Activity in the Middle Ages*, London: Macmillan, 1969, p. 40)。

(67) W. Stark, *The Contained Economy: An Interpretation of Medieval Economic Thought*, London: Blackfriars, 1956, p. 8.

(68) Matthew O'Donnell, *Property in Catholic Social Teaching*, Oxford: Catholic Social Guild, 1963, p. 9.

訳注

[1] 『神学大全』第九巻(II-I, qq. 1-21)、高田三郎・村上武子訳、創文社、一九九六年、一一二頁以下。

[2] 『神学大全』第九巻、一二三頁。

[3] 『君主の統治について』の邦訳(本章注35を見よ)、その先行訳(上田辰之助『聖トマス経済学——中世経済学の一文献』鈴木斐雄・菅原藤也・矢島鈞次編、みすず書房、一九九一年、二三一—三〇五頁)ともここを割愛している。次を見よ。Ptolemy of Luca, *On the Government of Rulers, De regimine principum*, with portions attributed to Thomas Aquinas, tr. by James M. Blyhe, University of Pennsylvania Press, 1997, pp. 117-20.

[4] 『神学大全』第九巻、三四—五頁。

[5] もとの語はκαπηλικῆς《カペーリケース》(小売業)である。

[6] 「詩篇」の該当箇所は「高ぶる者はあなたの前に立てない。あなたは誰であれ悪を行う者を憎まれる」である。

[7] 『神学大全』第十八巻、三六九頁。

[8] 『神学大全』第十八巻、十二頁。

第7章　スコラ貨幣思想　一三〇〇—一六〇〇年

【187】アクィナスとその前後の人たちはヨーロッパにおける未曾有の経済発展を背景に執筆した。十三世紀には、古い封建的諸関係が資本主義的原理に置き換えられるとの認識がその生誕の地たる北イタリアの町〔国〕から大陸のその他多くの地に広まっていた。フランス、ドイツ、フランドルばかりか、イングランドでも社会の新たな組織のあり方が衝撃として受け止められていた。一〇〇〇年頃から人口は着実に増えており、新たに成長した都市という拠点は拡大していた。ドイツに限っても十三世紀に四百ばかりの新たな町がつくられた。こうした拠点は製造業や金融業の革新に肥沃な土壌を提供し、近代のある歴史家が見出すとおり、「都市の産業と商業の発展によって、パートナーシップ、共同責任制、銀行業、二重記入の簿記、為替手形、信用状などからなる資本主義システムという全体的複合体が生まれた(1)。」

拡大の進行は十四世紀前半に中断し、次いで反転した。それに寄与した原因は多様である。中でも目立つのは、一三四八年から猖獗《しょうけつ》したペストによる突然の人口減である。技術進歩による革新も、それまでの二百年に手にした勢いの多くを失った(2)。加えて、ヨーロッパの金融構造全体が、一三四五年以降にフィレンツェで最も強大で【188】当時国際貨幣ネットワークのハブであった三つの銀行機構の倒産によって足をすくわれた(3)。

経済の衰退期にあって、スコラ的貨幣分析もしなだれた。十四世紀にフランスで生じた深刻な財政問題からこの分析における一つの大きな新しい方向性が現れ出た。コリン・クラークによると「私たちはいまでは知っているが、一三四八年のペストがいかに劇的で恐ろしかったとしても、それは人口増大を抑止し、減少させさえした一連の悪性の感染症の前兆にすぎなかった。特にフランスではこれらの難問は内乱や外国の侵攻で恐るべき度合で増幅された……(4)」。早くも十四世紀半ばにはフランスの通貨制度は、政府の財布を分厚くしたいという関心に発したうち続く貨幣の悪鋳で混乱状態に陥っていた。「一三六〇年にシャルル五世が摂政になるまでのフランス王は百年戦争で財政的に負担が増えたので、つねにコイン群に手を加えることで鋳造権を介した貨幣増を図った。この結果、貨幣システムが崩壊したのである(5)」。同王国の惨状に当時の代表的スコラ学者の一部が反応を示している。その反応を通して、聖トマスの主な貨幣思想のうち重要部分が疑問に晒された。

1　貨幣悪鋳が投げかけた問題

貨幣論における最も意味ある寄与はジャン・ビュリダン・ド・ベスーヌ（Jean Buridan de Bethune 1300–58）とニコール・オレーム（Nichole Oresme 1325–82）の二人によるものである。彼らはスコラ学の伝統で受け継がれる思想の一本の柱を打ち立てるきっかけをつくったが、最も注目すべき継承者はガブリエル・ビール（Gabriel Biel 1430–95）であった。[6] ビュリダンは【189】アリストテレスの『倫理学』と『政治学』の註解書を刊行したパリ大学学長であった。彼の学生だったオレームも哲学者《アリストテレス》の著作の註解を書き、有名な数学者・物理学者となるに至り、リシュー主教の座に就いて聖職者としての華やかな経歴を締めくくった。貨幣理論における彼らの後継者がチュービンゲン大学哲学教授として次の世紀に大きな知的影響力をふるうビールである。

以上三人は唯名論という新たな道 via moderna をとり、スコラ学内部での新しい知的運動を代表する。唯名論はオックスフォード大学の哲学者オッカムのウィリアム（William of Ockham 1285–1347）に始まる。[7] 二〇世紀半ばのオックスフォード大学で再燃するこの運動は抽象的・普遍的観念の実在を否定する。彼らはプラトンやアクィナスらの哲学に反対し、一般的観念は一群の事物や一定数の事象を表す言葉のラベルにすぎないと論じた。彼らは言語主義と個物主義をとったため、聖トマス風の思弁的神学研究から離れることになった。代わりに彼らは経験的探究を重視し、自然学に新鮮な関心を寄せた。こうして経験論を重視する流れが最終的にスコラ的論究活動の中に決疑論的手法を発達させ、これがのちにスコラ学者の経済分析が進んだ大きな要因となる。しかし十四世紀の新たな経験論の成果のうち経済学に固有の部分は、当時フランスで生じた出来事の省察から導かれた貨幣の本質と機能の問題に関する新鮮な分析法にあった。

これら三名の唯名論者の貨幣論著作で最も知られているのはオレームの『自然法の起源と貨幣操作 Tractatus de origine natura jure, et mutationibus monetarum』である。[8] 同論考は一三六〇年頃書かれ、フランスのシャルル五世の貨幣改革に資するように提出された。しかしオレームの議論の本来の論拠は多くが師〔ビュリダン〕の『アリストテレスの政治学八巻の諸問題 Quaestiones super VIII libros politicorum Aristotelis』と『アリストテレスのニコマコス倫理学十巻の諸問題 Quaestiones in decem libros ethicorum Aristotelis Nicomachum』であった。ビュリダンは第3章で見たアリストテレス貨幣論の金属主義的側面を取り上げ、国際取引の面のみについて哲学者《アリストテレス》の論考を検討した。彼からの一般化に基づいて貨幣はすべて貴金属からつくられるべきだとされている。ガブリエル・ビールはこの一般化を根本原理として全面的に支持し、ビュリダンとオレームの見方の本質部分を併せて『貨幣の力能と効能 Tractatus de potentate et utilate monetarum』を次の世紀に著した。

これらの著作では、貨幣とは君主が確立した価値標準だとした聖トマスの貨幣論を支えた伝統が疑問に晒されている。標準を定める君主の権利は厳しく制限されるとされ、封建的概念と結合した非金属主義に反論が投げかけられる。

ある通貨が交換手段として効果的に機能するなら、その通貨の諸単位がもつ名目上の価値は、その交換手段を使う市民に受け入れられるはずだと主張される。貨幣がコミュニティ全体に役立つよう機能すべきなら（事実そう意図されているが）、法的な決定は通貨価値に関する一般的合意を反映しなければならない。さらに、貨幣使用者は貨幣保有者だから、君主に協議に応じてもらう権利をもつ。ビールは次のようにまとめる。

> 【191】……すでに話に取り入れたが、貨幣はコミュニティを益するために発明、導入されたのだから、貨幣はそのコミュニティの支配者によって鋳造されるのがふさわしい。しかしこういう支配者とは、君主または君主から権限を認められた者である。
>
> 貨幣を鋳造して自分の像や名を刻むのは君主の特権だが、かといって人民の間で流通する貨幣は彼のものではなく、彼が領土で通用している貨幣を所有しているわけでもない。貨幣は自然的富の交換手段であり、それらの等価物だからである。したがって貨幣は自然的富の持ち主のものである。何となれば、貨幣と引換えに彼が自らのパンや身体的労働を与えれば貨幣を受け取るのでそれは彼のものとなるが、これはパンや労働が彼のものであって彼の処分に服するのと同じだからである。

またニコール・オレームによると、貨幣鋳造権は国王大権だが、貨幣価値やある貨幣建値を他の貨幣に対して固定する

> 権限は君主ではなく貨幣の属するコミュニティに賦与されるべきである。……思うにこれは、君主に彼の意思通りに貨幣価値を固定する権限はなく、金と銀、銀とこうした「リガ」（法定貨幣単位）の自然的比率に従う権限があることを意味する。[9] この点での決定権はコミュニティに属する。

この議論で興味をひく面はまず、貨幣を価値尺度と見た伝統的接近法を覆すために、貨幣の支配的な目的に関するトマス的原則を用いた点である。また、君主が通貨の所有者だとの見方が否定されている点は新機軸である。[10] 第三に貨幣使用者の所有権の源泉は【192】使用という事実よりは貨幣を使おうとして入手するための労働の支出や果実に存するらしい点である。最後に、貨幣に関する論究の基盤が個々の交換契約からシステム全体の作用に移行している点である。[11]

悪鋳を難じた書き手たちは自分の立場を固めるために非金属主義の長い伝統に抵抗することにした。特にビュリダン、またビールには、貨幣が効果的に機能するには、その貨幣としての役割とは独立に価値をもつ素材でできていなければならないという主張がある。これは交換手段が交換手段として成立するた

めに不可欠である。貴金属は携行性、分割性、耐久性等のために自然とこの使い方に適している。ビュリダンはアリストテレス『倫理学』の註解でこれらの特質を列挙している。

貴金属が貨幣の観念に不可欠なのだから、貨幣を互換財の特殊カテゴリで、市場の合意による決定を免れて公正価格が決まる例外として取り扱った聖トマスのようなことはできない。通貨にはそれが財でもあるという否定できない一面があり、だからこそビュリダンは記す。「貨幣価値は人間の必要によって測られねばならない。なぜなら私たちは金銀を自分の必要のためには求めないが、それでも金持ちはそれを奢侈目的で求めるからである。こういうわけで金銀塊の価値は貨幣形態での価値と同じまたはほぼ同じとなるのである[12]」。

ビュリダンは一般的な市場による評定の伝統的基盤たる「人間の必要」を用い、貨幣価格に対する厳格な法的分析法を捨てることで、君主の恣意を制限しようとしたわけである。例えばビールは君主による改鋳が市場での交換に必要な基本的道徳性に背馳する状況を描くことに成功する。

> ……君主が貨幣を安く買い占めて溶解するために正当な貨幣を否定し、のちに【193】より価値の低い別のコイン群を以前の流通貨の値をつけて発行するようなことがあると、彼は貨幣窃盗罪となるであろうから、実際に原状回復を求められる。これはホスティエンシスやパノルミタヌスの見解である。君主が相対的に安い資財を相対的に高く売ると正義に悖《もと》るのだから、このことはまったくもって明らかである[13]。

このように貨幣には価格決定の点で特殊な位置づけは与えられておらず、それは商品であるがゆえに交換の公正を支配する一般的な法に従うのである。

これらの著作は貨幣に関する聖トマスの基本仮定のいくつかに従うが、スコラ的伝統の中では同説の全般的見直しを刺激する効果はもたなかったと思われる[14]。そうならなかった理由の一端は、おそらく君主が鋳造工程を統制し続ける状況を認めていたこと、君主がコイン群の含有金属量を変更することでコミュニティ全般の厚生が満たされる状況がありえたことである。通貨の価値は独断で動く君主の意思では成り立たないとの確信があったとはいえ、「貨幣価値」という語の意味はやはり明らかではなかった。アーサー・モンローによると、これらの著作では「……貨幣には〈公明正大 proba〉であり〈馬上試合 justa〉でなければならないという要請があった。しかしそれは曖昧で、なおも君主の意思に従属し、君主は良心によってしかその要請に従わなかった。のちの書き手の主張はもっと強固になるが、〈正直さ probitas〉の基準はなかなか打ち立てられず、〈付託価値 valor impositus〉が依然として最終的なものと見られていた[15]」。

中世には計算単位としての貨幣と流通コインとしての貨幣が区別されたが、おそらくそのためにスコラ学者は、一方では貨幣を法的に固定された価値の計算尺として扱い、他方でそれが他のすべての財と同じく人間の必要に応じて移ろう価値評定に従うとも考えたのであろう。各種のコインは量目が異なり【194】発行主体も違うので、どの国でも価値が時間とともに変わるが、特定の国での基本的計算体系に直接根ざすかそれを形づくる流通部分の価値が変わるのは法制化によってのみであった。さらに、ある種の状況では、計算貨幣は二種類ありえた。ネーデルランドの例についてヴァン・デル・ウィー教授は書いている。

計算貨幣には二つのカテゴリがあった。カテゴリBでは計算貨幣の価値は原則として流通するレアル銀貨次第となり、銀貨はその計算貨幣を支える貨幣、「換算 link」貨幣と受け止められている。これは計算貨幣の価値が実際は安定してなどおらず、換算貨幣の銀量目の変化次第で、あるいはより正確に言うと換算貨幣にあることになっている銀量目、それが与える信頼や不信次第で変動することを意味する。……ネーデルランドではB類の計算貨幣以外にもA類の貨幣があった。それはレアル金か大型銀貨だが、毎日の流通から徐々に姿を消した。もっとも架空の計算貨幣としては残り、貴金属の元の量目は変わらなかった[16]。

中世スコラ学者が貨幣を二元的に取り扱い続けたことをよりよく説明するのは、国家間での通貨のやり取りが数知れない個別的商取引において、また市《いち》の開催期で定まる間隔で進行する断続的で不可解なプロセスだという事実である。しかし十五世紀と十六世紀に市が常設的な国際貨幣市場に置き換わって為替手形が自由に使われるようになると、二元主義はますます維持しがたくなった。手形使用が生み出した影響については『ケンブリッジ欧州経済史』に描かれている（V. p.387）。【195】「この活動の基本性格は計算貨幣の収束が繰り返し生じることで、当時もいまもそれは、外国為替を通して異なる経済的・貨幣的な情勢が出会うことを意味する」。それまでの世紀にはこうした出会いの頻度はさほど高くなく、はるかに不明瞭であった。

2　停止利益の容認

十五世紀の間ずっとヨーロッパの太宗が経済停滞に陥ったままで、十二―三世紀に実現していた活動水準を取り戻せていなかった。ただイタリアでは商業や金融の拠点として大きな意味をもつ都市が増え、世紀の後半にはヨーロッパ北部にもよく似た都市が見られるようになった。歴史家C・H・ウィルソンは述べている。「一五〇〇年に最も豊かで、交易・産業・富の集中が最も進んだ二つの地域は、ミラノ、ヴェネツィア、フィレンツェ、ジェノヴァと四角形をなすイタリアの都市、それからイーペルから北東方向にヘント、ブリュージュをへてアントワープと帯状に並ぶネーデルランドの都市であった……[17]」。

当時のスコラ学者は貨幣に関する新たな分析的解明に向けた仕事に着手したが、それは主にイタリア諸都市の金融業の展開を背景にしていた。とりわけ、彼らは貨幣を資本ととらえるようになっており、貸付期間中にある種の貸付に利子を支払うことの根拠を経済の実情の中に見出したのである。この根拠が停止利益 lucrum cessans なる権利源泉、すなわち停止する、またはは生じなくなる利得である。これはふつう実害 damnum emergens、すなわち貸付をしたために生じる損失と関連づけて研究されていた。問題となる考え方は、ある状況では貸手が貨幣を別の用途に用いたとしたら得られたと考えられるのと同じ収益の請求権を貸付に関してもつというものであった。ルーヴァー教授曰く、これは「近代の機会費用の概念と同じである」[18]。これらの権利源泉の場合、利得の不在なり【196】損失の発生を貨幣の貸手の観点からとらえて重視しているわけである。

利払い現象にもっと分け入ることに関わって、貨幣残高にとって重要と思われる含意が集中的に検討された。貨幣の保有動機を区別して各種の保有目的と思しきものを分類する試みが行われた。

こうして分析が発達した背景には、貸付返済の遅延や窃盗の被害によって貸手が非自発的な利益の逸失をこうむることが、借りたり盗まれたりした額を上回る払戻しを受ける根拠になるという見方がある。第6章で聖トマスが十三世紀にこの見方を論じたことを見た。その後の百年で彼を支持するスコラ学者の書き手が若干現れた。その一人アンカラーノのペトゥルス(Petrus Ancharanus c. 1333-1416)が、返済遅延の補償の権利源泉という意味で停止利益という語を用いた。この語句が標準的になり、パノルミタヌスが教会法の註解書で肉づけして大きな影響を及ぼした[19]。

それまでの書き手の中にも貸付に伴うコストというこのとらえ方をした者が何人かいたが、それは必ずしも利子の形での支払が貸した当初から課されるべきだとの認識を含んではいなかった。また非自発的に生じたコスト超過分をすべて認めるという見方もなかった。さらに、すべての貸手が必ず機会費用を強いられる立場に置かれるというわけでもなかった。

貸付開始時から利子が伴うという例を初めて効果的に論じたのは、一四〇三年のリドルフィ(Lorenzi di Antonio Ridolfi 1360–1442)によるものであった。彼は聖職者でない教会法学者、フィレンツェのアテナイ学院の講師で、フィレンツェ共和国大使を務めたこともあった。十四世紀に同市はヴェネツィアやジェノヴァとともに強制貸付の形で公債を発行し、貸手に公的資産持分とそれに対する利子受取権を与えた。この支払をアウグスティヌス派【197】やドミニコ会の神学者はウスラとして非難したが、フランシスコ会では支持した。フィレンツェの商人はこれらの公債の主な引受人であったが、リドルフィは明らかに停止利益をこうむり一般的な利益率に比べて低い利子率しか受け取っていないので、彼らは確定的損失に対して貸付開始時から保証的支払を受けるべきだと論陣を張った。こうした当時の公債では利子はただ遅延しただけでは正当化されなかった[20]。

停止利益分析の次なる重要な一歩を踏み出したのはフランシスコ会士シエナのサンベルナルディーノ(St Bernardino di Siena

1382-1444）とフィレンツェのサンアントニオ（St Antonio di Firenze 1389-1459）であった。アントニオは各種の役職を歴任する中でトスカナのウスラ取締り使徒委員会の委員であった。彼は執行職兼判事役で、かなり広範な商取引について意思決定を下す必要があった。この活動は彼の経済道徳論の著作に現れており、それは次の世紀のスコラ経済学者を刺激して彼らの分析が成就するのを導いたから、それが打ち出した推論の手法は群を抜いている。この手法とは決疑論、すなわち具体事例に倫理的・道徳的原理を組織的に適用することで人間の心的態度における正誤の問題を解決するものである。サンアントニオの『道徳神学大全Summa Moralis Theologiae』（一四四九）が最初の優れた決疑論書で、この手法が優勢になるトレント公会議（一五四五―六三）からと、それが没落する十七世紀までの時代を先取りしている。決疑論が求める経験的論究に触発されてスコラ経済学が全面開花するのはこの時代においてである。

サンアントニオもサンベルナルディーノも停止利益の分析で従来のスコラ学者のとらえ方よりも貨幣の役割について意識が鋭敏になっていることがわかる。聖トマスは、ときに事業主が手にしている貨幣がある種の特殊な意味をもちうる可能性を認識していた。いまやその意味はもっと詳しく定義される。サンベルナルディーノによれば、事業主が商業目的で保有する貨幣残高から貸すと、彼は「貨幣を単純な性格において与えているのではなく自分の資本を与えてもいる」[21]。【198】彼は別の所で記す。

……貨幣の所有者は入手できそうな利益を企業目的で託しており、それは単なる貨幣やものといった性格だけではなく、それを超えて利益を生みうるものの種子としての性格をもつ。それはふつう資本と呼ばれる。だからその元本分の価値だけでなく追加分の価値も返されるべきである。[22]

このときサンベルナルディーノにとって取引向け残高は資本である。それを償還するときは生じた利益に含まれるコスト、すなわち貸付開始時から生じるコスト〔利子〕が含まれる。サンアントニオによると、ある種の投機的貨幣残高にもコスト支払が伴う。その資本を事業主がもたないときもそうである。彼は言う。「誰であれ補償を求めることができると思う。彼が貨幣を日頃から営業に用いる商人なら、損害が加えられたときだけではなく、貸さなければ得られたはずの利得があるときも。彼が商人ではなく資本を適法な取引に投じようとしか考えていないときも同様である。ただ彼が富を金庫にしまいこむ人間ならばこの限りではない」[23]。サンベルナルディーノでも言えることだが、これは貨幣がある状況では「資本の性格」を帯びるという見方が下敷きになっている。

以上から導けそうなことだが、ここに言う投機的貨幣残高は直接投資のために保有されたもので、明白に貸付目的で保有されたものは含まない。また予備的貨幣残高も区別されて停止利益からは除外される。ここから、個人の消費のために保有された取引向け残高も除外されると考えられる。

ワーナー・スタークはこの貨幣分析、特に貨幣資本の観念の出現にコメントして「こうしたとらえ方は中世の終わりを告げるものである」と述べる。このとらえ方は確かに経済分析にとっての新たな参照枠の芽生えを指し示すのだろう。ただ前述のとおり、この観念自体は【199】返済遅滞や窃盗の事例での原状回復といった問題についてのアクィナスの観念にも共通である。ハーバート・ジョンストンも、サンベルナルディーノが資本について聖トマスに由来するものよりもさらに古い流れの思想を用いていると述べている。上の分析がアウグスティヌスの合理的な種子 rationes seminales 説を貨幣に適用したものだと示唆しているのである。停止利益の作用に与えられたもっと大きな射程についてジョンストンは書いている。「十三世紀の聖トマスは、事業投資がその利子について合意によって取り決めるほど貸手に確実に利益をもたらす権利源泉だとは思っていなかった。十五世紀のサンベルナルディーノは事業投資（少なくとも北イタリアで彼が知っていた限りのそれ）がそういう条件を取り決められるくらい安全だと考えていた[24]」。商業と金融の業務を規則や制度に高めることは利子徴収に関するスコラ学者の姿勢を変える一助となったと思われ、その後十六世紀にもそれらが銀行と為替の再評価に寄与することになる。

サンベルナルディーノもサンアントニオも、残高としての貨幣を犠牲にすることが厳密に自発的な営みではない場合にのみ利払いに現実的根拠があるとの見方にこだわった点で伝統に従っていた。慈善の務めが命ずる圧力のもとで供与された貸付または国に強要された貸付はこうした根拠をもった。さらにこれらの事例では利子は利益逸失のために正当であった。それは貸手が一定水準の個人的流動性と照らし合わせたときの主観的満足の犠牲に起因するのではない。ストックがストックとしてその所有者にある種の利益をもたらすとの認識はない。流動性ではなく「精励 industry」つまり企業家精神が適法な利子徴収を正当化する実体なのである。サンベルナルディーノは書いている（『説教集 Sermo』41: 1: 3）。

……貨幣は本当はそのままの場合よりも所有者（貸手の企業家）が精励をもって貨幣を使うであろう場合は、精励ゆえに彼にとって価値があると言える。……だから貨幣が価値をもつ理由は【200】それ自体ではなく所有者の精励にあるということ、このため貨幣を受け取った者は所有者からそれを奪うだけでなく、貨幣使用全般、および貨幣によって貨幣を介して彼が精励して得る果実も奪う。

流動性の役割の認識は、いかなる形の残高からの貨幣の犠牲も利払いの実質的根拠として認めるとの見方とともに、ヌーナン教授がチュービンゲンのコンラート・ズンメンハルト（Conrad Summenhart 1465–1511）の分析を解釈して示唆したことである。ズンメンハルトは一四九九年の論考で、利子は貸手による貨幣の不使用から直接出てくると主張した[25]。ヌーナンはこれにコメントして考察している。「彼［コンラート］が論じるには……どんな財でも代替的用途に関係なくその自発的な犠牲はそれ自体が貨幣的に推計できる。しばらく消費できなければ消費できたときの実質性とは別の価値をもつ[26]」。財ストックの不使用自体に価格がつくなら、ストック自体がその所有者に利子をもたらしているはずである。のちのスコラ学者の論文ではある時期からこの方向で考察することはなくなった。しかしそれはのちにベルギーのイエズス会士レオナルドゥス・レッシウスの十七世紀初めの革命的貨幣分析において、もっと高度に発達した言い方で再び現れる。

ズンメンハルトはまた貨幣の使用と所有は区別できないというトマス派的な見方を鍛えなおした点でも重要な寄与をした。この見方と、財一般の所有と使用に関するある種の息の長い中世の伝統の間には一見対立があったと思われる。「所有する権利」と「使用する権利」の区別は中世の厚生思想では基本的なものである。さらに「所有する権利」と「使用する権利」は、貧困の誓約による財産についての宗教的束縛の位置づけを解釈する際の明示的カテゴリとして用いられていた。影響力のある神学者ドゥンス・スコトゥスはこの区別を引合いに出して聖トマスの貨幣貸付論に反論した。ズンメンハルトは次の議論によってこの争いを解決した。財の所有と使用は【201】別と言えるが、貸付では所有権は移転されているのでそれを所有する価値は、貸し出された貨幣を使用する価値と同じである。貸付の分析で重要なのは、それと何の価値が同じだと考えるかである[27]。

十六世紀前半には利払いの権利源泉としての停止利益は論争を呼ぶ火種であり続け、スコラ学者の立場はそれによって分かれた。当時スコラ思想は中世の思弁的神学を再発見して十四世紀と十五世紀の唯名論や経験論に由来する知見とそれを調停しようと試みる陣痛に見舞われていた。トマス派復興の指導者格はイタリア人のドミニコ会士トマス・デ・ヴィオ、カエタヌス枢機卿（Thomas de Vio［Cajetan; Gaetanus］1468–1534）で、彼は一五〇八年に同会会長に就任した。彼に続いてスペインでもサラマンカ大学の知的卓越の基礎を築いたドミニコ会士、特にフランシスコ・ビトリア（Francisco Vitoria 1480–1546）、ドミンゴ・デ・ソト（Domingo de Soto 1494–1560）が出た。

カエタヌスの停止利益論は、彼が最も権威ある発言者として聖トマスの強調しなかった貨幣機能の一面について明確な認識をもたらした点で特に重要である。カエタヌスは、聖トマスやその他の中世の神学者は交換媒介物としての貨幣に注意を集中したために、貨幣が事業主の手に渡ったときに利益を生む可能性に十分注意しなかったと指摘した[28]。この可能性も視野に入れると、自発的貸付は聖トマスがとらえなかった形で停止利益に従うことがある。事業主が自分の事業の推進に使うつもりの資金を貸し出せば収益可能性を失うというコストをこうむる。しかしその額を別の事業主に貸せば相手は収益可能性を高めるだろう。ここでの貨幣が〔貸付〕契約に用いられると、貸手がもっていたときの価値は失われず、この価値移転が利払いを必然化する。客観的に価値の移転があったのだから【202】、貸付が自発的か非自発的かという主観の問題は重要ではない。この点でカエタヌスは聖トマスばかりかサンベルナルディーノやサンアントニオさえ超えている。ただ消費目的での貸付の場合は主観の問題はなお重要である。事業以外の交換に使う借手が手にした貨幣は、特にその貸付契約に関わって何か収益可能性をもたらすわけではない[29]。この議論では消費貸付と生産貸付の区分、貸付向け貨幣に認められた意味が、貨幣の貸手にしか注意を向けない伝統からの重要な離反を示している。それから、生産性〔利潤率〕による利子率決定論をとるかどうかはまだわからないようである。それは前期、後期ともスコラ思想にとって見慣れぬものである。借り入れた額の貨幣の割増し金額、つまり利払い額が、借手がそれを用いることで稼いだ利益に由来するならこれは正しいことになるが、カエタヌスがそう示唆しているとれるかは疑わしい。彼はおそらく、事業目的での借手にとっての個別的価値は、彼がこうむっていたコスト、すなわち借りない頃に払っていたコストをなしにできることに由来すると示唆している。このコストは借りなかったときにこうむる潜勢的コストで測られ、貸付において貸手がこうむる停止利益と厳密に等しい。貸手はかつて借手が負担していた重荷をいまや担い、このコスト移転が利払いの根拠を与える。

カエタヌスの分析のもう一つの特質は、停止利益の計測に伴いかねないある問題に気づいていた点である。この論点は一五〇〇年に書かれた『ウスラ論 De Usura』第六節で論じられている。彼は問いかける。「〈停止利益〉の埋合わせを求めるのが適法な例では損失の全額を求めてよいのだろうか」。カエタヌスはこれに答えて、逸失利益は発生ずみではなく潜勢的にすぎないので利払いは事後的な判断で稼げたであろうと示唆される額よりも少なくてよいと論じている。この判断は「賢慮ある者の見積」に基づくべきである。利益率が所与なら【203】「いかに損失の可能性に近い額が実現されか」に特に依存して利払いの額は変わりうる[30]。

カエタヌスの比較的自由な停止利益分析は保守的なドミンゴ・デ・ソトの批判を浴びた。しかし当時の商業の現実を徹底的に調べた後代のスペイン人神学者たちは、中世の貨幣をめぐる論究の範囲は多くが限定的だと感じることができた。十六世紀後半スペインのイエズス会系の博士たちの手によって停止利益は利子徴収のあたり前の根拠として確立されたのである。

当時の中心人物はマルティン・アスピルクエタ・ナバルス（Martín Azpilcueta Navarrus 1493-1586）とルイス・モリナ（Luis Molina 1536-1600）である。アスピルクエタはトゥールーズ、カオルス、サラマンカ、コインブラで大学教授を歴任した。彼はポルトガル王、のちにはスペインのフェリペ二世の諮問官として活動した。そのうえ、のちにローマでも三代続けて教皇に助言した。彼は経済問題に関する著述を一五四四年から出版し始め、長い生涯にわたって執筆し続けた。モリナはアルカラ、リスボン、コインブラ大学に学び、ポルトガルのエボラ大学で講じた（一五七〇—九〇）。退職後は大著『公正と法について De Justitia et jura』（一五九三—七）を執筆した。

こうした書き手にとっては、自発的か否かを問わず逸失利益は利払いが存在することの客観的根拠を与えるものであった(31)。利益喪失は事業主が保有するある種の貨幣残高を犠牲にした貸付に伴うものである。サンアントニオとともに言うなら、それには取引目的残高と直接投資向けの投機目的残高が入る(32)。個人の消費のための取引目的残高、貸付向けに取りのけられた資金は明示的に除外されている(33)。概して【204】貨幣の保有動機は各種あり、〔貸付で〕その一部が実現されなくなることが、利子を求めたとしても公正な理由である。

以前には停止利益の受容に戸惑いもあったが、十六世紀にこういう動きが起こる頃にはそれは昔話になっている。その背景には新たに見られるようになったヨーロッパ経済のダイナミズムがある。成長と変動の条件下に、手中の貨幣に割増を関連づけてよいとの見方はより評価されやすくなっていた。現在の資源に対する支配権が、より明確に優越性をもち始めていた。利子の根拠は、安定的な周期的フローに擬せられることの多かったもっと昔の状況においては、当時よりもはるかに識別しにくかった(34)。

ヨーロッパ各地で経済活動のテンポを増大させた要因としては経済の貨幣化が進んだことが挙げられる。新世界のスペイン領から金銀が流入しヨーロッパ大陸全体に行き渡った。不完全雇用のもとでインフレ圧力が解き放たれ、実質産出の成長を刺激した。金銀の拡散プロセスにおいてスペイン王室の軍事行動が最も意義深かった。スペイン王フェリペ、フランス王フランソワ一世とその子アンリ二世による戦争推進のための公的借入がアメリカ大陸の財宝を流通させる一助となり、同時に大規模な国際資本市場の成長を促した。十六世紀のこの成長で利子問題に関するスコラ学者の知見が新たになっただけでなく、貨幣交換や銀行業の活動が以前に行われていたよりもはるかに包括的に分析されるようになった。そこでこの活動についてのスコラ的思惟の進化にいまや立ち戻ろう。

3 商品としての貨幣——為替と年金

すでに見た通貨の悪鋳に関する著述では、貨幣は商品とみなせて【205】、その価格は「人間の必要」次第だと示唆されていた。その含意は、貨幣価値が他の財の価値と同様に市場の諸力の潮と流れに従うということになる。しかしこの含意は、貨幣の移転を扱う契約において貨幣が不変の価値の尺度と考えられるという中世の見方の見直しをそれらの著述に促さなかったと思われる。見直しが始まると、それは主に外国為替取扱業 cambium の分析によって促進される。またおそらくケンスス census、すなわち財産に対する収益から生じる年金の購入についての分析が及ぼした影響もある。

十二、三世紀の神学者の大半が為替業の道徳性に最大級の疑惑を抱いていた。すでに見た聖トマスは、地元では生産できるとは限らない必需財を同朋たる市民に供給することを理由に商人という職業を擁護すべく是認した点でアリストテレスから距離をとった。にもかかわらずアリストテレス『政治学』の註解では貨幣交換業 ars campsoria を弾劾するという点で哲学者《アリストテレス》を踏襲したと思われる。聖トマスは貨幣の売買を認めたにもかかわらず、適法な貨幣市場はありうるのかという論点は追究しなかった。彼は貨幣売買が貨幣の二義的な側面であって本質的な特性ではないと見たのである。[35]

十四世紀にヨーロッパで経済停滞に落ち込むのを回避した地域の一つがロンバルディアである。同地域は金融業の範囲と自由度で名がとどろくようになり、キエリやアスティの丘陵地帯のピエモンテ人が、シエナ、ピストリア、フィレンツェなどのトスカナ人と同様に各形態のウスラ取扱いに堕した業者だと広範囲で目されていた。[36] 通貨交換業が詳細に分析され始めたのはこの地域において見られたことで、これが貨幣市場の合法性の承認に帰結する。

【206】シエナのサンベルナルディーノを始めとするフランシスコ会の神学者の著作は、この点で最も意味がある。かなり多くのスコラ学者はドミニコ会士聖トマスの見解が経済道徳の問題で決定的だと思っていたが、彼らはおそらくさほどでもなかった。フランシスコ会士が実践面でも理論面でも革新に前向きだったことを示すのは、彼らがモンテ・ディ・ピエタ（羅 montes pietatis）、すなわち貧者に低利で貸付を行う公営質屋を経営したことである。これは一四六二年にペルージャとオルヴィエートで初めて導入され、ドミニコ会のモラリストたちからウスラ取扱業だとして非難を浴びた。フランシスコ会士、とりわけフェルトルの祝福ベルナルディーノ（Blessed Bernardine of Feltre 1439–94）のような傑出した説教師が支持したために、モンテ・ディ・ピエタは第五ラテラン公会議（一五一二―一七）のとき教会から公認されるに至った。そこでの論争を見ると、十四世紀冒頭にはもう明らかになっていたドミニコ会とフランシスコ会の貨幣分析に関する見解の違いが現れている。

フランシスコ会のロンバルディア管区長（ロンバルディアの）アレクサンデル・ボニーニ（Alexander Bonini）は通貨交換業の詳細を観察するのにうってつけの立場にあった。これは一三〇七年にジェノヴァで行われた演説に基づく『ウスラ論 Tratatus de usuris』を見れば明らかである。特に意義深いのは、為替業者が信用で商人に譲渡した貨幣の額面以上の返済を求めても適法だと認めた点である。この承認は貨幣需要が時間とともに変化し、これが貨幣価値に変化をもたらすとの認識に道を拓く。それはまた、従来の書き手が貨幣以外の財の信用売りのみに適用してきた原則を貨幣取扱業にも適用することを意味する。この原則、つまり信用売り差額 venditio sub dubio は時間経過が商品の実際の価値に影響を与えるとの認識に基づく。信用で購入された財は完済日には値上がりしているかもしれない。だから、信用販売では当該財の将来価値に純粋に疑いがあるときは現金取引よりも高い価格が要求される。

もう一人のフランシスコ会士、ピエモンテ生まれの神学者アステサヌス（Astesanus d. 1330）はボニーニの推論を支持し、『良知論 Summa de casibus conscientiae』八巻を執筆した。ただ貨幣に関する彼の考えが【207】十分な勢いをもって再述されるのにほぼ一世紀を要した。当時ヨーロッパでも大きな金融拠点であったフィレンツェで執筆したリドルフィは一四〇三年のウスラ論で同時代の為替業を詳細に考察した。リドルフィは商業道徳の問題では一般にフランシスコ会の立場に賛同し、貨幣価値には場所による違いとともに時間による違いがあると論定した。この違いは鋳造時の金属量目、金価格の変化、貨幣の供給に対する需要の変動に起因する。信用売り差額は為替業者が初めに手渡した額以上の貨幣を受け取る場合を考えるうえで重要と見られていた[37]。サンベルナルディーノは為替手形の返済遅滞から生じる利益は為替相場の先行きに疑いがないときは正当だと考えたが、先の原則も取り入れた[38]。

これらフランシスコ会士の著者の立場に賛同するドミニコ会士神学者が少なくとも一人いる。シュヴァーベン出身でウィーン大学神学講座を担当し南ドイツでのドミニコ会改革を先導したヨハネス・ニーダー（Johannes Nider c. 1380-1438）である。ニーダーは決してスコラ思想の主要人物ではないが、彼の手短な『商業契約論 De contractibus mercantorum』はケルンで一四六八年ごろ公刊され、十五世紀末にかけて何度も版を重ねた。著者はフランシスコ会の思想に通じており、ドゥンス・スコトゥスを権威として何回も引いているし、ボニーニやアステサヌスにもふれている。ニーダーの商業道徳論はほぼ確実に【208】当時の教養人の多数派の見解を反映している。

ニーダーによると職業としての商人と銀行家の間には基本的に道徳面で違いはない。どちらも道徳的に認めうる形で利益を手にする活動である。彼は記す。

……貨幣と貨幣、貨幣と他のものの転換または交換は、いわばある通貨と別の通貨の間での一種の売買であり、見方によっては財の商取引がもたらすのと同じ道徳上の諸問題をもたらす。……もの、大義、活動のどれに起因しようが商人は彼の売り物によって利益を手にし、同じく銀行家も貨幣的利益を得る。すなわち貨幣に関わる営みには相応の役割があり、財の場合と同じように行われている[39]。

ニーダーが言うには、通貨交換は「一種の売買」で、この直後では貨幣の市場があることを示唆している。価値価値を測る基準は特に示していないが、それは「共通評価」によって変わり、これは財価値と同じことである。為替銀行家は商人と同じくときに適法に利益をあげ、ときに損失をこうむるが、理由は上の変動にある。

品物は人の評価によって変化するが、おそらくあまり頻繁でも大幅でもないとしても同じく貨幣の価値も変わるのは明らかである。言い換えると、輸入財には配慮、骨折り、リスク、その他の危険がつきものなのと同じく、貨幣には（も）それらがつきものである。……金融業者はこれらすべてに従い、共通評価によって彼の貨幣〔価値〕が上下するのに応じて受取が増減する[40]。

この箇所での書き手の出発点は、貨幣は相対的に安定だとはいえ価値を変えるという、聖トマスがアリストテレスに註解を付して述べた考察にあると考えられる（【209】第6章を見よ）。しかし彼はアクィナスが追究しなかった方向に考察を進める。ニーダーのあとのスコラ学者が彼を受けて問題をさらに考えることはなかったと思われるが、彼は「貨幣の価値」の語義に関して曖昧《あいまい》なので、新たな貨幣分析を刺激していたとしても彼の影響は弱かったに違いない。

ニーダーやフランシスコ会士以外では、貨幣を財とする考え方は弱まり続けた。とはいえ、この方向で大きな発展をもたらしたと見てよい書き手がいる。貨幣の減価についての論文ですでに貨幣の財的側面を考察したと紹介したガブリエル・ビールである。『命題集註解』でビールは銀行家が為替手形を購入して利益を得るのは正しいとした。銀行が手形を受け取ったとき振出人（受取人の誤りか）が別の町で現金を受け取ることは承認できる。彼の貨幣は彼が引き出す町に「実質的に輸送」され、彼は自分で運ぶときに考えられる経費や危険から解放される。このサービスには料金が生じる(41)。コンラート・ズンメンハルトがこの議論を繰り返したおかげで、十六世紀スコラ学の銀行分析ではそれが一般的になる。J・T・ヌーナンは記す。「〈実質的輸送〉論はチュービンゲン学派によって展開されて後期スコラ学者の間では特に重要な標準的理解になる。しかしより重要なのは、この概念が貨幣の市場という観念が受容される足がかりになったという点である(42)」。財と同じく貨幣は輸送する必要があり、銀行システムはこの特殊な財の輸送を促すようつくられていることになる。

中世の狭い貨幣・銀行概念を超えるための次の一歩を踏み出したのは唯名論者でもフランシスコ会士でもなく、正統派で有力なトマス派であるカエタヌス枢機卿であった。彼の停止利益論は重く見られてきた。一四九九年刊の『為替論 De cambiis』は為替業の全般的弁護を行い、貨幣分析を聖トマスも試みなかった方向に展開した。

【210】同書は小著で八章からなる。初めの四章は各種の為替業務の説明に向けられ、それに関するモラリストの先行見解を描き出す。その次の第五章で彼は、商業という職業が適法ならば、それを支える為替業という職業も正しいと論じている。聖トマスは商人を評価した点でアリストテレスと異なるが、カエタヌスはそれを用いて、外国為替業の問題で哲学者《アリストテレス》に従ったトマスにはっきり反論して記す。

商人がいなければ多くの国で多くの必要が満たされないこと、為替業がなければ商人が効率よく商業を行えないことは経験が示すとおりだから、為替業が国の中にあることは必要かつ正しい。……こうして為替業者は損失に対して自分を守るだけでなく利益も手にし、精励によって稼ぎを生み出す。これは彼らが自国のためになる適法な仕事で精励を発揮するからである(43)。

続く章でカエタヌスは為替業者が活動する市場の特徴を論究する。彼は貨幣に二側面があるとする。支出目的の面とそうでない面である。支出目的の面では貨幣は他の財の尺度かつ価格として固定的な法的価値をもち、この価値を個々の市民が変更するのは違法である。非支出目的の面を見ると貨幣は法的尺度ではなくなり、代わりに商品となる。貨幣が非支出目的になるのは「……ある人が使いたい所で貨幣が〈不在〉なときである。こうして貨幣は別の町で為替手形の振出人が売り出すと、非支出目的になる。非支出目的、したがって商品としての貨幣は商品価格を支配する法則に従う[44]」。

【211】貨幣価値は現行の需給条件だけでなく、市場の将来状態に関する期待によっても左右される。戦争や飢饉といった出来事に関する期待、さらに将来の貨幣供給の変動に関する期待が、貨幣の現在価格を左右する。貨幣価値は場所や時間ごとに異なるので為替取引で利益をあげても適法である。

カエタヌスが「貨幣価値」という語に託した意味は曖昧である。同じ曖昧さはそれまでの為替論や通貨悪鋳論にも見られる[45]。彼が指しているのが貨幣の購買力一般なのか、異なる金属の交換量の比率にすぎないのかは全然明白でない。どちらの考えも例えばアリストテレスの貨幣論に関するカエタヌスの発言に見出せる。第五章では貨幣価値は貨幣が交換される財表示で計算される。カエタヌスは記す。「……ある土地で入手不能の財はその価値の等価物がないとよそから得られない。……この結果金銀銅その他類似物が運搬しやすく便利なら売買される財と均等だろうと決めたのである[46]」。けれども同時に利益を生む為替業の発生は異種の金属間のさまざまな為替比率の利用に関連していたとされる。「アリストテレスによると、通貨交換による利益創出がまず生じたと思われる。例えばある場所で金貨が他より高いので金貨を得るのに元の地よりも銅貨がたくさん必要な場合があるとする。そうすると人間の精励はこの手の交換で利益を得ることに巧みにも道を見出した。こうやって【212】為替業が生まれた[47]」。カエタヌスはこの論点を用いるとき議論を絞りこまずに総括的に用いるよう注意しているが、それは貨幣購買力に力点を置くためであろう。とはいえ、貨幣供給全体の変動という明示的概念がないのでこの力点は弱い。この考えは彼以前の書き手にもなく、貨幣システムの問題に注意を向けるときに通貨悪鋳を扱った論考のみがそれに分け入っている。

カエタヌスの分析には固有の基本的欠点があるが、十六世紀半ばに書いたスペインのスコラ学者がそれらを克服した。スペインは当時反宗教改革思潮の拠点になっていた。特にサラマンカ大学は、スコラ学の伝統の少し前の段階におけるパリ大学に類した重みをもっていた。そこではトマス主義が蘇生したが、それは新たに出てきた経験論や決疑論の排除を目指したわけではなかった[48]。

同時に、商業道徳という昔の問題がインフレ的環境で新たな装いをまとった。アメリカ大陸からの貴金属流入は価格革命をもたらした。スペインでは公的な悪鋳はなかったので、比較的容易にこの流入が原因とみなせる。加えて、為替銀行業システムの拡大を背景に国際信用制度が裾《すそ》野を広げたことで新しい道徳問題が出現した。

経済環境の変化と新たな探究精神が結合して貨幣や銀行に関する目新しい知見をもたらした。この点で最も重要な人物はアスピルクエタである。彼は『為替問題への答えCommentarius resolutivus de cambiis』で、支出目的とそれ以外というカエタヌスの貨幣区分を棄却する。こうして彼は商品としての貨幣価値が変動する一方で、【213】他の財の安定した価値尺度として扱えるという見方を否定した。尺度としての貨幣は変化しうるのである。(49) この分岐と関連するのが、貨幣価値が購買力で測られるという明示的な理解である。さらに、この価値は使うのに手にする貨幣量の逆数に連動する。こうした知見はカエタヌスの著作でも示唆されているが、明確にしたのはアスピルクエタである。彼は記す。

……他の条件が同じならば、貨幣がきわめて稀少な国では、他の販売向けの財や人手・労働さえも、貨幣が豊富な国よりも少ない貨幣に対して与えられる。かくてスペインより貨幣が少ないフランスではパン、ワイン、布地、労働の価値はかなり低いことが経験される。スペインにおいても貨幣が少ない頃には販売向けの財と労働は国じゅうを金銀であふれさせた両インド発見前に比べて相当少ない貨幣に対して与えられていた。こうなるのは、貨幣が少ない土地や時代においては、それが多い土地や時代におけるよりも貨幣価値が高いからである。(50)

マージョリ・グライス‐ハチンスンが主張しているが、ここでは貨幣数量説の「最初の明快な説明」に出会う。(51) アスピルクエタがこれを書いた一五五六年には、貨幣価値が供給要因から影響を受けると述べることは完全に新しくなどなかったと思われることを考慮のうえで言うと、これは正しい。こういう見方は、かなり前の書き手の中ではリドルフィにも見られる。アスピルクエタの刷新の中にある純粋な新味と重要点は「貨幣価値」と「購買力」を結合した点にある。既述のとおりカエタヌスは、同時代人でときに数量説を初めに提出したともされるコペルニクスと同様に、この肝心の点についてかなり曖昧である。新基軸としてこれと少なくとも同等の重要性をもつのは、貨幣供給全体の価値が変動するという見方のすごさである。銀行業や悪鋳についてのそれまでの書き手は、形が違う貨幣どうしの価値関係という方向から考えていたのに対して【214】アスピルクエタの分析はさまざまな財に対する貨幣全体の関係に着目している。彼の直後の後継者たちが、自らこの考え方を用いたとき、力点の移動を強調すべきだと感じた。例えばルイス・モリナは説明している。「あれこれの種類の貨幣ではなく……一体ととらえられた貨幣全体が、ある地では他の第二の地の一体ととらえられた貨幣全体の価値よりも上なのである。このとき比較はある地の同量の貨幣と、別の地の同量の貨幣について行われている……(52)」。

こうした根本的な視点の変化は、直接かつ迅速に他の点にも及んだ。グライス - ハチンスンの考察によると、アスピルクエタの分析はある種の為替レートの購買力平価理論を示唆している。同理論を、アビラの聖テレジア（St Theresa of Avila）の告解師でサラマンカの神学者ドミンゴ・デ・バニェス（Domingo de Bañez 1528-1604）のような反論者さえ採り入れたし、バニェスを批判したエボラ大学のルイス・モリナ（Luis Molina 1536-1600）も用いた。バニェスは記す。

……貨幣が稀少な地では貨幣の全量が多い地よりも財は安い。だからある国の相対的に少量の貨幣を別の国の相対的に大量の貨幣と交換しても適法である。貨幣が定められた第一の目的は財の購入だから、この目的のために貨幣がより高く評価されているあらゆる地では、おそらく評価が低い地よりも多くの量と交換される……。一方が他方に多額を払い戻すことに同意しても適法と認められる。もし為替によって貨幣を引き渡さなければ他方が入手したであろう財一式と同じだけを買うのに要する額に合致するならば[53]。

【215】アスピルクエタは貨幣が価値の尺度と考えられるとしても変動すると認めたが[54]、これはまた伝統的なウスラ分析にも根本的な問題を提起した。アスピルクエタ自身は問題を解決しなかったが、解決はレッシウスがこの分野でのスコラ的分析を刷新するという形で現れることになる（第9章参照）。

おそらくこれら直接的な二つの帰結以上にさらに重要なのは、価格決定一般に関する第三の一帰結である。アスピルクエタや彼の直後の後継者たちの著作では、供給が新たな重要性を帯びて考慮されている。この考慮はスコラ学者が効用価値説に関連して伝統的に需要側を重視していたのでバランスをとったものである。このため「一つの市場 a market」の意味がはるかに明快に理解されるようになり、価格形成のより包括的な分析が生まれた[55]。為替銀行業の道徳性についてスコラ学者が詳解したことは、この点では経済分析に最も意味のある報酬をもたらした。

スペインのスコラ学者が、財表示での貨幣価値が一様でないことを評価するに至ったのは、外為研究を通してのみではなかった。彼らはまた、同じ額の貨幣がある時においては将来財よりも現在財で表示した方が価値が低くなる場合があることにも気づいた。いまのある量の財にはそれと同じ量の将来財への権利よりも大きな額が支払われるだろう。アスピルクエタは書いている。「……あるものへの〔将来〕請求権はそれ自体〔現物〕よりも価値が低く……一年間使えないものはいますぐ使える同量のものよりも価値が低いことは見やすい[56]」。

まる三百年後にこの現象を説明したのがベーム - バヴェルクの『資本の定立理論』（一八九八）で、彼はそこで主観的・客観的な説明をしている。現在財で貨幣表示価値が大きくなる〔価格が高くなる〕のは個人が将来よりも現在の享楽を選好するからである。しかし客観的に考えると、それは【216】いまは生産途上にある資源への支配力を高めることで将来の享楽を大きくできる可能性に起因する。(57) スコラ期の書き手もまた、将来貨幣と現在貨幣の間に実際に価値の開きがある理由をこの第二の要因のためとした。他方、主観的割引が将来貨幣の現在貨幣への交換における公正の決定にとって重要だということを否定した者も多かった。契約当事者個人の選好は公正な同意の確実な基盤にはならないというのである。例えば、極端なほど強い求めから貨幣を借りる者は将来貨幣を相当割り引くことになろうが、彼の欲求は彼に貸す機会を進んで利用したい貸手なら誰にでも彼が喜んで払う代価の適法性を保証しない。

スペインの博士たちの見方は、モリナの個人年金契約《ケンスス》分析に示されている。この契約では年金の売手はある額の貨幣を受け取り、これには財産の抵当による担保はない。そして見返りに買手に年々支払うことを引き受ける。支払の源泉は売手の労働（利殖を生む運用活動か）からの所得である。モリナは買手が現在貨幣を将来貨幣と交換していると認識しているが、この理由だけでは元の移転額以上を払い戻してもらえる権利は与えられていない。彼は記す。「……現在の百の金貨が、それを事業目的で使う人にとって同量の将来の金貨より価値が高いとしても、金それ自体は価値が高まりはせず、それ自体は生産的でもない(58)」。

企業活動という背景の中で客観的に収益機会があることのみが現在貨幣と将来貨幣の間に実質的な価値の差を生み出す。

この方向で考えるという方針は、レオナルドゥス・レッシウスが紙幣の割引販売を取り扱った際に受け継がれた。彼は企業活動の背景の中で将来貨幣に対する現在貨幣の望ましさをしきりに説いている。彼が記すところでは「現在貨幣にはこれらの[将来貨幣への]権利【217】が与えない多くのものの支配が備わる(59)」。彼の考えでは「現在貨幣は利得ほかの利点の可能性(60)」を与える。割引価格で紙幣を買うことは「現在貨幣は与えるが、債務である紙幣にはない一定の力(61)」を失う可能性がある以上は適法である。第9章で見るが、現在貨幣の力を重視するこの見方は、利子徴収の新たな権利源泉の定式化と関連しており、これがスコラ的伝統の中でのレッシウスの比較的重要な刷新の一つなのである。

原注

(1) J. Gilchrist, *The Church and Economic Activity in the Middle Ages*, London: Macmillan, 1969, p. 26.

(2) A. C. Crombie, *Augstine to Galileo:* (II) *Science in the Early Middle Ages and Early Modern Times*, 2nd ed., London: Heinemann, 1961, pp. 109-10.

(3) R. de Roover, 'New Interpretations of the History of Banking', *Journal of World History*, II, 1954, p 44.

(4) Colin Clark, 'Medieval Economics, Some Assumptions Re-examined', *The Tablet*, 14 May, 1960, p. 468.

(5) H. Estrup, 'Oresme and Monetary Theory', *The Scandinavian Economic History Review*, XIV, 2, 1966, p. 97.

(6) 彼らの思想の重要な先駆者と考えられる彼らよりかなり早期のフランス人の書き手は、神学教授で聖歌の専門家シャントル（Pierre le Chantre d. 1197）である。彼の『聖蹟・賢慮大全

Summa de sacramentis et animae consiliis』には支配者による通貨規制、安定した貨幣価値維持の望ましさ、通貨操作が引き起こす問題などの議論が含まれる。次を見よ。John W. Baldwin, *Masters, Princes and Merchants*, Vol. I, Princeton, NJ: Princeton University Press, 1970, pp. 241–4.

(7) ビュリダンの貨幣観を受け継いだ中でふれるべき別の唯名論者は、ドイツの神学者でパリやウィーンで教えたランゲンシュタイン（Heinrich von Langenstein 1325-97）である。次を参照。A. E. Monroe, *Monetary Theory Before Adam Smith*, Cambridge, MA: Harvard University Press, 1923, p. 26.

(8) 英訳は *The* De Moneta *of Nicholas Oresme and English Mint Documents*, tr. by Charles Johnson, Camden, NJ: Nelson, 1956. 十九世紀と二〇世紀前半にはオレームの考え方は貨幣論における定型的なスコラ的 *the* scholastic 言明を表すとの見方が歴史家の間で一般的であったと思われる。彼ら歴史家はそれを定型的な唯名論者の言明と言い表せば、もっと正確だったかもしれない。同時に別の唯名論者ランゲンシュタインの考え方は公正価格に関する定型的なスコラ的言明とされることが多かった。

(9) Gabriel Biel, *Treatise on the Power and Utility of Moneys*, tr. by R. B. Burke, Philadelphia: University of Pennsylvania Press, 1930, pp. 31–2. 君主がコミュニティに対して協議すべき原則の先例は、教会法学者で一二四三—五四年に教皇インノケンティウス四世として在位したフリスクス（Sinabaldus Fliscus）の『教令書体系 Apparatus super libros decretalium』に見られる。ただここでは原則が君主の貨幣鋳造特権の議論という論脈に適用されている。

(10) 「鋳造権が基本的に統治に関する他の権利や特権、例えば狩猟権と異なるという考え方はまったく新しい」。H. Estrup, op. cit., p. 116.

(11) エストラップ教授は前掲箇所で反論している。「貨幣理論におけるオレームの重要性は、実はあまり分量のない経済学的議論ではなく貨幣システムとその管理を社会全体の関心事として彼が強調したという点にある」。

(12) J. Buridan, *Quaestiones in decem libros ethicorum Aristotelis ad Nichomachum*, Lib. V, Q. 17.

(13) Gabriel Biel, op. cit., p. 32. パレルモ大主教パノルミタヌス（Nicolò de' Tudeschi Panormitanus 1386–1445）は教会法の註解書を著している。

(14) 金属学説はおそらく一般に受け入れられていたが、それが示唆する事柄にまで視野を広げた論究はなかった。さらに、アリストテレスの疑似歴史的な貨幣起源の説明が俗化されていた。

(15) A. E. Monroe, op. cit., p. 27.

(16) Herman van der Wee, *The Growth of the Antwerp Market and the European Economy*, The Hague: Nijhoff, Part I, pp. 107–8.

(17) C. H. Wilson, 'Trade, Society and the State,' in E. F. Rich and C. H. Wilson eds., *The Cambridge Economic History of Europe*, IV, 1967, p. 492.

(18) R. de Roover, *San Bernardino of Siena and Sant' Antonio of Florence*, Boston: Baker Library, 1967, p. 31.

(19) 停止利益という権利源泉の誕生を取り扱った決定的論考は、J. T. Noonan, op. cit., Ch. 5 に見られる。ただ次も参照のこと。J. W. Baldwin, op. cit., pp. 282–6.

(20) J. T. Noonan, op. cit.

(21) St Bernardine, *De evangelio aeterno*, Sermo 42: 2: 2.

(22) Op. cit., Sermo 34: 2. サンベルナルディーノが「資本」と言うとき企業家精神（精励 industria）の役割をそれまでのスコラ学者の著作より明らかに高く評価しているくだりが現れることは目を引く。

(23) St Antonine, *Summa*, 2: 1: 7.

(24) この問題については次を見よ。H. L. Johnston, 'Some Medieval Doctrines on Extrinsic Titles to Interest', in C. J. O'Neil ed., *An Etienne Gilson Tribute*, Marquette University Press, 1959, pp. 96–8; W. Stark, *The Contained Economy*, London: Blackfriars, 1956, p. 17.

(25) *Tractatus de contractibus*, Q. 23, Ad. 6, 7. ズンメンハルトはビール門下である。

(26) J. T. Noonan, op. cit., pp. 341–2.

(27) この点については次を参照。B. Tierney, 'The Decretists and the "Deserving Poor"', *Comparative Studies in Society and History*, I, 1958–9, pp. 360–73; J. Gilchrist, op. cit., pp. 209–15; J. T. Noonan, op. cit., pp. 60–1.

(28) *Commentarium in summam theologicam S. Thomas Aquinatis*, II-II, Q. 78, Art. 2, IV. カエタヌスは貨幣を種子や取引手段と比べている。

(29) Op. cit., Q. 78, art. 2, VI.

(30) 停止利益に対するカエタヌスの分析法の解明に従うと、レイモンド・ド・ルーヴァーの次の発言はきわめて疑わしいと思われる。「したがってトマス・アクィナスや神学者の大半は停止利益を否定した。のちの十六世紀になると一部の自由派が認めるが、商人間の貨幣貸借に限定されていた。」(*International Encyclopedia of the Social Sciences*, 4, 1968, p. 7.)

(31) Azpilcueta, *De usuris*, 15, n. 42 and 52; 16, n. 53. 次も見よ。Molina, *De justitia*, II: 315: 11.

(32) Azpilcueta, *De cambius*, 34, 35; *Manuale*, 17, m296, 301; *De usuris*, 19, n. 58. 次も参照。Molina, op. cit., II: 318: 3.

(33) Azpilcueta, *Manuale*, c. 17, *De septimio praecepto*, n. 212.

(34) 「日頃の進行が慣れ親しんだ、よく知られた道筋で毎年流れる経済で、製品に比べて生産手段を組織的に小さく評価できる根拠はあるだろうか。一方で競争が、他方で帰属〔価格の要素コストへの収束〕があるので、支出を超える余剰、製品に関連した土地や労働の用役の価値を上回る製品価値の余剰分は、すべてなくなるに違いない。」(J. A. Schumpeter, *Theory of Economic Development*, Cambridge, MA: 1936, p. 8. シュムペーター『経済発展の理論』塩野谷祐一・中山伊知郎・東畑精一郎訳、岩波文庫、下巻、一九七七年、六六頁)。

(35) *Summa theologica*, II-II, Q 78, 1. 『神学大全』第十八巻、三八七―九二頁。

(36) ロンバルディア人については次を見よ。Raymond de Roover, *Money, Banking and Credit in Medieval Bruges*, Cambridge, MA, Harvard University Press, 1948.

(37) *De usuris*, 3: 1. 信用売り差額とその具体例に関するリドルフィやボニーニの見方については次を見よ。J. T. Noonan, op. cit., pp. 90–5 and 183–7.

(38) Raymond de Roover, *San Bernardino of Siena and Sant'*

Antonio of Florence, Boston: Baker Library, 1967, p. 36. ド・ルーヴァーは、サンベルナルディーノと同時代のドミニコ会士であるサンアントニオは為替を詳論したものの、「シエナ人の修道士よりも非妥協的である」とした。サンアントニオの為替手形 cambium per litteram 論についてド・ルーヴァーが言うには、彼の道徳的「助言は、それに従えば銀行業すべてが廃業になると思われ、西ヨーロッパでも先端的な銀行業の拠点都市の司教としてはむしろおかしな姿勢である」(p. 37)。当時のフィレンツェの銀行システムについては次を見よ。R. de Roover, *The Rise and Decline of the Medici Bank, 1397–1494*, Cambridge, MA: Harvard University Press, 1963.

(39) J. Nider, *On the Contranct of Mercahnts*, tr. by Charles H. Reeves, Norman, OK: University of Oklahoma Press, 1966, p. 50 (p. 27).

(40) Loc. cit.

(41) *Collectorium super IV libros sententiarum*, 4: 15: 11 MM.

(42) Op. cit., p. 317.

(43) *De cambiis*, C. 5. 交易推進にとっての為替取引の必要性はもう一人のドミニコ会士フラ・サンティ（パンドルフォ）ルチェライ (Fra Santi [Pamdolfo] Lucellai 1437–97) も論じている。同聖人自身が銀行・為替業者の子であった。次を参照のこと。R. de Roover, 'Il tratto di fra Santi Rucellai sul cambio', *Archivio storico italiano*, Vol. 111, 1953, pp. 3–41.

(44) J. T. Noonan, op. cit., p. 318. ヌーナン教授はカエタヌスがこの商品アプローチを貨幣貸付の道徳性の問題に適用しなかったことを「ミステリー」と見ている (p. 322)。このミステリーに対するありうる答えは前にふれた「計算貨幣」と流通コイン」の区別の中にみつかるかもしれない。後者は交換取引の対象で価値は変動する。しかし国内貸付は前者、すなわち固定的と思われる価値尺度が基本的参照点となる活動である。

(45)「中世には貨幣価値の問題は大きな注目を集めたのに、誰もこの価値の変化で意味するものや、この変化の測定法について論じる手間をとらなかった。実際、本書が扱う時代［アダム・スミス以前］にこの議論はほとんどないのである。」A. E. Monroe, op. cit., p. 68.

(46) *De cambiis*, loc. cit.

(47) Ibid.

(48) Cf. Reijo Wilenius, *The Social and Political Theory of Francisco Suarez*, Helsinki: Societas Philosophica Fennica, 1963, p. 113.「しかしルネサンスのスコラ学は純粋にトマス主義的な運動ではなかった。それは新たな道、すなわち〈構築的〉なものから〈分析的〉な思考へ、形而上学から〈個物〉の知への変化を意味する唯名論的運動の影響も受けていた。」

(49) *De cambiis*, 20, n. 55 and 57.

(50) 引用はアスピルクエタからの抄録を含む次の文献から。M. Grice-Hutchinson, *The School of Salamanca*, Oxford: Clarendon Press, 1952, pp. 95.

(51) Op. cit., p. 52.

(52) Luis Molina, *De justitia et jura*, 410: 1. 次も見よ。Leonard Lessius, *De justitia et jure*, II, 24: 34.「ある時における貨幣全体が同地の販売向けの財と他の地の貨幣両方で表示して価値が高い、または低いのである。」

（53）Domingo de Banez, *De justitia et jure*, 1594, Q 78, *De cambiis*, Art. 4. 次も見よ。Molina, *Disputationes de contractibus*, 1601 [quoted in M. Grice-Hutchinson, op. cit., pp. 112-15]. モリナの分析は固定相場制のもとでは財貿易の経路が損なわれやすいと見ている点で特に興味深い。曰く「それ［為替レート］を管理すると国を大いに害するだろう。こうしたやり方により必要財の不足が生じるだろうからである」。

（54）J. T. Noonan, op. cit., p. 324.

（55）例えば価格決定要因についてのレッシウスの要約ほかを参照。Lessius, *De justitia et jure*, 1605, II: 2-8. Molina, *De justitia et jure*, 1593-7, 348: 7. 両者とも供給と需要の双方がバランスよく考慮されている。

（56）Azpilcueta, *Consilia*, V. *De usuris*, 18. 手中の現金の価値の方が高いことを早くから認識してこれを価格決定に適用した書き手はニーダーである。John Nieder, op. cit., pp. 29-30.

（57）Eugen von Böhm-Bawerk, *Capital and Interest*, Vol. 2, South Holland, IL: Libertarian Press, 1959. 主観的要因について彼が記すところでは「私たちは将来の欲求や、その充足に資する手段を全体として低く評価する」（p. 268）。また客観的要因にふれてこう述べる。「一般原則としては、技術的理由から現在財は欲求充足にとって好ましさが大きい手段であり、このためそれらは将来財よりも高い限界効用の保証となる」（p. 273）。

（58）Molina, op. cit., 385: 2. 7.

（59）Lessius, op. cit., 11: 21: 8: 66.

（60）Op. cit., 11: 21: 8: 67.

（61）Op. cit., 11: 21: 8: 73.

第8章　スコラ思想における価格と価値　一三〇〇―一六〇〇年

【218】公正価格に関するアクィナスの所論と、それとも関係する価値決定問題についての考察は、ヨーロッパの多くの地域で進行中の経済成長と繁栄を背景にしていた。彼は概して公正価格とは自由市場で支配的な価格で、商品の価値は人間の欲求を満たす手段としての有用性に支配されると考えた。ところが、事態は後継スコラ学者の一部がこれらの発見が適切かどうかを疑い始めるという方向にまもなく進展した。きっかけとなる問題は食糧価格の上昇だったと思われる。デイヴィッド・ハーリは記す。

十三世紀後半には、都市人口の膨張だけで片づけられないさまざまな理由から、大都市では市民が求める穀物の供給を豊かで安く保つために自由市場だけに頼ることはもはや不可能になっていた。穀物輸出の単純な禁止から各産地の穀物価格を権力で固定するための穀物購入独占体の形成までの各種の措置によって、大都市は穀物価格を最も貧しい市民でさえ買える水準に維持する責務を負っていた。(1)

モラリストの大半は、自由市場の諸力の作用に介入するために地方当局がこの手の活動をする権利、特に基本的必需品の価格規制のみに限定してそうするという広く見られた活動をする権利の問題を問わなかった。こうした活動は【219】当の社会の共通善を維持するために適法な権力が行使された例であった。原理上はそれは聖トマスと昔の神学者の所説にまったく合致していた。しかし個々の事例では、地方当局が非現実的または不公正な価格を定めることで無思慮に活動したこともあった。この可能性が、アクィナス時代には考えられていなかった、緊急時における価格固定の基準作成という問題を前面に押し出した。

この緊急性は十四世紀の経済後退が始まると増大し、十五世紀にも貧窮が拡大したので残った。この二世紀間についてジルクライスト教授は述べている。

価格変動はそれまでの二百年より頻繁かつ極端になった。良年（一二八七年）にイングランドでは小麦の売値は一クォーターあたり二〇ペンス、大麦が二六ペンス、オーツが二四ペンスであった。一三一五―一七年の飢饉の年には価格は十倍以上に上がった。小麦は二四シリングに達し、大麦は十六シリング、オーツは二〇シリングになった。ランドゥッチが一世紀後の一四五〇―一五一六年にフィレンツェでつけた日記によると、短期間のうちに値動きがあり、例えば一四九七年五月六日に小麦は一ブッシェル三リラ、五月三十一日には五リラ、六月二十四日には三リラになっており、これは賃金稼得者の購買力をむしばんだ。小作人は自治体が固定した価格でパンを買えなくなると自殺した。

投機家と経済畑の有力筋は苦境に陥らずにすんだ。こうしてこの二世紀間に富者と貧者の格差が拡大し続けるという絵が浮上した。……ルネサンスとは芸術、建築、文学、宮廷の豪奢、上流階級の自己放縦に未曾有の支出が行われた時代だと言われることもときにあるが、この様子は上のとは矛盾しよう。(2)

こうした状況でスコラ学者らは食糧、飲料、農産物の価格に地方政府当局が上限規制を設けることにかなり強い根拠を見出した。同時に、また【220】共通善への関心から、都市の手工業や商業のギルドが彼らの産品に最低価格を定めようとすることには反対した。ギルドは独占的価格運営で会員の利害に奉仕しようと何度も努力し、モラリストがそれを弾劾した。やはり弾劾されたのは、市場を買い占めようとして財ストックを貯めこむ「先蓄 engrossing」、生産者が売る予定の市場に供給財が届く前にそれを買う「先買 forestalling」、同じ財を同じ市場でより高く売る投機的意図からその市場で買う「先占 regrating」であった。

こうしてスコラ学の価格づけ政策の一般的論調は、都会と地方の間の公正な取引条件の確立のほか、民間の独占や、投機筋がまさしく自分の利得をねらって利用できるような状況をつくろうとの意図で行う投機活動に制約されない財の自由な流通を指向していた。取引条件への関心には何らかの価格規制の支持がつきものであった。独占への反対は自由市場での価格形成の利点を肯定する見方に帰着することが多かった。これら二つのテーマはスコラ学の公正価格論の中で絡まりあっており、さまざまな書き手がいずれかを強調した。価格をめぐるこうした強調点の違いに関わって、経済的価値の本質という問題をどう見るかで一種の争いがあった。

十三世紀末近くから十六世紀スペインの博士たちまでの期間におけるスコラ的思考には公正価格について大まかに言うと二つの流れがあった。一つは公正価格が市場での合意（「共通評価」とも）で定まることを重視するもので、これが主流派をなした。もう一つの流れは財やサービスの交換で公正を確保する最良の手段として価格統制を好む傾向にあった。同時期に大半のスコラ学者は価値の考察では効用に基づく理論をとったが、労働コストの要因を重視して生産コストにこだわっているととれる人たちもいた。

価格と価値について別々のスコラ的見解の学派と流れの間の線引きは【221】何か高い精度で行える作業とは言いかねる。もっとも、ある歴史家は三つの集団を区別できると示唆している。聖大アルベルトゥスや聖トマスに従う人たち、ドゥンス・スコトゥスに従う人たち、唯名論哲学者たちである。ただこの分類は多くの重大な点で行き詰まる。なぜならある書き手を分析すると三派の著作の特徴すべてを用いる場合があり、他の点では十分堅実な哲学的、神学的境界線が価格や価値の問題ではときに混じり合うためである。[3] おそらくドミニコ会、フランシスコ会、唯名論者、より下ってスペインのイエズス会の伝統を対比して経済分析のこの分野を取り扱う議論もありえる。しかし見解が実質的にきわめて多様であることを目の前にすると、スコラ思想のこの面での進化は時系列に注目して取り扱うにとどめるのが最良ではないかと思われる。

1　十三世紀後半と十四世紀——オリヴィ、スコトゥス、ビュリダン、ランゲンシュタイン

聖大アルベルトゥスや聖トマスとほぼ同時代の人の中にも、価値決定において人間の評定の役割をかなり重視したアリストテレスの考え方の大きな流れを好んでたどる優れた神学者がまだいた。ガンのヘンリクス（Henry of Ghent 1217–93）、ブリテン人のフランシスコ会士でパリ大学に関連づけられるミドルトンのリチャード（Richard of Middleton c. 1249–1306）である。[4] しかしさらに重要な寄与をなしたのはプロヴァンスのフランシスコ会士で知名度が高くないピエール・ド・ジャン・オリヴィ（Pierre de Jean Olivi 1248–98）であった。

オリヴィの論考『ものの交換——売買論 Questiones de permutatione rerum, de emptionibus et venditionibus』はおそらく【222】十四世紀には広く行き渡っていなかったが、そのあとのスコラ的価値論に大きな影響を及ぼす。のちのフランシスコ会士シエナのサンベルナルディーノ（San Bernardino di Siena 1380–1444）は同書を一部入手し、売買の道徳性を扱うに際してオリヴィの考えを用いた。オリヴィの思想は、このようにスコラ経済学における大家が詳解したので最終的に広い範囲に知れ渡る。[5]

オリヴィによると、価値とは三つの要素が作用して現れた結果である。それは有用性、稀少性 raritas、買手を喜ばせる力 complacibilitas である。稀少性の要素がもつ意義はアリストテレスの分析の場合とほぼ同じである。稀少な資財には稀少性自体から高めの値がつく。有用性と喜ばせる力の区分は効用の観念における客観性と主観性の側面を強調したものである。ある括りの財は客観的に個人の必要に資する可能性をもちうるが、彼は主観的選好ゆえにその括りの特定品目を他より高く評価するかもしれない。

喜ばせる力の役割を認識することは価格形成における主観的要因の重視につながる。財と財の交換比率は、単純にその対象財の内在的な質を参照して客観的に決まることはない。だからある括りの財に一つの公正価格を定めるには、個々の品が満足させる力によって潜在的な買い手が財を評定するときの個人差

を計算に入れねばならない。市場とはこうした差が相互作用を繰り広げて合意をもたらす場で、公正価格はこの合意から導かれる。

この推論は「人間の必要」に根ざす価値の考え方を明らかにしているが【223】、それはアクィナスとアリストテレスが表明していたものである。ここでは「眺める者の目」ばかりか、財がもつと言えそうな、欲求を充足させる内在的質が価値決定において決定的な役割を与えられている。それから、公正価格の形成は消費者の評定次第であることも示唆されている。

もう一人のフランシスコ会士ヨアンネス・ドゥンス・スコトゥス（John Duns Scotus 1265–1308）の著作で公正価格の問題についてやや異なる視点が打ち出されている。ブリテン人スコラ学者でオックスフォード大学とパリ大学のポストを得た彼は、聖トマス神学の主な、また早期の批判者である。彼が書いたペトゥルス・ロンバルドゥス『命題集』の註解書は影響力をもったが、その価値と価格づけの考察の中で市場に供給する商人のコストがアクィナスの言うよりもはるかに明示的な位置づけをもつものとされた。スコトゥスは商人が仕入、配送、保管に加え、市場に財を運ぶときに要する精励、労働、リスクの補償にかかる経費を価格が賄うべきだと主張した。さらに、公正価格は商人が家族を十分養えるようにするものだとも説いた(6)。

評釈者の中には、スコトゥスなりにある種の労働価値説を確かに支持していることを示すものとしてこの主張を取り上げた者もいるが、この解釈は疑わしい。彼は商人にとっての財の初め（仕入れ時）のコストがその生産に要した労働コストで決まるとは論じておらず、実際には価値を聖トマスと同じ方式で定義している。彼らの見解の相違はどれも根本的な違いに属するものではない。ただ強調点の違いが口火になってスコラ学者の間で論争が始まり、それはのちの分析の枠内でも決して全面解決には至っていない。

次の重要な寄与はジャン・ビュリダンのものである。彼はフランスの哲学者、科学者で、「ガリレオ以前で最も興味をそそる力学理論」を提唱したと言われる(7)。ビュリダンは『アリストテレス「倫理学」十巻の諸問題 Quaestiones in decem libros ethicorum Aristotelis ad Nichomachum』で【224】ギリシアの先達の価値論を（少なくとも公刊された本の中では）当時史上最も徹底した検証に晒した。この註解書の第十五―十七問で問題の議論が行われる。ビュリダンは交換の公正に関わる測定の問題を一般的に考察することから入って、「人間の要求は交換物の尺度か否か」や「コインは交換可能物の測定に必要か否か」といった各論的問題に進んだ。

第十五問でビュリダンは価値についてのアリストテレスの基本的立場は支持できるものだと結論する。

> 正しく交換できるものは同じ属のものではないが、特性と絶対的概念諸区分《オーダー》 rationes に従うと一律に同様の価値をもつ。しかし人間が使用するようになると、それらは有用であるか人間の要求を充たすという理由で同じ概念区分 ratio《ラティオ》 に属す。

しかしビュリダンはこの結論に至る議論で生産期間の長さの違いが財価値の違いを説明すると示唆してこう述べる。

人間本性を支えるのに必要なものを贈与なく交換するために一足のよい靴か一着の衣類と引換えに立派な家一軒を差し出す者はいない。家一軒を建てるには一年かかるから、差し出したとするといかなる大工も生きていけないためである。家一軒で衣類一着しか得られないなら、どうやって食べ物を手に入れるのか。だから家と価値が等しいといった理由で多量のものと引換えに大工が家を与えようとすることはありえない。

この推論は、交換される個々の品目を生産するために支出される労働時間の差から直接価値の差が生まれると示唆しているわけではない。むしろそれは専業的生産者が自分の生産努力によって「人間本性を支えるのに必要な」各種の財で必要を満たすのに自分の時間を使う機会をどこまで犠牲にするかが重要な問題だとほのめかしている。家を建てることに伴う取捨選択による犠牲を食品で測ると【225】靴一足とか衣類一点をつくるのに要する犠牲よりは相当大きい。

アリストテレス派の伝統における価値論はこの分析によって供給とコストを統合して扱う方向に近づいた。そこでは「効用」の観点から需要も考慮される。明確な統合が成立するのはようやく十九世紀になってから、またW・S・ジェヴォンズとオーストリア学派のヴィーザーの著作をまってであった(8)。それでもなお、食品に対する要求を満たす失われた機会を重視するビュリダンの認識はきわめて有望な提案と言える。

交換をめぐる一般的議論（第十五問）で注目に値する提案がもう一つある。取引または交換が互いに合意に至る条件は利得の相互性だという彼の見方である。取引は一方の利得が他方の損失を必然的に伴うほかない一種の戦争だとは言えない。交換比率が二人二財で互いの利得から決まるという理解は、交換することが不道徳で不法であるような財をめぐる議論を行う中で出てくる。ビュリダンは問いかける。「ソクラテスは自分の妻を本人の黙認のうえ書物十冊と引換えに喜んでプラトンに与えて姦通の罪を犯したが、彼らのいずれが損失をこうむり、いずれが得をしたのか」。答えを見よう。「両者とも魂については咎がある……［が］外的な財〔善〕については自分の必要以上を得たのだから両者とも得をした……」。話は続く。「……おそらく一人の損失はときに他方の損失と一致し、一方の利得が他方の利得と一致することはあるのかもしれない。両者とも相手の妻を受け取ったと〔仮定〕し、その他の条件は不変という場合か、両者とも相手を殺すか相手の腕を切り落とすかしたような場合である。しかし自発的交換においてすら利得が損失と均等になる可能性はない……」。

ビュリダンは次に「人間の要求」が交換可能財の尺度だと考えるが（第十五問）、彼の分析はアリストテレスの場合よりもはっきりと効用の逓減を把握していることを示す。さらに彼は価格が有効需要で決まると明白に考えており、また【226】消費者余剰も理解していた。現代の経済学者がこれに初めて注目した例は、十九世紀半ばに著述したもう一人のフランス人で技師でもあるジュール・デュピュイ（Jules Dupuit 1804-66）であった(9)。ビュリダンの発言の中には生産者余剰にふれたものもある。おまけに財需要に対する財供給の変化が、消費者がその財の各単位に与える効用度〔限界効用〕の変化を通じて価格に影響すると見た点ではW・S・ジェヴォンズと一致している。

ビュリダンはこうした新しい洞察を次のように表明した。

> だから人間の要求充足が交換可能物の真の尺度である。けれども満たす要求が大きいほど充足の価値も大きい。例えばデカンタの大きさと空き具合が大きいほどそれを埋めるにはワインはたくさん要る。……同じくこのことから、ワインが不足しているとき、そう思うことが証明される。なぜなら、ワインを必要とするほどそれは高くなるからである。同様に、ワインがつくられていない所では現地でのワインに対する要求が大きくなるので、つくられている所においてよりワインは高くなる。……

富者と貧者の間では要求の度合いが対照的な点に注目したビュリダンは「貧者は富者よりも高値で小麦粉を買わねばならないのではないか」という主張に一定の論理性を認めるに至る。ただこれは実際にはあてはまらない。価格決定は社会的プロセスだからである。実際、市価で買う貧者に想定されそうな余剰はみな、彼が買うどの品目についても肉体労働支出で測った大きめのコストに見合うようにされる。ビュリダンは論ずる。

> ……交換財の価値は特定の人間の要求では測れないが、互いに交換しうる人たちの共同的要求でなら測れる。実際、貧者は自ら余剰をもつものについては自分の必要なものを富者よりも高値で買うと言うべきである。なぜなら一単位の小麦に対して、富者が二〇単位に対して差し出すより多くの肉体労働を差し出しているからである。【227】けれども彼はそれ、例えば小麦が必要だからといってより多くの貨幣を与えてはいない。彼にとってはあらゆる外的な財が不足しているからである。

ビュリダンは財の主観的な供給価格の尺度として支配労働を用いようとしているように見える。しかし彼の客観的な市価決定の分析では支配労働説も投下労働説も明示されていない。

第十七問でビュリダンは交換可能財の尺度と考えている貨幣にも彼の一般価値論を適用する。彼は貨幣とは法がつくったものにすぎないというアリストテレスの立場にも、君主は貨幣の価値を随意に固定できるとしてその立場を封建的に展開した推論にも反対して、「貨幣の価値は人間の要求で測らねばならない」と主張する。

貨幣の価値が人間の要求に関連づけて測られると、交換可能財の価値はすべて貨幣に比例して測られる。それら［交換可能財］が人間の要求に比例するなら貨幣に比例し、貨幣の方は人間の要求に比例する。

ビュリダンにとって財価値の共通尺度はそれ自体財なのである。[10]

いま一人の唯名論者がビュリダンの交換価値論に大きな影響を受けた。ランゲンシュタイン（Henry of Hesse; 独 Heinrich von Langenstein 1325-97）である。パリ、ウィーンの二大学で教えた彼の議論によると、公正価格とは「財の市価か、一般的習慣的な価格という尺度につり合ってそれとほぼ同じ水準に」定まる価格である。「ただこの尺度は、大まかには人間の要求の量と同じ大きさの値だと考えられる」[11]。だから公正【228】価格を端的に表現すると、各人が自らの欲求について行う内的計算の帰結となる。この計算は当該財の相対的多量や稀少に影響され、市価はまた潜在的買手が多いか稀かも反映する傾向にある。

ただランゲンシュタインは実践上で交換の公正を確保するという目的のために各地の当局が取引条件を定めることを支持する。さらに論じて言うには、これら当局が価格について司法権を行使しない場合、その財の供給者はコミュニティの中で慣習が認める自分の社会的立場や地位を保てるようにしてくれる価格しか求めてはならない。供給者が自分の富や地位の向上を欲して正味所得として取引からさらに多くを要求すれば、彼は罪に問われる。[12]

これはランゲンシュタインが公正価格を正味所得に関連づけようとする試みだが、スコラ経済学の構造にある決定的な隙間を埋めようとするものと考えられる。この隙間のおかげでスコラ学者は〔実社会の〕経済問題に立ち入ることができないままであった。第6章で見たとおり、聖トマスは分配の公正と交換の公正を区別し、経済分析をほとんどもっぱら後者のみに関連づけた。価格づけの理論は分配の理論とつながっていないが、何世紀もたってからアダム・スミスが経済学を一応「独立の」学科として描き出したとき〔二つを接続する〕この手順に依拠した。しかしランゲンシュタインは現にある隙間を埋めようと務め、価格構造はコミュニティ内での既存の所得分配のあり方を反映すべきだと主張した。

ランゲンシュタインの方がアクィナスよりもアリストテレスに忠実だったと思われる。彼は静態的な社会の理念をとり、価格決定にとって社会的地位がもつ意義を重視したが、この唯名論者はおそらくそれによってギリシアの哲学者の趣旨をより忠実に守った弟子だと言えよう。とはいえ、彼はある種の社会的目標の有罪性に議論を展開したとき聖トマスと同じ見解をとった。聖トマスによると、コミュニティ内での地位向上を視野に富の蓄積を求めると貪欲の罪が示唆されるが、この点で神学者トマスは【229】のちに彼を詳解した指導的で正統派的な学者カエタヌスから暗に批判を受ける[13]。のちにアクィナス自身の後継者がアクィナス思想における逸脱とみなしたのは、価格づけと分配を一括してスコラ的に扱うためにこの唯名論者が用いた考え方である（一七二頁に後述）。二〇世紀半ばと後半に所得政策と価格政策を調和させる試みが行われたが、これを批判する者はトマス派的伝統の主流から論拠を引き出すことができる。こうした措置を支持する人たちは唯名論者と、またある程度はアリストテレスを頼みとすることができよう。

2　十五世紀——ジェルソン、ニーダー、サンベルナルディーノ、コンソブリヌス

社会における地位を静態的にとらえてその維持を図ろうというランゲンシュタインの見地は価格決定にとっても重要で、十九世紀後半から二〇世紀前半に注目を浴びてコメントが現れた。この彼の見地がスコラ期の定型だとする印象が広まっていた。この解釈は歴史家がマックス・ウェーバーに従ってヨーロッパにおける資本主義の動きの勃興とプロテスタンティズムに密接なつながりがあったとするとき便宜に適っていた。さらにカトリック社会理論家が、財市場にも労働市場にも同時に適用されたレッセフェール体制が都市のプロレタリアに及ぼした影響に否定的に反応することにも適合的であった。イギリスではジョン・ラスキンやウィリアム・モリスの手によって中世主義が復興をとげ（G・K・チェスタトン、ヒラリー・ベロック、G・D・H・コールら多様な指導的思想家によるギルド的な組織の美点も手伝って）、ランゲンシュタインの考え方はかつて存在したと信じられている理念上の前資本主義的ヨーロッパと最も合致するとみなされた。けれども十三世紀や十四世紀は別として、十五世紀にスコラ思想の中でそれが支配的であったかと言うと、これは疑わしい[14]。

【230】ランゲンシュタインに似た見方をとった人物としては、プラハ大学神学教授でのちにハイデルベルクの修道院長、ウォルムスの主教になるクラクフのマサイアス（Matthew of Cracow c.1335-1410）、パリ大学学長を務めたフランスの神秘思想家ジャン・ド・ジェルソン（Jean de Gerson 1363-1429）がいる。例えばジェルソンによると、市場に供給するのに要する労働、諸経費、リスクを賄える回収額を大幅に超える利益を商人が稼ぐのはふつう不道徳である[15]。やはり価格を判断することではどんな民間人より法務当局の方がよりよい立場にあるので、すべての財を価格固定の枠内にもってくることが望ましい、とジェルソンは説く[16]。

ドイツ人のドミニコ会士ヨハネス・ニーダー（John Nider 1380-1438）の商人契約論には唯名論に由来する影響が見出せる。これは聖トマス起源の見解と結合され、またドゥンス・スコトゥスの所論にある要素も色濃く反映している[17]。ニーダーはこれら別々の流れを撚《よ》り合わせて説得力ある統合をなしとげてはいない。それをしていたら、彼は時代を超えて第一級の経済学者と位置づけられていただろう。それでもなお、彼の見解は興味をひく失敗ではあり、この段階のスコラ的分析に一般に見られる強みと弱みを示すものである。

ニーダーはまず商人が利益をとることを原則として擁護している。大いに強調されているのは、財交換の仕事には市場の知識が必要だという点と、ものを言う情報を集めるには商人は「精励や勤勉や先見」を駆使しなければならないという点である[18]。とはいえ、そこでニーダーは警告を発する。「商人は気高さnobility【231】、真面目さ、配慮の有用性、手腕、精励、とったコスト、それから大きさ、数量、彼が人のために行なった用役の価値への配慮、に十分つり合った利益を注意深く受け取るべきである[19]」。話は続く。「私が〈気高さに……つり合った〉と言うのは、市場に品物をもたらす店主の手腕が自国を護る兵士の手腕と同じくらい偉大だとしても、それでも他の条件にして同一ならば、兵士の仕事はより気高い目的に向けられているだけに店主の仕事よりも気高いからである[20]」。

だからいまや示唆されるのは、これら二種の奉仕は等しく有用であるにせよ、「より気高い目的」をもつ方がより大きな金銭的見返りを受けるべきだということである。ニーダーが決定因として前面に押し出すのは仕事をする人物の社会的地位というよりは、なされる仕事の社会的地位である。しかし人は職種によって人を区別する視点からものを考えるので、ニーダーの立場はランゲンシュタインのそれに近い。

ニーダーは交換の公正の実現に関して社会的地位の重要性から客観的有用性の意義（聖トマス）に、続いて生産コスト（スコトゥス）へと視点を移す。彼は初めの章をコミュニティ全体に資する自らの労働・資本支出が確保する以上の消費水準の享受を欲する人たちを弾劾する主張をもって閉じる。「誰もが自分の地位に見合って暮らし、自分の資質に見合う利益をとるなら、何もかもがずっとましになっていただろう[21]」。

ニーダーは交換の公正を確立するための一般的条件を議論する第一章から、公正価格を決める各論的条件の第二章に移る際に、主観的効用の役割に最大級の力点を置いている。社会的地位はすっかり姿を消し、生産コストは副次的に目配りされるのみである。彼は【232】客観的効用（人間が使用する財の内在的特質）と主観的効用（「人間の評定における」財の地位）を区別する。公正な市価を決める決定的な因子は後者である。ニーダーは四百五十年ばかりあとのウィリアム・スタンリ・ジェヴォンズと同じく、需要との関係で見た財供給の変化がそれ一単位に帰せられる効用水準を変えることでその交換価値を変えると示唆する。これはおそらく財はときにその生産で発揮された機能に対応する価値以下で売られることを意味する。ニーダーは市場に詐欺や買手の異常な欠乏がないと仮定しているとつけ足す。彼の立場の説明に耳を傾けよう。

さらに財を要求して所有しようと望む人たちが実にたくさんいるのに与えられる供給は小さめであること、その財が高く評価されて高値で売られる可能性がかなり高いことによってである。

かくてあるものを人間の共通評価に従って売ることは必然にして安全な手順である。人は実際に要求をもち、だから財はこのように売られるべきである。その品質かつくり手の技術に比べて安いことが知られていても……。このため、ものは売れる価格だけの値打ちがあるという法則がある。すなわち、買手が随意に自由に選んで買い、愚か者でも困窮者でも騙されていない場合にそれを買わせることのできる水準に合致した値打ちがある。(22)

ニーダーはこのあと、公正価格が財の販売方式の影響を受けることがあると考えている。信用販売では現金販売に比べて価格が高くて当然であるという主張をアステサヌスやボニーニを典拠に示すのである。(23)

こうしてニーダーの価格論は大部分が主観的効用の伝統の中にある。彼の要約によると「あるものの適正な価値は買手や売手が価格をどう考えるか次第である」。ただ共通評価で定まる価格がない場合、正しい指値に至るために売手は価値加算法を用いればよい。コストに加えて「よき誠意をもって品物がどれほど【233】活用されるか、この活用は実際的か推計的か……」を考慮してよい。(24)

ニーダーの価格決定論には労働価値説の要素はほとんどない。しかし第6章で見た聖トマスや門下のクワドールと同じく、ニーダーの財産論を所得の権利源泉論とともに検証すると、その将来発展に対する広義のヒントが見られる。財産についてはその移転すべてがいまや「直接それを所有する者の公的権利または私的権威」によって承認される。(25) ニーダーは原始占有による権利源泉は別にしてその私的権威の基盤を直接考究していないが、同書の前の頁である種の権利源泉が労働支出に発することを明らかにしている（この語は広義に、非唯物論的な意味で使われている）。

既述のとおり、論考冒頭でニーダーは正しい手順に従う市場活動に必要な知識を身につけるために示した手腕を根拠に商人の利益を正当化している。続いて事業所得は銀行のそれも含めて正当とされる。「なぜなら経費、手腕、配慮、質の高い精励、リスクほか、人にとって有用なものをもたらしたり共通の市場で必要なものを保管したり並べたりするのに他のしかるべき務めや負担があるから、そして欲しい人は誰でもこうした財を即座に得られるようにそれを［そこに］出品しておくからである」。(26) ニーダーはこう考えるから使徒聖パウロから「誰もが自分の仕事に応じて報酬を受け取る」という主旨を引き、【234】仕事の努力を根拠に賃金所得を正当化するに至る。(27) 彼は最後に述べる。人が「正直かつ有益に国に奉仕する」なら「彼は自らの労働で生きるのがふさわしい。それだけでなく、どんな個人も自分の精励や配慮を売る権利を公正に与えられている」。(28) 所得とその成果の所有に関するこうしたとらえ方が労働価値説に発展しうる伝統が継承される肥沃な土壌を与えた。

同時代にニーダーより卓越したイタリア人、シエナのサンベルナルディーノ（San Bernardino di Siena 1380–1438）はこのドイツ系ドミニコ会士に酷似した価値・価格論をとった。主観的効用（人を喜ばせる力 complacibilitas）に力点を置くピエール・オリヴィの価値分析を基盤にサンベルナルディーノが言うには、公正価格とは「市場の評定に従ってある時に支配的であるのが見られるもの、すなわち販売財が特定の場所でそのときふつうcommonly つける値」である。[29] 彼はほかでも書いているが、「財や用役の価格は市民のコミュニティが集団として行う共通評価または共通評定に正しく配慮して共通善に向かうような形で定められる」。[30] ニーダーと同様に彼によると、ある財に市場が定めた価格がないと売手が市場への供給コストを勘案して価格をつけるかもしれないが、それが公正価格になる。そして市価が商人を損させる数字だとしても、やはりこの価格が課されねばならない。[31]

サンベルナルディーノはドゥンス・スコトゥスを引用して、この売値で売るとどの具体例でも公正価格は一つの数字として示せず、むしろある幅に収まる可能的数字として表されると考える。[32] この幅は当該財の相対的な稀少性や豊富さに左右される。生産コスト【235】には活用した技能やとったリスクへの見返りが含まれ、それが供給に影響して市価を左右する。例えば遠くから運ばれた財は地元産の財よりも購入するとき高くつくだろう。[33] サンベルナルディーノがニーダーと違うのは、需要に対する供給の変化が問題の財についての「人々の評価」の変化を招くがゆえに価格を変えると示唆しない点である。

フィレンツェのサンアントニオは経済道徳論の権威ある著作においてサンベルナルディーノの価格・価値論を具体化した。また両著者とも、民間独占がないときの市場の諸力の自由な相互作用を交換の公正の基盤としてきわめて重視した。比較的名のない当時のスコラ学者の大多数が、おそらくこの一般的立場に名を連ねていた。もっとも、少数ながら異端的な人もいたらしい。例えばヨアンネス・コンソブリヌス（John Consobrinus d. 1486）がそうである。ポルトガル人学者の彼はしばらくオックスフォード大学で教え、一四九四年に交換の公正を扱った小著をパリで上梓している。彼は公正価格決定因として多数派の立場で認められたものよりも生産コストの方を強調しており、この点でドゥンス・スコトゥス的である。彼の全般的立ち位置を示すのは「人間の精励や勤勉または本人の個性に依拠しないで利益を生む契約はすべて不法である」という広がりある発言である。[34] この見方では、自由市場制ではありえる棚ボタ的な利得や損失の類《たぐい》は、棚ボタを予見する能力を含むほど「精励や勤勉」の語が拡大解釈されない限りはモラリストに承認されない。交換の公正は相対価格が相対的努力、市場への供給での「個性」の活用と直接的な関連をもつときにのみ実現できる。

3　十六世紀――カエタヌス、ソト、アスピルクエタ、モリナ、ほか

公正価格とは市場の競争的諸力が作用した帰結だという考え方にさらに権威ある【236】支持を与えたのは、トマス・デ・ヴィオ、カエタヌス枢機卿の経済分析である。第7章で見たが、彼はこの考え方を拡張して外貨売買を含め、さらに為替相場の

将来の動きについての期待が適法な現在価格の決定に重大な役割を果たすとさえした。だから彼が聖トマス註解で、この先行者の見方では、公正価格とは「ある時に一般的知識、詐欺や強要がまったくないことを前提に買手から入手できるもの」としたのは驚くにあたらない[35]。この価格は需要と供給の条件変化につれて変動する。

カエタヌスの註釈は、売手が慣習に従う自らの社会的地位を確かに維持させてくれる価格を彼の品物に求めうるのみだというランゲンシュタインの主張に重きを置いたと見える要素を、アクィナスの推論から取り除こうとした点でも意味がある。自分の地位向上をねらって富を蓄積する試みはすべて貪欲の罪を犯すと考えた点で聖トマスは批判される。カエタヌスによると、多くをなしとげた優れた才覚の持主がその達成に見合う社会的地位に昇進することは全面的に正しい[36]。カエタヌスが社会変動の現象に対して明らかに寛容に考察したことはスコラ社会思想の論調が更新されたことを示す。経済的自由主義はさらに拡張されて多くの指導的なスペイン人スコラ学者の著作で特に鮮明になるのだが、社会変動の考察がその引き金になったという点は特記すべきである。

しかしスコラ的自由主義が全面開花して現れる前にドミニコ会の中で経済的保守主義の守護者が現れる。その人物はドミンゴ・デ・ソト（Domingo de Soto 1494–1560）である。彼は最も優れたスペイン人学者で、アルカラ・デ・エナレスとパリに学んでサラマンカ大学の神学教授に就任する。彼の経歴は当時支配的な流れをなした社会変動の顕著な例を提供する。彼は低い階層の生まれなのに【237】トリエント公会議ではカール五世の代表使節となり、そのあと皇帝の告解師になったからである。とはいえ彼はその目立った知力を同僚のドミニコ会士カエタヌスが提出した貨幣、利子、銀行業についての理論を多くの側面について論駁することに用いた。彼はまた価格法定論を支持した。

デ・ソトによると、公正価格の正しい水準を定めるには、需要と供給の状態、取引にまつわる「労働、困難、リスク」、「交換でよかれあしかれ売手が得をするかどうか」に注目する必要がある。続きを聞こう。

ある資財の公正価格には二つの面がある。法的価格と自然価格である。法的価格はつねに融通が利かない indivisible が、自然価格または任意 discretionary 価格は大まかに言って融通が利く divisible。公正な法的価格とは君主が固定した価格である。任意価格または自然価格とは価格が法で統制されていないときの時価である。……この結論を理解して妥当と判断し、価格統制が必要な理由がわかるには、この問題が国とその統治者にとって第一の関心事であり、上で再論はしたが彼らはすべての資財の価格を本当に固定すべきだと理解しなければならない[37]。

デ・ソトは、すべての価格を集権的に決める体制は、かなり望ましいとしても実現できないと承知している。しかし自然価格の固定から離れる気もない。コストへの加算方式をとる商人のある種の自由、つまり融通がそこには見られるからである。デ・ソトは「啓蒙された利己心」のどんな教説からも距離をとる。むしろ自然価格が「賢慮に富み公正な精神の人物の所見」によってある地域の現行市況を参考に定められるべきである。この人物とは、行われる取引に「自分の利害関心をもたない」人である。彼は詳論こそしないが興味深い考察を補足する。「売手は自分の所有物のみによって商売をしているのではなく【238】彼と買手の共同的所有に属するものでも商売をしている。だからこれについて彼は適法な判定ができない[38]」。

デ・ソトはこうした価格決定論を展開する中で「財価格は財の本性ではなく人間の要求にどれくらい役立つかで決まる。……誰も同胞の財や労働を必要としなければ人々は産品を交換するのをやめるだろう。だから欲求が価格の基礎だと認めなければならない」と考える[39]。この考察によって彼は正統的アリストテレス‐トマス派的伝統の効用価値説に与したことになろう。ところがウスラや利払いの根拠としての停止利益について彼が書いたものに目を向けると労働価値説をとっているように見える[40]。彼は停止利益を貨幣の貸手が肉体的に労働できない、すなわち返済遅滞、窃盗、強制貸付など、その人間にとって外的な何かの力のせいで貨幣を使って仕事をできなくなった場合の状態に限定した点で最も保守的である。

デ・ソトにとって貨幣自体は決して利得の権利源泉になりえず、投資からの利益を正当化できるのは労働のみである。ヌーナン教授が述べたことだが、これは「おそらく中世の書き手たちが抱いて当然であったし、また彼らが立てたウスラ禁止論の一部を最もよく説明する厳格な理論ではあるが、彼らは実際には決してこれを一貫して支持することはなかった[41]」。デ・ソトの立場やその歴史的な起源についてのヌーナンの分析は、中世スコラ学者の経済学につきまとった根本的な分裂を指し示している点で最も価値が高い。効用が価格の決定因だが、個人の努力は所得や利得の権利源泉である。政策面では、相対的な効用に根ざす価格構造は、〔その財の供給に〕関連した努力の程度と整合する所得構造をもたらさないだろう。

分裂は効用が内的で選好に根ざす計算から生じる主観的性質のものだと認める営みによって強まった。【239】他方、労働や努力は客観的性質のものとして扱われがちであった。例えば利払いの問題については、貸付による流動性喪失で個人が不効用をこうむるし、資金が他人の手に渡って損失のリスクを懸念しても不効用が生じるが、これは経済的公正の問題にとって重要だとは見られていなかった。ここでは所得が関心の的で、仕事の場における客観的に示せる不満のみが補償支払の根拠をなす。ただ財の価格づけの問題に関しては、市場の合意によって表明された主観的経験は重要である。貨幣が財とも言えるので貨幣市場なるものが存在すると認識されて初めて、利子理論と価格理論の分断に解決の糸口がみつかる。ある厚生基準のもとでの価格構造と所得構造の間の分断というもっと一般的な問題は、今日なお未解決である。

第7章でソト以降のスペインのスコラ学者が貨幣、利子、銀行業の分析でいかに大幅な進歩を記したかを見た。彼らは財の価格づけ理論にも寄与した。寄与が特に顕著なのは、ソトの同時代人で彼を批判したマルティン・デ・アスピルクエタ・デ・ナバロ（Martin de Azpilcueta de Navarro 1493-1586）である。

アスピルクエタは法的価格固定制に反対で、財が多量なら固定はまったく不要になるし、稀少ならコミュニティの厚生にとって百害あって一利なしだと論じた。彼の最も重要な分析上の業績は、前章でも示唆したとおり、貨幣数量説を明確に言い定めることで、より包括的な価格形成理論の可能性を拓いた点であった。供給決定因の作用が新たに強調されて、「一つの市場 a market」という概念がより判然と描かれるようになる。

アスピルクエタやその後続の言明は主観的効用の伝統にしっかりと根をおろすものである。例えばアスピルクエタ門下で、のちにカスティーリャ評議会議長になるディエゴ・コバルビアス・イ・レイバ（Diego Covarrubias y Leyva 1512-77）は記す。「財の価値はその本来の特性ではなく、人々の評定次第で決まる。その評定が愚かであってもそうである。だから両インドで小麦がスペインより高いのは【240】人々がそれをより高く評価するからである。だがいずれの地でも小麦の本性は変わりはしない(42)」。

彼は続けて、生産コストは公正価格を評価する基準とすべきではないと述べている。

アスピルクエタ以降でスコラ経済学のスペイン学派に出現した最も価値ある人物はルイス・モリナ（Luis Molina 1536-1600）である。彼はカスティーリャ出身のイエズス会士神学者で、大部な『公正と法』を上梓した。その第二部は交換の公正がテーマで、経済問題についてきわめて詳細な議論をしている。一五九七年に出版された同書のこうした議論は、その八年ほどあとに出るレオナルドゥス・レッシウスの議論に先行するものでは最も重要である。

モリナの著作では経済的自由主義の流れが強まっている。曰く「財価格は商人の利得や損失ではなく、それが売られている場所で状況全体を視野に入れた共通の評定で測られるべきである。また不運や商売下手によって商人の稼ぎがわずかになったり損失を出すことさえあるし、幸運か強気の商売で巨利を得るというのも本当である(43)」。この「状況」としてモリナが数えるのは、財の売り出し方さえ含むほど範囲が広い供給・需要の決定因子である。例えば財が小売店で少量供給されているなら、大単位のときよりも単価は高い(44)。

ドゥンス・スコトゥスと、門下のいま一人のブリテン人神学者ジョン・メイジャー（John Major 1478-1548）が、商品の公正価格は生産コストに照らして定まると示唆した点で批判される(45)。しかしモリナはそのあと【241】公的当局が特定財の販売に独占的販路を設けることが必要ならば、指値とすべき適正価格を探す手段の一つとしてコストに訴えるべきだと認めている。しかし市場機構への介入を積極的に肯定しているわけではない。例えば為替相場固定政策を論難してこう記す。

だから国が建値の大きいコインの価値を小さいコインに対して固定すると、これは同じ一つの場所で貨幣が交換され、財が買われ、それらの価格に対して支払いが行なわれるのを促進するだけである。けれども国は、別の場所で貨幣が貨幣と交換されるとき、決してこの第二の種類の〔小額コインの〕価値を固定しようとはしなかった。この価値は不定だが、それでいて公正である。貨幣の総量が法で固定されていてもそうである。それ〔価値〕を統制すると国に多大な損害を与えてしまうだろう。その道をとると必要財不足をきたすであろうから。いつも実行されてきたし、それでいいのだが、交換される貨幣の価値は自由に変わるに任せることである……[46]。

思慮のない国内価格規制の事例、特に農産物価格の上限設定も害を引き起こす。モリナの不満はこうである。「利得を手にする者はかなり多くが農夫で、不作の年には、かけた経費、用いた労働や精励のすべてを勘案したうえで、ある量の穀物が販売を意図したものよりもかなり大きな価格をつけるということがときに彼らにふりかかる。衡平はこれを決して許さない[47]」。

モリナはスコトゥスやメイジャーを批判しているが、衡平の判定基準として生産コストを援用していることは注意を要する。

経済的価値を判断する参照点としてのコストの重要性は、スペインの博士たちが効用を強調したことで完全にかき消えたわけではない。この点はモリナの論著刊行後ほどなく上梓されたある論考の中で見事に描かれている。【242】ほぼ無名の神学者ペドロ・デ・バレンシア（Pedro de Valencia 1555–1620）が一六〇五年に書いた『小麦価格論 Discurso sobre el precio del trigo』である[48]。著者は政府が穀物価格の固定を実施したことを支持し、どの水準に固定すべきかという問題を考察する。

バレンシアは価格を貨幣タームで定めるのは無意味だと論ずる。「貨幣の価値や評価値、また貨幣の素材金属のそれらは、異なる地方、局面、時代で違うし変化するので、貨幣の価格を考えるとあらゆる時代や場所にあまねく公正で適正な価格を穀物につけることは不可能である[49]」。別の財を価格の尺度として使うことも同じく無益である。「さらに別の一般的な財の価値を穀物の価値と比べること――穀物一ファネーガ〔重量単位〕がある量のワインや油と同じ価値に違いないなど――も私たちの目的には同じく無益だとわかるだろう。なぜなら単にある未知のものを別の未知なもので測らねばならず、こうした諸資財の価値や質は年々、また場所ごとに違うからである[50]」。この難点にぶつかったバレンシアは労働支出と単位時間あたり必要な食糧の関係に訴えてこう記した。

神と理性万般は、人間が労働によってパンを得るように、それで十分生活を支えられるように、また働かざる者は食えぬように求めている。他のすべてはさておき、一升の穀物に対して何日分の労働が公正に言って必要かのみを考えよう。いかに貧しくて粗末でも、働く者がそれで自分を支え、食べて飲んで【243】服を着て、頭の上を屋根で覆い、結婚して子をもうけ、子が小さい間は扶養し、しかも時には仕事がなく、嵐の日や病に伏せる日もあり、お祝いする日もあるのだから、毎日は働かなくていいようにするために、彼が救貧院に通ったり、老齢でも物乞いしたりする必要があっても、一人の人間は穀物を一ファネーガ稼げないと生きていけないが、それは五〜六日労働日以上働かなくても稼げる。これは現在のこの地域では十四〜五レアル分の価値となる(51)。

この方向での考察はのちの時代の経済思想の中で重要性を増す。例えばイエズス会の学校で学んだイギリス人サー・ウィリアム・ペティ（Sir William Petty 1628–87）は六十年以上あとによく知られた価値に関する議論でそれを用いることになる。彼は価値の源泉を労働支出による土地の利用に求め、労働支出の効果の方に重きを置いた。彼は価値の最良の尺度という問題に関しては一日の食糧という考え方を用いた。一日の労働の価値は、労働が土壌の協力のもとに支出されると生み出せる量の食糧である。価格が貨幣タームで表現されてることの難点には、一日の食糧を表す量の貴金属は一日の食糧を生み出すのと同量の労働で生み出せるという主張によって対処している(52)。

ペティのみでなく、重商主義期のその他多くの優れた経済学者たちの著作には、後期スコラ学の議論にすでに姿を現していた観念の明確な痕跡がとどめられている。後者の書き手たちを前者の書き手たちと結びつける影響の波及経路を詳論することは、今後多くの仕事がまたれる研究領域である。

原注

（1）David Herlihy, Report of comments on a paper given by Raymond de Roover, in *Journal of Economic History*, Vol. 18, Dec 1958, p. 437-8.

（2）J. Gilchrist, *The Church and Economic Activity in the Middle Ages*, London: Macmillan, 1969, p. 87.

（3）これはレイモンド・ド・ルーヴァーの分類である（*International Encyclopedia of Social Sciences*, Vol. 4, 1968, p. 433）。ルーヴァーの分類の欠点を例証するスコラ学者はニーダーである。ルーヴァーは彼を聖トマス派に分類したが、彼の著作にはドゥンス・スコトゥスの強い影響があり、ある点では唯名論者の主張と響きあう。もう一つの例はジャン・ビュリダンである。彼は指導的唯名論者で、ルーヴァーは別の論文では価格決定の問題についてアクィナスと同じ参照枠の中で論じているとする。まったくそのとおりである（'Scholastic Economics: Survival and Lasting Influence from the Sixteenth Century to Adam Smith,' *Quarterly Journal of Economics*, Vol. 69, May 1955, p. 164）。

（4）ミドルトンのリチャードの経済思想がもつ諸側面の一部、また「不可抗博士 Doctor Irrefragibilis」ヘールズのアレクサンデルら初期ブリテンのスコラ学者のそれは次の文献で検討されている。Max Beer, *Early British Economics*, London: Allen and Unwin, 1938, pp. 26-44.

（5）オリヴィの著作は故レイモンド・ド・ルーヴァー教授の労多い調査で最近ようやく日の目を見るようになった。同論考の認知度が低いのは創設者［アッシジのフランチェスコ］が勧めた生活規則の解釈をめぐりフランシスコ会内部で争っていた時期があったためである。論争が展開する中である党派はオリヴィの著作を抹消するよう命じ、それに異端のレッテルを貼ろうとした。サンベルナルディーノは自分がオリヴィに負っていると明記しなかったが、それはオリヴィを非正統派の宣布者と疑う評判がずっと立てられていたからである。以下でのオリヴィ価値論への言及は次の論考に基づく。Raymonde de Roover, *San Bernardino of Siena and Sant' Antonino of Florence*, Boston: Baker Library, 1967, esp. 18-19.

（6） Duns Scotus, *In IV libros sententiarum*, IV: 15: 2.

（7） A. C. Crombie, *Augustine to Galileo, II: Science in the Later Middle Ages and Early Modern Times*, London: Hinemann, 1961, pp. 45-6, 66 et seq., 152 et seq.

（8） この点については次を見よ。J. A. Schumpeter, *History of Economic Analysis*, New York: Oxford University Press, 1959, p. 922.

（9） Cf. Emil Kauder, *A History of Marginal Utility*[1] *Theory*, Princeton: Princeton University Press, 1965, pp. 18-19.

（10） ビュリダンの革新的な貨幣分析は先に第7章で論じた。そこで彼は金属貨幣学説をつくり上げ、貨幣の望ましい質（携行性、耐用性など）の一覧をつくり始めた重要人物だと指摘した。この一覧はのちの世紀に貨幣について書いた無数の書き手たちによって再述された。その大多数がビュリダンの「第十七問」の改良に失敗している。

（11） Langenstein, *Tractatus de contractibus*, Part I, C. 5, in Gerson, *Opera omnia*, IV, Cologne, 1484-5, Fol. 187.

（12） Op. cit., Part I, C. 12m Fol. 191.

（13） Cajetan, *Commetarium in Summam theologicam S. Thomae Aquinatis*, II-II, Qu. 118, Art. 1.

（14） ランゲンシュタインの見方をスコラ期の定型だとする命題に対する最も一貫していて説得的な反論者はレイモンド・ド・ルーヴァーである。彼は記す。「広く見られる信念に反して彼ら［スコラ学者］が社会の階層制の維持のために価格システムに依存しなかったのは確実である。実際問題、競争という条件下に営業する小さな店の親方が巨富を貯めこむとは思えない。中世の社会的地位は基本的に財産分配の不平等に基づいており、それは主に土地、支配階級に有利な課税（封建的納税や什一税）による不平等である。イタリアは例外で商人や銀行家が封建貴族を凌いでいた」(R. de Roover, 'The Concept of the Just Price: Theory and Economic Policy', *Journal of Economic History*, Vol. 18, Dec 1958, p. 434.)

（15） J. Gerson, *Regulae morales*, n. 79.

（16） J. Gerson, *De contractibus*, Consid. 19.

（17） スコトゥスの影響が明白と思われる論点は、『商人契約論』第五章で「一時的な問題でのすべての所有権移転の原因と起源」を考察したくだりである。そこでは政治的権威の社会契約説が姿を表し、それはスコトゥスに基づくとともに、すでに第6章で記したとおりクワドールに似ている。のちの時代にスコトゥスの議論を用いて影響を揮ったのはジョン・ロックで、彼は統治に関する試論の中でサー・ロバート・フィルマーに反論してそうしている。

（18） J. Nider, *On the Contract of Merchants*, tr. by C. H. Reeves, Norman, OK: University of Oklahoma Press, 1966, p. 17.

（19） Op. cit., p. 19.

（20）Loc. cit.

（21）Op. cit., p. 20. 思うに、地位は下だが資質は上の人は、自分には豪華すぎる消費支出水準を達成するのに利益を使うのは諦めざるをえないだろう。貯蓄や施しは問題への適切な対応になろうが、ニーダーはふれていない。また消費支出や利益的所得についての上記の命題を市価水準の問題に明示的に関連づけてもいない。

（22）Op. cit., 25-6.

（23）Op. cit., 29-30.

（24）Op. cit., p. 37. また法定の固定価格のときはこれがあらゆる私的な契約の取決めより優先されるともする（p. 33）。

（25）Op. cit., pp. 71-2.

（26）Op. cit., p. 30-1. ニーダーが挙げた企業者所得を説明するリストはアルフレッド・マーシャルが「請負や管理の維持」と呼ぶものに与えた説と酷似している。マーシャルが認めたのはリスク、品物の一括調達、市場に働く諸力の理解、判断するのに必要となる事柄である（e.g. Alfred Marshall, *Elements of Economics of Industry*, London: Macmillan, 1919, pp. 162-4）。それから市場に「出品しておくから」商人は対価を得るべきだというニーダーの示唆は、そうすることで機会コストが生じると感じていることを暗示する点にも注目すべきである。通常利益の基盤としての機会コストの認識はのちにルゴ枢機卿の分析に現れることになる（第9章参照）。

（27）Nider, op. cit., p. 31.

（28）Op. cit., p. 32.

（29）*De evangelio aeterno*, Sermo 33, Art. 2, Cap. 7.

（30）Op. cit., Sermo 35, Art. 2, Cap. 2.

（31）レイモンド・ド・ルーヴァーは、ベルナルディーノが自分の主張を補強するために引いた先行する書き手は聖ペニャフォルトとスサのホスティエンシスだとしている。これらの著者はともに教会法学者に分類される。R. de Roover, *San Bernardine of Siena and Sant' Antonio of Florence*, Boston: Baker Library, 1967, p. 22.

（32）San Bernardine, op. cit., Sermo 35, Art. 1, Cap. 1.

（33）Op. cit., Sermo 35, Art. 2, Cap. 2.

（34）J. Consbrinus, *De justitia commutativa*, Part II, Ch. 6. この一般論が引かれた直接の背景は保険の道徳性をめぐる議論である。

（35）Cajetan, op. cit., II-II, Qu. 77, Art. 1.

（36）Op. cit., II-II, Qu. 118, Art. 1.

（37）Domingo de Soto, *De justitia et jure*, Book VI, Qu. 2, Art. 3.

（38）Loc. cit.

（39）Loc. cit.

（40）Cf. J. T. Noonan, op. cit., p. 260.

（41）Op. cit., p. 256.

（42）Covarrubias, *Variarum ex pontifico, regio et casesareo jure resolutionum*, IV, Vol. 2, Book 2, Ch. 3. さほど卓越していない当時のスペイン人の書き手の本にはよく似たくだりがあり、それは次に掲載されている。Marjorie Grice-Hutchinson, *The School of Salamanca*, Oxford: Clarendon Press, 1952. 特に興味をひくのは、サラビア・デ・ラ・カジェ（Saravia de la Calle）の一五四四年の著作、ガルシア（Francisco Garcia）の一五八三年の著作である。

（43）Molina, *De justitia et jure*, Vol. II, Disp. 348, Para. 8. 同じ第四

段落の反論でモリナが価格に影響する市場的諸力を指して「競争（輻輳《ふくそう》 concurrentium）」という語を用いたのは興味深い。これはスコラ学者の書き手によるこの語のその意味での初使用例である。

（44） Op. cit., Disp. 348, Para. 7. 現金販売に対する信用販売のときも公正価格に影響する（Disp. 357, Paras. 3, 4）。

（45） Op. cit., Disp. 348, Para. 8.

（46） *Disputationes de contractibus*, Venice, 1601（M. Grice-Hutchinson, op. cit., p. 115 に引用）。

（47） *De justitia et jure*, Vol. II, Disp. 364, Para. 3.

（48） 同書にはリプリント（*Pedro de Valencia, Escritas sociales*, Biblioteca de clasicos españoles, Madrid, 1945）と英語の抄訳（M. Grice-Hutchinson, op. cit., pp. 116-9）がある。

（49） Grice-Hutchinson, Op. cit., p. 117.

（50） Loc. cit. 議論を進める中で著者は「価値逆説」の問題にふれる。「パンの価格をそれがもたらす実利と効用やそれ自体の内在価値で測ると、一斤のパンが世の中にあるすべての金やダイヤモンドより価値があることに気づくはずである。ただこの点では空気、水、光の方がさらに価値が高いが、神はこれら三つを私たちにとってコストゼロにされた……」。ガリレオ、ジョン・ロー、下ってアダム・スミスが著書の中で水とダイヤモンドを対比したときスコラ学者にとってはすっかり慣れ親しんだ分裂に言及していたわけである。

（51） Op. cit., p. 118.

（52） ペティの価値論については次を検討のこと。Hannah R. Sewall, *The Theory of Value Before Adam Smith*, New York: American Economic Association, 1901, pp. 70-3.

訳注

［1］ 原書の該当箇所は邦訳では二七―八頁だが、デュピュイに関する記述は四六頁にある。

第9章　偉大なるレッシウス

【244】スコラ的経済分析の発展は十六世紀に移行する頃にピークを迎える。それに続く百年において、十五世紀イタリアの神学者や十六世紀スペインのモラリストの手の中で蓄積されていった駆動力 impetus は多くが失われた。しかし没落期の始まりに先立ってスコラ経済学はベルギーのイエズス会士レオナルドゥス・レッシウス（Leonardus Lessius：蘭 Lenaert Leys 1554–1623）の著作において新たな広がりを見せるに至る。取り上げるに足るその後の貢献者としてはファン・デ・ルゴ（Juan de Lugo 1583–1660）とジャムバティスタ・デ・ルカ（Giambattista de Luca 1613–83）がいる。例えばルゴ枢機卿の『スコラ学と道徳学における争点 Disputationes scholasticae et morales』（Lyons, 1642; Paris, 1893）の第七巻と第八巻はスコラ学者の伝統的な関心に伴う分析上の問題を包括的に取り上げている。ルカ枢機卿の学究的な『真理と公正の劇場 Theatrum veritatis et justitiae』（Rome, 1669–81）、それより小さな『世俗博士 Il dottor volgare』（Rome, 1673）も経済問題を幅広く取り扱っている。

右の著者たちは先人たちの思想を順序立てて組織的に示すことに関心を寄せていた。レッシウスも彼以前の経済思想について百科全書的な知識を誇ったが、それだけでなく第一級の刷新者でもあった。例えばウスラ学説の取扱い方が彼の著作の際立った一面だとヌーナン教授は述べている。「彼はウスラ観によって新時代の到来を告げる最も決定的な目印を示す神学者であった。どの先行者にもまして近代的な金融の世界に完全に目が利く人であった。慎重で敏感で大胆な論理を備えるが慎重で自信に満ちていたレッシウスは、スコラ的経済分析の練達の士であった[1]。」

【245】レッシウスはアントワープに近いブレヒトで生まれた。両親はもともと彼を商人の道に進ませようとしたが、十七歳でルーヴァン大学を卒業したあと一五七二年にイエズス会に入会する。一五七五年から八一年まで北フランスのドゥエーの英語カレッジで哲学を講じた。カエタヌスはそこの守護枢機卿 Cardinal Protector をしていたことがある[2]。彼はその後ローマに移ってフランシスコ・スアレス（Francisco Suarez 1548–1617）とともに二年間学んだ。スアレスは一般にイエズス会で最も重要な思想家とみなされている[3]。ローマから帰った一五八五年、レッシウスはルーヴァン大学の講座を担当し、ただちに際立っ

た知的能力によって評判になった。「哲学者の中の君子」と「低地地方の神託」の二つが彼を賞賛する際の呼び名で、優れた古典学者ユストゥス・リプシウスも彼を褒めている[4]。レッシウスは成人後概してとても病弱で、四六歳のとき教職を辞して、余生は研究に専念した。

レッシウスは近代の神学者には恩寵、自由意志、運命などのトピックに関する著作によって最もよく知られている。彼はまた政治学の論争にも加わって、イギリスのジェイムズ一世が支持した王権神授説を攻撃した[5]。彼の最も重要な著作『公正と法 Justitia et jure』(1605) はヨーロッパ全域で四十にものぼる各版を生んだ。同書では当時の商行為の分析が注目に値し、さまざまな商業制度の道徳に関する彼の見解は国や教会の指導者の考え方に大きな影響を与えた。影響の広がりを示す例を昔のある伝記作者が伝えている。曰く「アルブレヒト七世 Albert the Pious (オーストリア生まれでスペイン育ちの低地地方の君主) が確かに彼の時代のベルギーでも最も賢明な王であったが、それは剣とともにいつも【246】レッシウスの公正論の書物を自分の前の机の上に置いて聴聞するときに最も信頼できる相談相手とし、自分の意思決定がオーストリアの軍隊とレッシウスの知恵に支えられていることを示したからである[6]」。

もう少し近年のコメントも示そう。「最も真剣な学問的問題についてのレッシウスの判断はスアレス、バスケス、モリナなど当時最も教養ある人物たちを参照して導かれた。教皇パウロ五世、教皇シクストゥス五世、……聖フランシスコ・サレジオ (ジュネーヴ司教で著述家)、……聖カルロ・ボッローメオ (イタリアの枢機卿、ミラノ大司教)……は彼に最高水準の敬意を払った[7]」。

レッシウスはそれまでのスコラ学の権威を熟知したうえに当時は前例のないほど市場現象を把握しており、これらを統合して伝統的な権威主義をまとう経済学説を揺さぶる新鮮な知見をもたらした。確かにレッシウスは経済思想のスペイン学派の傑出した継承者であるが、加えて経済分析の発展に大きな独創的寄与をなした人物と言うべきだと要求できる。この要求の主な根拠は『公正と法』第二巻の第二〇章と二八章に見られる新機軸である。これについて教父学者ジョーゼフ・ド・ゲリンクは書いている。「利子ほかの商業上の問題を扱った章はこの難問への対処法において画期的である[8]」。議論の枠組は伝統的な商業契約の形態に根ざすが、この契約は当時の状況に適用すべく取り上げられている。特にアントワープという洗練された金融拠点がつねに参照先となっている。

ジョーゼフ・シュンペータの指摘によると、レッシウスとその同時代人が分析した経済的世界は「資本主義経済の基礎カテゴリに関する限りわれわれの時代のそれとさして変わらない。貨幣市場があり投機家がいる。転売可能証券、大企業、高金融がある。これらスコラ学者はいまは亡き人々だが、よみがえったらわれわれの世界を難なく理解するだろう……[9]」。当時の【247】商業活動の核にはアントワープがある。十六世紀の「アントワープは四十年かけてその前にも後にも世界が目にしたことのないような商業拠点に発展した。世界の重要な商業国民すべての取引をこの段階まで集約した市場はその後もなかったからである[10]」。貨幣、地金、紙券がアントワープ市場では自由に取引され、国際的投機筋がその証券取引所に耳目を欹《そばだ》てた。貸付を募り取引の合意を取り結ぶための常設商館がイギリス、ポルトガル、スペイン、オランダの王によって設立された。遡及証券 Ricorsa や証券預金によって大規模な貸付が行われ、証券価格と証券取引所の利子率は国際的な投機の諸力に従う市価として定まった[11]。財価格も投機的取引の影響を受けた。

レッシウスのような能力のある分析家はこれを背景に書いているだけに、たとえ聖トマスやその中世における後継者の経済学説に深く影響されていたとしても、彼らをしのぐ知見にたどり着いたことは見やすい。彼は直前のスペインの先行者のそれに近い分析技法を用いる一方で、長たらしい説明を好む彼らの一面は退けた。アスピルクエタやモリナのような書き手の結論は、その著作をさらに敷衍《ふえん》して彼なりの新しい方向性を目指す出発点として用いられた。

【248】レッシウスの寄与の一つは、停止利益論の範囲を各種の貨幣残高の間に設けるべき区分を明確にしたうえで発展させた点にある。また残高保有者が保有する貨幣から一定の効用を引き出すという認識もある。利子論では逸失利益の補償から流動性の犠牲に対する補償に強調点が移行している。さらになお重要なのは財、資本、尺度面を統合した貨幣論である。これらの革新の基底にあるのは、貨幣と貨幣の移転を個人間の孤立的交換とみなす中世の見方からの決別である。こうした移転は、すべての売手と買手が市場参加者の合意で成り立つ公正価格で法を守って交換できる市場を舞台に行われる。レッシウスはこの合意に作用する規定因の範囲を特定して、公正価格の形成に必要な条件を言い定めている。

1　停止利益

『公正と法』第二巻第二〇章でレッシウスはウスラと実害（すでに生じた損失）の本質という問題を貨幣的な損失補償に対する権利源泉として取り上げている。続いて彼は停止利益を考察する。彼によると「生じる損失と止む利得はいずれも利子《インテレッセ》と呼ばれる[12]」。議論の基底にあるのは、個々の事業主の手中にある貨幣は当人にとって特定的で追加的な価値をもつという考えである。彼は書いている。「このような貨幣は……それで利を得ようとするあなたの精励に従う限り、切り離してとらえられた貨幣よりもあなたにとって価値がある。なぜなら利得自体が事実上種子の中に含まれるようなものだという意味で、いわば精励により利得の実りをもたらす種 semen fecundum lucri per industriam だからである。このため、それ単独であるよりも多くを求めてよいことになる[13]。」

ここでレッシウスは残高としての貨幣に関するスコラ的伝統にふれているわけで、それは少なくとも遠くアクィナスが貸付の返済遅延への補償【249】や窃盗後の原状回復にふれた著作にまで遡る。ところがレッシウスの時代の金融環境は新しいものなので、この考えの適用範囲は聖トマスよりも相当広い。

レッシウスはスペインの神学者にも似て、事業主は現金残高の一部からの貸付に停止利益を適用してもらえると認めるに至る。彼は取引、投機、予備的残高を区別し、アスピルクエタを引いて貸手が予備的準備を保有していてもこれらの最初の二つからの貸付に利子が生じるのが当然だとの見方を示している。貸手がこうした準備金を確保する堅実で客観的な根拠があるか否かは重要な問題ではない。それは単に保有を説明する空しい恐れ inani timore にすぎず、それでも利子は人手に渡った資金に発生する。[14] 貸手が自分の持高をどうとらえるかにこそ大きな配慮を要する。

レッシウスがここで用いているような主観主義的接近法は、同書ののちの箇所に出てくる価格決定全般の取扱い方と全面的に整合する。この経済問題を扱う冒頭の章では、彼が描き出す個人が商取引の儲けと損失に関する内的な計算に従って行為するとの仮定に基づいて分析していることを明らかにしている点も明記しておこう。明示されているが、誠実な交渉者 nagotiator diligens を、つまり好ましい機会をとらえて最善を尽くす注意深い事業主を描いているのである。[15] 同様に、数年後にルゴ枢機卿はこの考察が「自分のできるどんな公正な権利源泉からでも利益を得る」ことを「精神と指向において」目指すような誠実な事業主にあてはまると述べている。[16] レッシウスやルゴの世界の経済主体は中世スコラ学者のそれからは多少とも、またプラトンやアリストテレスが見出したポリスの理想的な市民からはかなり離れている。彼らの主体はあの「経済人」という抽象にかなり近いが、最大化に関わるこの「経済人」のエゴイスト的な計算がのちに【250】一部の経済学者の間で推論の目立った特徴となるのである。[17] この歴然たる力点の移動は大まかにはルネサンスの知的趨勢に含まれる人格概念の変貌に起因するのかもしれない。

レッシウスは貸付契約で主観的考察の論理を徹底したため、停止利益に見出す事柄の範囲においてスペインの先行者たちを超えている。投機的残高からの貸付は直接投資のためだけではなく貸付のためにも保有されており、利子を生んでかまわないと認めている。ここでの資金がそれまで事業に用いられていたか、貸付需要がなければそういう用途に差し向けるつもりだったときに貸付がなされると〔貸手は〕利益が得られない。[18] この一歩を踏み出すことでレッシウスは貸付可能資金の活発な市場があるときは、個人消費の必要を抑えたり計算不能の偶発事象に備えて保有された貨幣のみが、貸付に回されたときに逸失利益のコストを免れうる〔利子がつかない〕と示唆しているわけである。

2 貨幣喪失

ある種の貨幣残高〔単なる消費向け持高など〕は貸付で使いつくされたときに潜勢的な利益を犠牲にしないこともあるが、レッシウスによるとどの貸付も貸手をある程度まで流動性の犠牲に晒す。金融、商業活動の一定の制度的枠組の中では、流動性の喪失が利子に対する新たな権利源泉として貨幣喪失 carentia pecuniae をもたらす。【251】アントワープのようなビジネス・コミュニティでは流動的であることにはある種の優位性が備わり、特に事業主はこの優位性を得るためにお金を払おうとする。手中のお金は役立ち、お金がなければばない「利便と便益」をもたらす。貸付をするとその役立ちは失われるので、貸手は利子を受け取ることで補償してもらうわけである。三百年後のジョン・メイナード・ケインズと同じく、レッシウスにとって利子は現金残高を保有したいと思う欲求に関連した現象とみなせる。その欲求の基底には三種類の動機がある。取引動機、予備的動機、投機的動機である。レッシウスの考えが後代のどこかで経済思想と貨幣政策 monetary policy の推移の中でもっと確実に理解されていれば、いわゆる「ケインズ革命」の重要な一角、一部の歴史家の考えでは最も重要な一角が、ケインズの時代にはおそらく革命的と言うほどのものではなかっただろう。

　レッシウスの商取引分析では流動性選好の存在がもつ意味が頻出テーマとなっている。例えば割引をへた手形購入、つまり将来貨幣の権利購入の議論で彼はこう書いている。「それらが商業的な意味で販売可能なものとして呈示されている限り、この権利は手中にある現金よりも人間の一般的評価において価値が低いとみなされる。これは貨幣がそうした権利〔だけ〕なら与えてくれない数多くのものを買う手段となるという点でよく経験する問題である。だから将来貨幣の権利の価格は低めで至当である[19]」。

　同じ議論の末尾でこうした買入に対する反論に応答してやはり断じている。「現金を払う者は誰しも、将来貨幣の権利によってはもてない力または優位性を自分から奪っている[20]」。のちに年金と呼ばれる契約を検討する中で、「実りある財を買うか、大幅な利益を伴ってビジネスが実行できる」手段となる「手中の貨幣」と、「ほとんどつねに」リスクに晒される貨幣入手権とを対比している[21]。同じ【252】ことを強調した箇所が外国為替取扱業を論じた次の章でも見られる[22]。

　だから貨幣貸付の場合、利子賦課が流動性喪失の埋合わせで、貨幣を手元の残高としてもらう用役代 service とみなせるとの考えをレッシウスが前面に押し出したのはもっともである。さらにこうした賦課の大きさは喪失が続く期間の長さと、借手の債務不履行でそれが恒久的となる〔貸し倒れる〕リスクの度合によって変わりうる。理由は何か。

　　貨幣は事業の用具で、人から彼の業務の用具を奪うこと〔の対価〕は貨幣で測れるから、商人は貨幣の欠如に対するいくらかの価格を、特に共通善がそれを求める場合に、共通の合意によって定めてよい。しかし共通善がそれを求めるということは論証されている。なぜなら多くの人が現在貨幣を求め、無料で貸してよいと言う人を探すのは難しいので――一つには資本リスクやその回復の困難から、一つにはさまざまなやり方で、特にいまの時代には盛んになっている為替をとおして事業の利点を失うことへの警戒といった理由で――貨幣の欠如が特定時期にこれくらいの値をとると推計できるような条件全般を計算に入れたうえで、商人が共通の合意によって貨幣の欠如に固定価格をつけるよう理性が求めるからである(23)。

のちに彼は述べている。貨幣を奪われた人は「……五か月の貨幣の欠如に四か月のそれよりも、四か月の貨幣の欠如に三か月のそれよりも重い価値を見出す。理由は、一つにはその貨幣で何かを得る機会を失うから、一つには彼らの元本が危険に晒される期間がより長いからである……(24)」。

　要求されうる利払い額の決定因として損失リスクという因子を導入した先例はスコラ思想にはほとんどない。ただリスク引受けがもつ意味のいくつかの面は長らく認識されていた。例えば伝統的な理由から【253】商人の利益の一部は正当化される。聖トマスもまた、事業パートナーシップに純粋な金融業者が参加しているのかを見分けるためにこの因子に訴えた。だがこれを貸手が移転した資本に初めて適用したのは、アルカラで教えたスペインの神学者ジョン・メディナ（John Medina 1419–1516）であった（Juan de Medina 1489–1545 のことか）。次にそれを重視した人物はルイス・モリナで、レッシウスのあとにはフアン・デ・ルゴがそれを含めることに賛同した(25)。十六世紀の書き手の一部は停止利益の範囲を大幅に拡大したが、損失リスク論はおそらく中世の先例から彼らの一部よりも離れたことになり、そこには経済行動に関する新たな主観的接近法が示されている。自己資金を他人が所有する間は憂慮が生じることから個人的に経験しそうな心的不快ゆえに貸手が料金を求めてもよいという考え方は、中世の大半の精神にとってまったく見知らぬものだったと思われる。聖トマスが教えたとおり、法的に、したがって客観的には、貨幣の所有権は消費貸借によって移転された。そういう客観的事実が決定的であった。

　フアン・デ・ルゴは利子徴収のありうる正当化事由としてレッシウスが貨幣喪失を重く見たことに批判的な考えを抱いた。ルゴの理解ではレッシウスはこう主張している。「停止した利得を理由に資本を超える額が請求されるなら、同じくただの消費者が利得を稼ぐ能力なしでいる務めを果たしたからとして何ものかが請求されるべきである。停止した利得がある価格で評定できるだけでなく、利得を稼ぐ能力自体も評定できる。その能力を実際に用いようとせず、利得を稼ごうとしなくても(26)」。ルゴはこの比較的伝統的で客観的な語法でレッシウスの流動性選好論を焼き直し、この推論では【254】ただ単に貸付が行われたというだけという所まで〔利子をとるための条件が〕引き下げられると反論する。利得を生み出す能力の喪失はいつも何らかの消費貸借と関連づけられるべきだが、それは貸付がある期間の広がりをもって与えられるしかない〔ので不確定性がある〕ためである。彼は貸付が返済されると貸手は与えたものと同等分を取り戻すことになるとつけ足す。商売で稼ぐ可能性を初め諦めたかもしれないが、完全に回復されているからである。

こうした伝統的な反論はレッシウスがスコラ的な貸付契約の分析に取り入れた主観的、内在的計算の一面がもつ新しさにいま一度注目を向けさせる。さらに彼らは貨幣移転の取扱いにおいて新たな制度的注目法を示している。バーナード・デムシーが気づいたとおり、特にこの場合ルゴは中世の先行者がしたことに立ち戻っている。それは「組織的な市場と真の共通価格の問題がなく、条件系列をなす因子全体を取り去られた裸の貸付が二人の独立した個人の間で考察されている場合」〔二者間での相対契約〕を考えたからである。[27] 他方でレッシウスは活発で高度に組織された市場を問題にした。交換を通して現れた貸付の市価という外的現実は、貸付に関する経済的道徳を定める私的計算をレッシウスが重視したことに対して客観的要因でつり合いをとるものである。市価は適法な利得についての私的計算を左右する重大要因である。市価とはこうした諸計算が寄り集まって現れた結果だとしても。客観因と主観因のこの相互的関係は、財に関してはそれまでの数世紀にわたって認識されていたものである。

3　貸付と為替

流動性喪失の補償という利子概念は利子の根拠として停止利益よりもかなり広く、レッシウスはそれによってスコラ貨幣思想の比較的長く続いた欠落の一部に対処することができている。とりわけ外国為替取引の客体としての貨幣の議論と貸付の主体〔当該物〕としての貨幣の議論の分裂を解消できている。この点でのレッシウスの達成を評価するには【255】レオン・ワルラスの『純粋経済学要論』（一八七四―七）を見るのが有益である。

スコラ学者は利子の権利源泉である停止利益によってワルラス体系にある重要な関係式に近づいている。ワルラスによると貨幣〔貸付の〕利子率は物的資本に対する正味収益の貨幣的表現である。均衡において貨幣利子率は正味所得率、すなわち手段としての資本を使用する単価である。均衡においてはまた各資本財の年間用役 service〔本体が生む付帯物一般も指す〕がもつ正味価値の、売価に対する比率はすべての資本財で同じで、正味所得の比率〔利子率〕はこの率を表す。だから利子率 i は、資本財の年間用役の粗価値を p、減価償却と保険の費用を $(\mu+\nu)P$ とし、資本財の資本価値〔売価〕を P とすると、こう書ける。

$$i=\frac{p-(\mu+\nu)P}{P}$$

スコラ学者はまた、利子率が正になるのは物的資本の収益が正だからだと説明した。さらに公正利子率の大きさは物的資本に対する平常収益率〔ワルラスの用語では正味所得率〕で与えられる。[28]

またアスピルクエタ以降のスコラ学者はワルラスが立てた別の関係式に近いものに到達した。『純粋経済学要論』第三〇章でワルラスは財としてとらえた貨幣の価格はその効用に対して比例的に、またその数量に対して反比例的に変化すると述べた。この考え方は尺度として選ばれた財で表示された貨幣の価格が p_u、要求された現金残高の〔尺度財表示での〕集計価値【256】が

H_a、貨幣数量がQ_uならこうなる。(29)

$$p_u = \frac{H_a}{Q_u} \cdots\cdots\cdots （＊）$$

そのうえでワルラスはスペイン人の書き手にはないがレッシウスにはあるもう一つの関係式を定式化する。財表示での貨幣価格は変化し、正味所得と関連づけられる。貨幣価格をp_u、正味所得率をi、貨幣残高（つまりストック）が与える〔財〕入手の容易さという用役の価格をp'_uとしてこう書ける。(30)

$$p_u = \frac{P'_u}{i}$$

貨幣が入手の容易さをもたらす用役の価格だというこの見方は、流動性喪失の価格というレッシウスの見方のワルラスにおける等価物である。レッシウスはこの見方で武装したおかげで、p_uが変数とされる外国為替市場の分析をiを考慮する貸付市場と関連づけられた。レッシウスにおける貨幣利子率、ワルラスにおける貨幣の入手実現用役の価格は、二種の影響に左右される市価として定まる。一つは貨幣の供給に比べた貨幣残高需要に対する影響、もう一つは資本投資の収益を左右する広範囲にわたる諸力である。要求された現金残高の用役の集計価値を$H_a i$とすると、ワルラスの用語体系ではこうなる。(31)

$$P'_u = \frac{H_a i}{Q_u}$$

レッシウスがこの新たな知見を示すとき参照していることがある。それは、

【257】……アントワープの証券取引所 Bourse or Peristyle（中庭に面して列柱がある建築物）では商人が毎日集まって貨幣の過不足、為替の数字、商品の数量はじめ現在貨幣の必要が出てくる他の利得の源泉すべてを計算する営みである。そして〔彼らは〕自分か代理人によって貨幣逸失の対価を定める。人に貸す商人は自分の貨幣を各約定期間の間もって行かれ、合意した時期までは取り戻せないのでこの対価〔利子〕を求めてよい。この対価はときに年間六％、ときに七％、八％、九％、十％、十一％、十二％になり、それ以上を要求することは一五四〇年十月四日にブリュッセルで布告されたカール五世（神聖ローマ帝国皇帝。スペイン王カルロス一世でもある。なおベルギーは当時スペイン領）憲法の七六七頁で禁止されている。(32)

レッシウスはこの分析で貨幣貸付の道徳性を考える際に貨幣の価格を単位元とみなすべしという聖トマスの暗黙の仮定から自由になった。聖トマスにとっては入手可能な貨幣の量と要求される現金残高の間のどんな不均等も存在しないし重要でもなかった。スペイン人の書き手も含めて後期スコラ学者はこの点で彼を引き継いで貨幣貸付について考えた。（＊）式で表されるものがつねに単位元とされるなら事業主が取り組む借入の大半の公正価格を定めるうえで計算を要する唯一の要素はiである。

レッシウスの新たな分析法の中でもう一つ決定的に重要な要素は、貨幣貸付市場の存在を認識している点である。例えば聖トマスは財やサービスの市場を考えたが、この分析を拡張して

貨幣を含めはしなかった。カエタヌスは国際的に取引されている貨幣についてこの欠落に善処した。レッシウスはアントワープのような中核都市においては国際為替取引と与信一般の間に密接な関係があることを見てとったので、制約の多い中世の見方をもっと拡張したわけである。

　貸付市場が存在する所では利子徴収の道徳性は根本から変貌する。特に独立の交換と考えられた貸付においては個人の貸手に損失が発生することは重要だが、貸付市場があればそうでもない。重要なのは【258】流動性喪失の対価として客観的に表明された公正な価格がコミュニティの中に存在するという点である。レッシウスは新たな考え方をこう表現している。

　さらに、どの商人も貸付のせいで停止する自己利得などないときにも、その場でこの価格を要求できるようである。これは商人の間での貨幣の逸失に対する公正価格である。どのコミュニティでもある資財や債務の公正価格とは、よき信頼をもって共通善のためにあらゆる状況を勘案して当のコミュニティがその財や債務につけるものだからである。……したがって、この逸失に対してこうした価格が正しい理由で課されている以上、私から見て一年間の貨幣の逸失によって停止する利得も資本リスクもないとしても、私も他の人々も同じくそれらを要求してよい[33]。

4　価格と市場

　レッシウスは利子問題を扱ったあと第二一章で価格一般の決定論に移る。曰く、「公正価格とは共通善のために公的当局が決めた価格か、人々の全般的評価で決まった価格と考えられている[34]」。前者は法的または法定価格である。後者は民定または自然価格である。彼の見るところでは、いずれの場合でも「ものの価格はコミュニティ単位の問題として作用し、個人の感じ方や利益から作用しない。価格は結局こうしてできる。なぜなら個人の判断は誤る場合があり、利得欲にたやすく支配されるからである。共通判断なら、より誤りに陥りにくい[35]」。法定価格と自然価格の大きな違いは、前者が【259】「絶対額をなす点にあり、自然価格はそうではなく一定の幅をもつ（スコトゥス等の考えのとおり）[36]」。

　レッシウスは伝統的なスコラ的分析と同じく、どの財でも二つの価格がかなり開き始めたら法定価格が自然価格よりも優先されるべきだと説く。しかしこの一般原則に二つの例外を付加して、経済問題に関して公的当局に全面的に依存するという考え方をおしなべて大幅に制限する。第一に法定価格が自然価格より高い場合である。この状態では市場の合意が決定的たるべきである。〔第二に〕レッシウスの経済的自由主義は、自然価格の方が高い事例では法定価格よりも優先されてよいと述べるとき、いよいよ明確に示されている。こうした事例とは「供給やそれに類する要因が増減して状況が変わるとき当局があらためて法定価格を変更するのを怠った場合……[37]」である。個人として活動する「民間の個人」も、当局が「商業環境について誤報を流したり売手か買手への敵意から価格を固定したり」すると、法定上限を超える価格を要望してよい[38]。レッシウスの場合、社会的関係の公正な組織法に対して現実市場の論理が力強い影響力をもつことは明白である。

　供給条件の変化だけでなく広範な他の諸力も、至極当然ながら価格形成に影響する。各要因のうち重要として挙げているのは次のものである。「……財それ自体とその多量や稀少。財への要求と財の有用性。売手と彼が財を入手、輸送、保管するのに要した労働、経費、リスク。常設販売されたか注文分だけかといった財の販売方式。消費者とその多寡や、貨幣が多量か稀少か[39]」。

　こうした諸要因が相互作用をする中ですべての財に公正価格が現れるので、市場の背景は完全競争のそれに違いない。レッシウスは正確に【260】その後の経済思想の発展の中でその市場の背景を定めるものと広く認識されるようになる二つの基礎条件を特定している。例えば十九世紀の終わりごろアルフレッド・マーシャルは書いている。「だから私たちの典型的な（完全）市場では、需要と供給の諸力が自由に作用すると想定される。いずれの側でも取引参加者に結託はないと想定される。……しかし誰もが自分のために行為しても、他人の出方に関する各人の知識は一般に他人よりも少なく受け取るとか、多く支払うことがないようにするには十分である[40]」。レッシウスも「……商人が自分だけ何かを販売できるか、一定価格で販売できるようにするあらゆるたくらみや努力」を市場は排除するという視点から話を進める[41]。さらに時間や場所の違いに妨げられない完全な知識があるに違いない。彼は資財の価格は公正水準にたどり着いたら「……市場で公開されて展示され、町じゅうの人がふれ役 town crier のかけ声とともに一堂に会すれば公衆の評定でつけられたであろう値」と同じになるだろうと記す[42]。

　この状況なら公正価格は資財をふだん市場に供給するときの通常の生産コストに近づくだろう。コストが通常値以下かゼロのときでさえ、個々の売手は価格をつけてよい。常設的市場がないときにのみ、個々の供給元が価格計算に直接関与する。彼は記す。

> 財を入手、輸送、保管するのにかかった労働と経費を理由に高めの価格をつけてよい。【261】これは財に価格が設定されていないときのことである。価格があるとしても、それを最初につけるときの設定で商人は莫大な経費を見込むかもしれない。……財がすでにそれぞれの一般的売価をつけられている場合はまた別で、商人はその値で売るか売り控えるしかない。……しかしこの手の価格にたどり着くときは、通例または通常かかる経費の計算がすでにできている。だが商人の経費の方が高ければ彼は不運であって、共通価格はそのおかげで上がるわけではない。商人の経費がゼロであっても価格

が下がる謂われはない。商人はこういう状態に置かれている。経費を抑えたら利益が出るのと同じく、経費がとても高くつくか莫大なら損失が出る。[43]

レッシウスの分析には長期と短期というマーシャルの有益な区別はないが、この神学者の自然価格は通常の生産コストが定める均衡点の前後を動き回っていることは明白である。

レッシウスの説明では、この通常コストには企業家が他の業種の事業活動に移らないよう収入を与えてやるのに要する売上の意味での通常利益が一定割合含まれることは、示唆されてはいても明確とは思えない。ただこの欠落は直後にルゴが埋める。彼は商人が別の商売を始めないようにする機会コストという要素を取り入れたからである。このコストは企業家の正味所得受取りの根拠である。ルゴは述べる。

> 商人はふつう自らの業《ぎょう》としてex officio物販をするが、ある者がそうするとき彼はこの理由で自分を維持するお金を稼ぐために高めの価格で売るかもしれない。なぜなら彼らは財を集め、保管し、提供することに仕え、他の職種や利得の源泉は諦めているという事実が、各価格から推定できるからである。……しかし厳密に言うと、これは真の価値以上での販売とは言えない。なぜなら、財の公正価格の評定では商人のコストと利益に注意が集まり【262】、共通価格と自然価格はこれらすべてに対して定まるためである。……[44]

レッシウスの経済思想にはここで強調すべき特徴がいま一つある。根本的統合性である。第二一章での彼の価格づけ分析は、利子やアントワープ証券取引所について前の章で書いたことを直接反映している。証券取引所はすべての参加者がいま広まっている商業環境を同時に意識できる競争的市場である。貨幣の欠如の対価〔利子〕は客観的に定まり、貸付を行なっても〔機会〕コストが生じない個人ですらこれをとってよい。この論脈の外では個々の貸付を与える貸手の実〔非機会〕コストは定まっている。

だからレッシウスにとって貨幣貸付の組織的市場にも財市場にも交換の公正という一つの理論があてはまる。同じ理論が組織的な外国為替市場にもあてはまる。そればかりか彼は各市場で作用する諸力を論じる中で、どの経済でも三つの市場が相互依存していることをよくわきまえた議論を行なっていることがわかる。レッシウスの著作は、多くの市場が個別に特徴をもってはいても同じ原理系列に従って作動していて経済全体はそれら多くの市場が絡み合って構成されているとする見方に向かう重大な一画期をなすものである。

5　賃金の決定

以上とは別に労働市場にも統合的価格決定論が適用される。初期スコラ学者は労働用役の価格づけにおける公正の問題に相対的にあまり注意していない。聖トマスは賃金支払を「ほとんど同じものの対価であるかのように」労働の自然な報酬だと述べた[45]。賃金支払は財に対する支払に関する公正の規範と同じ規範に支配される。【263】大多数のスコラ学者はこの問題について熟考はせず、この流れに従って満足していたようである[46]。

レッシウスも賃金決定を彼の価格づけの一般理論の特殊例として取り扱ったが、分析は労働市場に作用する諸力についての各論的な解明をもたらすに十分な広がりをもつ。第二四章（「或問第四 Dubitatio IV」）で彼は疑問を提起する。「何が労働者、下僕、人々が職務を果たしたことに対する不正なき報償だと判断できるのか」。直接の答えは「所与の場所と期間に支払われている習慣的な」料率だというものである。続けて彼は何であれ特定の職業に対して公正とみなせる最低賃金支払は、習慣的な最低水準が疑わしいとすればどう定まるのかという問題を取り上げる。

財価格の問題では、不正なき市価に疑問があれば売手は生産コストに遡ればよいことはすでに見た。しかしレッシウスは適正賃金率を定める手がかりとして労働用役の生産コストという考えに直接訴えない。むしろその賃金率に対する労働者の〔労働〕供給面での反応に目を向けてこう記す。「こうした仕事や職務や用役を当の報償のために喜んで実行する人が他にもいるという事実から見て、それ〔賃金支払〕は最低水準以下ではないと言える。それはこの報償がすべての条件を勘案のうえでその職業の正しい価値以下ではないことを明白に示す……[47]」。

あらゆる雇用形態における絶対的最低水準の公正賃金とは生存維持賃金である。これは各被用者の労働価値なり生産性がゼロまたはゼロにかなり近いときに支払われるべきものである。「雇用主が【264】さらに人を必要とはせずもっぱら本人の主張を呑んでただ同情から雇用するとき〔の賃金である〕。この場合、生存 alimenta を維持するだけを彼に与えれば十分である[48]」。労働者の生産性が彼の生存維持に必要な水準以上を賄える量の正の余剰を雇用主にもたらすなら、賃金支払は少なくとも現地市場でその職業の習慣的な最低水準とすべきである。レッシウスは論じている。「しかし仕事が雇用主に被用者の生存維持水準をはるかに上回る価値という利益 advantage をもたらすなら、彼は少なくとも最低限の公正賃金の水準までは埋合せを求められよう。……労働が雇用主にとって生存維持を可能にするコストを大幅に上回る価値をもつなら、彼はそれに対していくらか上乗せして支払わねばならない[49]」。

レッシウスは、公正賃金構造は生産性が生む付加分のみの影響を受けるのではなく、各種の職業の相対的な正味の優位性 advantage からも影響を受けるとつけ足す。彼の所見では「仕事が社会的地位や俸給をもたらすなら、地位やそれに伴う優越がいわば報酬の一部なのだから、支払額は低くてもよい[50]」。

だからレッシウスは著作のこの箇所で競争的労働市場における賃金決定分析を支持しているものと見られる。この分析が非スコラ的経済思想の中で出現するのは、ようやく十九世紀末にかけてのことであった。正味の生産性と正味の優位性という二つの基準は、自由な労働市場の中での相互作用において所与の社会的、経済的世界にふさわしい賃金構造を生む。

この神学者は限界主義者W・S・ジェヴォンズと同見解なのである。ジェヴォンズは十九世紀前半に優勢であったブリテンの【265】経済学者の見方に反して生産的用役の価値は商品の価値から生じると論じた。例えば労働の価値は製造物の価値で決まらざるを得ず、製造物の価値が労働の価値で決まるのではない。レッシウスとジェヴォンズのこの類似性の背後には、経済的な量は結局個人の感覚や精神の状態の帰結なのだという共通の信念がある。

レッシウスの首尾一貫した主観主義は賃金支払を扱う際に前面に躍り出る。「一体の活動である仕事をするよう数人に雇われた人は、数人分の報償すべてを受け取っていいのだろうか」と彼は問いかける。この問いに全否定で答えそうな人に対して彼はこう論ずる。

数人分のための用役を一体の仕事として引き受けた人がいて、その各人にとって一人だけのために仕事がなされたときと同じくらい有意義なら、用役が一人のためのみに行なわれたときと同じだけ各人に対して料金を求めてよい。……私は一つの同じ作業で数人に対しても一人に対しても等しく有利になるように物事を片づけられるので、各人から見て仕事の評価がこれによって低下することはない。私の仕事で他の誰かが受益しあなたにも仕事をしているためあなたも受益するので、あなたの方が私の仕事の価値を小さいと見ることはない。あなた一人のために行なった仕事が二フラン金貨に値するなら、私は同時にそれでもう一人連れてくることができるが、だからといってあなたにとって価値は低くならない(51)（同じ仕事を何人でしてもらっても依頼主にとって価値は同じである）。

こういうわけで、労働用役の報酬決定にとって消費者の価値評定が最も重要である。被用者に限界コストを発生させずに追加的用役がなされたとしても、用役の受け手にとってそれに価値があるという事実が報酬を保証する。

一見すると同僚がふつう行うのと同じだけの労力を支出しているのに、ある人物の方が高い報酬を得ることがある。レッシウスはこれを説明するためにある種の人たちがもつ企業家精神または「精励」を要因としてもってくる。この点で彼の【266】説明はまたも、ある種の通常以上の収益を「例外的能力の賃料《レント》」、つまり準評定所得《レント》と見たアルフレッド・マーシャルに似てくる(52)。例えばある男が数人のためにビジネスをしようと遠い町に出かけると、この実行者は一つの旅の料金を自分を雇った人たちそれぞれに対して課すと言える。ところがレッシウスは、彼が受け取る収益は実は彼がいくつかの仕事を組み合わせる際に示した一定の精励に対する報酬であって、旅に対する報酬ではないと言う。彼の結論はこうである。「数人分の仕事を素早く組み合わせられるには人間の精励が不可欠である。それをやすやすと実行できる例は稀だからである。精励に富む実行者が短期間にいい稼ぎを生み出しても驚くにはあたらない(53)」。その所得は例外的能力の印なのである。

6 独占

経済生活における企業家精神《アントレプルナーシップ》（精励 industria）の役割の肯定的評価は、独占的営為に関するレッシウスの所論にも顕著に現れる。彼の独占論は中世の書き手やその後継者の大半の所論から離れた重要部分にこと欠かない。さらにこのベルギー人の博士は議論を進めるうちに、聖トマスが経済分析をはめこんだよりも広い参照枠の中にそれをはめこむ必要に気づいていたことがわかる。彼は個人の個人としての諸関係を考えるような交換の公正論を超えて先に進む必要があると示唆する。アダム・スミスがのちに論証したが、経済分析は一般的（近代の用語では「社会的」）公正という広大な世界を探究するようにも求められている。

レッシウスは初期スコラ学者と同様に独占価格の形成に全般的な反対を表明してこう記す。「物価は商人の気まぐれで左右されるものではない。しかし当局の規制や共通合意では左右され、後者は共謀や欺瞞のないよき信頼の中で、財の供給や稀少性、売手や買手の数に照らして形成される。この結果【267】協議または同意によってこの価格以上を別の人に支払わせる人物は買手に損失という不公正をもたらすので返還を求められる」(54)。四種類の価格統制措置が区別され、うち二つが交換の公正の原則に反するとして弾劾される。

価格固定が弾劾される第一の例は、「売手の共謀」によって共通評価が命ずる以上の価格にされている場合である。共謀者たちには公正に反したという罪があり、不正入手した利得を払い戻す義務がある。レッシウスは同じ理由で買手独占も弾劾する。「買手もある品について共謀する、すなわち他人に公正価格ではなくそれ以下しか取らないように求めると、不公正の罪になる。理由は、売手（その他人）はもっと高い値をとる権利をもつからである……」(55)。

不公正な独占の第二の例は「国内で高値を維持するために、強要か詐欺によって別の売手からの財の仕入れを妨げるとき」である。ありうべき利益をこの行いによって失った国も商人もただちに、独占者から補償を受け取るべきである。ところがレッシウスは独占者が詐欺も強要もなしに（独占という）自らの地位に到達したら補償は必要ないと述べるに至る。思うに、偶然によって得られたか、または他人が無視する取引の機会を知っていて虚偽や暴力で競争相手の参入をわざと阻むことなく維持して得られた仕入独占は、まったくもって適正なのである(56)。

不公正な独占の二つの例と対照的なのは【268】君主によって公正な理由で独占権が賦与され、支配者か「賢慮ある者の判断」で価格を固定して財（特に必需品）が販売されている場合である。「公正な理由」の二つの例が示されている。君主は、特権を売り渡すことで「公共善」のために必要な資金を得られる場合は、特定の業者か業者集団に譲許を与えてよい。また「しばらくは特権が与えられていないと簡単に回収できない経費ゆえにこういう品物を十分な量だけ運ぼうとする者がいない場合は」公正な理由がある[57]。レッシウスはこの第二の例で念頭にある経費が長い構想期間を伴う資本支出なのか、また元値で単価当たり薄利しか出ない財の取引に言及しているのかは特定していない。とはいえ、ここでは長期コストの回収が市場の供給に下限条件を定めるという認識ははっきりとある[58]。

レッシウスの独占論の中でも抜きん出て重要な側面はもう一つの例をめぐる議論に現れる。「数人がある種の財〔収穫期かその前後の穀物など〕をあとで裁量的に売るためにすべて買い上げる」例である[59]。レッシウスは「書き手たちはふつう、これらの人々は公正に反する罪を犯しているので返還すべきだという判決を下す」と見ている。ところが既存のスコラ的伝統から離れてこう論じる。「しかし私にとって反対の見方が信じがたいと思えたことはない。すなわち、これらの人々に返還する厳密な公正の義務はなく、個別的〔部分的〕公正 iustitiam particularem に反する罪もなく、法的公正または公的効用 iustitiam legalem seu publicam utilitatem……に反しているだけである。【269】ルイス・モリナもこの考えである[60]」。

レッシウスはこの議論によって特定の個人どうしの関係が優先して考察される世界の市場行動の分析から、経済全体の厚生が決め手となる領域の分析に踏み入っている。

第3章ではアリストテレスが公正をいかに一般的公正と個別的公正に分けたかを見た。後者には分配の公正と矯正の厚生が含まれ、交換取引はこれら二者が結合した現象として取り扱われていた。一般的な公正や法的公正の明示的な考察はなされておらず、それは市場交換を二者間交換の問題ととらえるアクィナスの所論にもあてはまっていた。ところがレッシウスは価格づけの道徳性分析に関するアリストテレス‐アクィナス的伝統の中で力点を大きくシフトさせる可能性を拓いたのである。

レッシウスは彼の見る独占者〈先買〉と〈先蓄〉、またはそのうち一つを行う）は個別的公正の規範に反さないとみなし始めたのである。彼の議論を見よう。

彼らは〔独占的〕買入のかどで不公正の罪に問われない。現行価格で買ったと推定されるからである。この方式で高値になったことも重要ではない。買手の数が多くても値上がりするからである。だから買ったことで不公正の罪に問われはしない。価格上昇を招く行為が不公正にあたるわけではないからである。彼らはこれを供給の阻止、すなわち売惜しみで実施しているわけではない。公正が彼らにそのときに売れと迫っているでもなく、彼らは決して売るよう迫られてはいないからである。彼らは別の機会を目当てに財を引っこめるか別の地にもって行くか他人に不公正なことをせずに消滅させることさえできただろう。彼らはその財の絶対的所有権をもつからである。国に住む人々も売手が売りたくなければ、財を買う公正な権限をもたない。あるいは彼らが自分の品物を川に捨てたと仮定すると、あなたは彼らが反公正の罪を犯すことになると言うしかなくなるだろう[61]。

【270】〔こうなると〕個別的公正の規範の重要性が破壊され、独占者の行為の道徳性を評価するには一般的厚生か公的効用の基準に頼ることしかできない。この評価を実行するには、それまでの書き手が無視してきた所得分配と経済成長の問題へと経済分析が所を移さねばならない。レッシウスは先行者たちが関知しなかった経済学の眺望を求めて熟考しているのである。

以上のレッシウスの議論は、公正価格とは共通評価が定めた現行市価だという金言の方へと向かうものである。ここで彼の独占者はつねに共通評価で決まった価格で売買している。彼が考える独占的価格づけの第一の例の「共謀者」と違って、彼らは公正価格（市価）以上で売ろうとはしない。市場が客観的にもたらすであろうものを、与えかつ取ったのである。ところが彼ら自身が市価水準の決定に与る一つの力なのである。彼らは「共通評価」と呼ばれる合意の一部をなす。

この論理は、投機の道徳性をどう扱うかという問題に価格形成の道徳性についてのスコラ的分析が正面から向き合うよう迫る。あらゆる投機を不法とすべきなのか。レッシウスは明らかにそうではないと考える。企業家精神と投機は絡み合っており、しかも前者は長らく経済的営みの中で見返りを受けるべき要素と認識されていたのであった。レッシウスは彼の独占者を「彼らの精励［企業家精神］によって……すべての財を買い上げて値上がりするまで保持する」ことに成功した人たちとして描くことでこの問題に注意を促す(62)。概念的な側面では、この推論は経済プロセスの説明に時間と期待をいかに統合すべきかという問題を浮かび上がらせる。スコラ学者にとって道徳上の問題であったことが、近代の経済学者からは政策上の問題とみなされている。概念上の問題は両者にとって同じなのだが。

先に論じたレッシウスの貨幣・利子分析は正確に同じ課題を提起している。私たちはそこでレッシウスが二種類の投機的現金残高需要を認識していたことを見た。投機筋は利益率の上昇を待ちながら残高を保持している。彼らはまた貨幣を【271】利子率上昇を期待しつつ保持している。潜在的貸手が資金を引っこめると貨幣不足が生じ、そのため利子の形でさらに資金を支配できるので、彼らは前の貸付に関わって先に受け取った利子によって、のちの貸付からそれより高い利ざやを得ると言えるだろう。ただスコラ学者にとって昔の貸付機会から得られたはずの稼得はのちの貸付に対する補償の根拠としては容認できなかった。ケインズ卿によって知られるようになった意味での近代的な政策問題とは、投機筋の利子率に対する、ひいては経済における投資や雇用の水準に対する影響である。概してレッシウスはスコラ的経済分析をこれらの点で経済学者にとって現代的な、あるいは少なくとも準現代的な重要性をもつ問題に関与する瀬戸際までもって行ったように思われる。

7　後代との対比

レッシウス経済学には、結論においてふれるべきの一つの一般的特徴がある。そのあと十七世紀、十八世紀、および十九世紀前半に現れることになる非スコラ的分析の大部分と彼との対照性である。彼が著作で用いた諸概念とのちの経済学者のそれとの間には類似性が見出せるが、それは重農派や重商主義、古典派経済学の頃の代表者よりは、ジェヴォンズ、ワルラス、マーシャル、ケインズら十九世紀後半から二〇世紀前半の人たちにあてはまる。この対照性が生まれる理由の一端は、重農主義と重商主義の中に後期スコラ学者の経済学的探究よりも退行的な諸側面が見られるという点にある。

アダム・スミスは投機的企業家《プロジェクター》やパンフレット書きを重商主義者と呼んだが、彼らはソピストが展開した古代的な経済学的探究へと退行してしまった。彼らは国民国家建設の経済学に関心があり、具体的で実践的な結果の達成をねらっていた。彼らの手の中で経済学は再び工学に逆戻りしてしまった。彼らの大半が抽象性のある分析にほとんど関心を示さず、モラリストの慎重な分別と冗長になりがちな法学的論理に関して率直なところ嘲笑的であった。その中で後者に見られるある種の価値ある分析上の提唱は無視されてしまったのである。

【272】投機的企業家の批判者としての重農主義者は、自らの敵と同じくらいの長さだけ歴史に遡ることはなかった。彼らはむしろ公正で繁栄した社会を目指す中世的な青写真に帰ったのである。聖トマスなら彼らの主な考え方の一部を全面的に受け入れられると見るだろうが、レッシウスとその先行者の一部から見ると彼らは反動的に見えるであろう。アントワープにレッシウス、さらになお百五十年以上前の北イタリアにサンベルナルディーノがいる。彼らはポスト中世の商業世界の中で秩序と公正の可能性を描き出し、そのことでこの商業世界の特徴の分析に取りかかったのだと考えられる。重農主義者はと言えば、中世の〔経済〕状況に範をとった静態的社会に手っ取り早く置き換えることを請け負うという道を選び、上記の多くの特徴を理解するという課題には背を向けてしまったのである。

原注

（1）John T. Noonan, *The Scholastic Analysis of Usury*, Cambridge, MA: Harvard University Press, 1957, p. 222. もう一人の近代の研究者による類似の評価は次を見よ。B. W Dempsey, *Interest and Usury*, Washington, D.C.: American Council of Public Affairs, 1943, pp. 122-4. これらの評価と対照的にルーヴァーはレッシウスがスコラ経済思想に「二つの小さな寄与をした」とする。Raymond de Roover, *International Encyclopedia of the Social Sciences*, Vol. 4, 1968, p 435.

（2）アスピルクエタの『告解師と改悛者の手引き Manuale sive enchiridion confessariorum et paenitentium』がドゥエーの上級学生のゼミで基礎書目として使われていた。次を見よ。Thomas F. Knox ed., *The First and Second Diaries of the English College, Douay*, London: Nutt, 1878, p. xlii.

（3）ウィレニウスによると、スアレスの『討論と見解 Conselhos e pareceres』（Coimbra: Acta Universitatis Conimbriginsis, 1948-52, I, II, 1-2）には経済学的関心を示す広範囲の話題が取り上げられている（Reijo Wilenius, *The Social and Political Theory of*

Francisco Suarez, Helsinki: Societas Philosophica Fennica, 1963, p. 70)。

（4） 次を見よ。T. J. Campbell, 'Introduction' to Leonard Lessius, *The Names of God and Meditative Summaries of the Devine Perfections*, New York: The America Press, 1912, p. xii.

（5） 彼の前の師スアレスのこの問題についていの論考『信仰の擁護 Defenso fidei』（一六一三）は王の命令によりロンドンで公開焚書にされた。

（6） Leonard Schoofs, *De vita et moribus R. P. Leonardi Lessi*, Paris, 1644, pp. 38-9.

（7） J. B. Ferreres, *Compendium theologiae moralis*, Vol. 1, Barcerona, 1932, p. xxviii.

（8） Charles G. Herbermann and others eds., *The Catholic Encyclopedia*, Vol. 9, New York: Encyclopedia Press, 1910, p. 192.

（9） Introduction to B. W. Dempsey, op. cit., p. viii.

（10） Richard Ehrenberg, *Capital and Finance in the Age of the Renaissance*, London, 1928, p. 234. 詳細は次の優れた研究を参照。Herman van der Wee, *The Growth of the Antwerp Market and the European Economy*, The Hague: Nijhoff, 1963.

（11） 当時までにヨーロッパの各地域にある多くの金融拠点が投機活動によってつながっていた。レイモンド・ド・ルーヴァー曰く、「十六世紀の大きな発展の一つはカスティーリャ、リヨン、フランクフルト・アム・マイン、とりわけブザンソン〔東フランス〕の市《いち》が国際清算拠点として台頭したことである。ブザンソンの市はまだそう呼ばれたが、一五七九年以降はスペイン王室の金融ビジネスを独占したジェノヴァの銀行家たちが先導して事実上ピアチェンツァ〔北イタリア〕で開催されていた」。同氏は「遡及為替cambio con ricorsa」は「振出と再振出がジェノヴァまたはもう一つの銀行のある都市とブザンソンの市を往復するような道具であった」。この道具はあらかじめ決められた為替レートでの為替と再為替からなり、スコラ学者モラリスト〔道徳神学者〕に新たな問題を投げかけた。次を参照のこと。R. de Roover, 'Scholastic Economics: Survival and Lasting Influence from the Sixteenth Century to Adam Smith,' *Quarterly Journal of Economics*, Vol. LXIX, May 1955, pp. 170-1; J. T. Noonan, op. cit., pp. 331-2.

（12） *De justitia et jure*, II: 20: 10: 68.

（13） Op cit., II: 20: 11: 80.

（14） Op cit., II: 20: 11: 86, 87.

（15） Op cit., II: 20: 12: 103.

（16） J. de Lugo, *De justitia et jure*, Disp. 25, Para. 181.

（17） これは、ルネサンスのスコラ学者がむき出しの姿で「経済人」に出会ったとすればそれを支持しただろうという意味ではない。むしろ彼らの反応はアルフレッド・マーシャルのそれに似たものとなったであろう。ヴィクトリア朝期の言葉遣いは用いないとしても、彼らは経済人について同じ感情を抱いただろうことはマーシャルの書いたことでわかる。「これらすべてにおいて経済学者は人間をあるがままに扱っている。抽象的または〈経済的〉人間としてではなく血と肉をもった人間として。企業生活をかなりの程度までエゴイズム的動機で色づける人間である。だが虚栄や無謀の脆さはこうむり、仕事をそれ自体のためにする喜びは十分に享受する人間でもある。家族、隣人なり国家のためによきことをなさんとして自らを犠牲にする喜びをわきまえ、有徳な生活をそれ自体のために愛することを知る人間である。」A. Marshall, *Elements of Economics of Industry*, London: Macmillan, 1919, p. 26.

（18）L. Lessius, op. cit., II: 20: 11: 89 et seq. ヌーナンはこう指摘する（J. T. Noonan, op. cit., p. 263）。「レッシウスの包括的議論はどの程度プロの貸付業者すべてを正当化するだろうか。彼以前には主な学者は誰一人商業や農業に貨幣を使おうと積極的に構想する事業主や投資家くらいにしか〈停止利益〉を認めなかった。ここにおいて初めて貨幣貸付が主たる業務と思われる人間に権利が賦与されたのである。それは論理的〔に当然〕なものだが、画期的な一歩である。」

（19）L. Lessius, op. cit., II: 21: 8: 66. レッシウスが述べるには、この立場に対する支持は「インノケンティウス」、すなわちシニバルド・デ・フィエスキ（教皇インノケンティウス四世 Sinibaldo de Fieschi, Innocentius IV d. 1254）や「パノルミタヌス」、すなわちニコラス・デ・トゥデスキ（Panormitanus, Nicholas de Tudeschi 1386–1543）などのかなり早期の書き手の著述中にみつかる。

（20）Ibid., n. 73.

（21）Op. cit., II: 22: 4: 31.

（22）Op. cit., II: 23: 1, 4.

（23）Op. cit., II: 20: 14: 123.

（24）Op. cit., II: 23: 6: 56.

（25）メディナとルゴのリスク分析については、J. T. Noonan, op. cit., pp. 283-9 を見よ。リスクが貨幣貸付における利子徴収権の源泉とすることに反対したこれ以前の権威としてはサンアントニオとサンベルナルディーノがいる。後者は述べている。「一〇〇デュカット貸した者が、箪笥にあるほど安全でないからとそこで元本以上を求め、それは実際貸付によって自分が貨幣を失う多くの可能性に晒されるためだと言うなら、彼はこのリスクを理由にウスラをとったと訴えられることは免れる。実際問題、この場合のリスクは性格や実態において貸付と少しも変わらないか、何らかの率で貸付と不可分に結合している。それは単なる貸付 loan qua loan〔無利子貸付〕よりも少しも返してもらえやすいわけではないからだ。このため、そのリスクから利益を得たとすれば貸付契約自体から利益を得たことになる」。*De evangelio aeterno*, Sermo 39, Art. 1, Cap. 3.

（26）J. de Lugo, op. cit., Disp. 25, Para. 18.

（27）B. W. Dempsey, op. cit., p. 169.

（28）貨幣利子率は利益率では決まらない。公正を考えると、むしろ現行利益率の中の資本収益の要素と同じ水準に定まるべきである。この点については次を見よ。Dempsey, op. cit., pp. 219-20.

（29）Leon Walras, *Elements of Pure Economics*, tr. by W. Jaffe, London: Allen and Unwin, 1954, p. 327. 久武雅夫訳『純粋経済学要論』岩波書店、三三六頁。レッシウスによると含有金属や法的額面の変化とは別の貨幣の価格は入手可能な量、為替手形の供給に対する需要、現金要求 necessitate pecuniae によって変わる（II: 23: 4: 35）。

（30）Op. cit., p. 329. 邦訳、三三八頁。

（31）「貨幣の〈稀少性 rareté〉つまり用役価値はその効用に正比例的で、その数量に反比例的である」（op. cit., pp. 328-9. 邦訳、三三八頁）。

(32) Lessius, op. cit., II: 20: 14: 124.

(33) Op. cit., II: 20: 14: 125. 中世の神学者が貸付市場を考察しなかったことについてT・F・ディヴァインは述べている。「前述のとおり、ウスラをめぐる議論全体においてとられている仮定は、孤立した借手と貸手の間の交換という仮定である。……時期をまたぐinter-temporal交換の市場があることへの言及はどこにもない。この仮定は当時の経済状況に対応しているのだろう。……中世において資本市場制度はきわめて初歩的な形でしか存在しなかった。……孤立的交換では交換比率を左右する外部の客観的基準はない。市価という経済学的意味でも公正価格という倫理学的意味でも」(T. F. Divine, *Interest*, Milwaukee, 1959, p. 217)。

(34) Lessius, op, cit., II: 21: 2: 7.

(35) Ibid., n. 9.

(36) Ibid., n. 10.

(37) Ibid., n. 14. この見解を補強するためにフアン・デ・メディナが引かれている。

(38) Ibid.

(39) Ibid., n. 8.

(40) A. Marshall, op. cit., p. 196.

(41) Lessius, op. cit., II: 21: 21: 144.

(42) Op. cit., II: 21: 9: 76. レッシウスがこう言明する数年前に、ドミニコ会士トマソ・ブオニニセーニ(Thomaso Buoninisegni, O. P. d. 1609)が『公正・順正取引論』で、卸売りの仕事のように市場の知識がかなりそろっていると単一の市価が導き出される可能性が高いとの考えを示している(*Trattato de' traffichi giusti et ordinari*, Venice, 1588)。よくあるスコラ的見方は特定時期にいつも公正な市価が狭い幅の中で示されるというものなので、これはそこからは離れている。大半のスコラ学者は独占がないときでも市場が完全になることはまずないと仮定していた。知識の部分的欠如はほぼいつもつきもので、モラリストもこれを容認できた。ブオニニセーニについては次を見よ。R. de Roover, 'The Concept of Just Price,' *Journal of Economic History*, Vol. 18, Dec 1958, p. 424.

(43) Op. cit., II: 21: 4: 29.

(44) J. de Lugo, op. cit., Disp. 26, Para 88. ルゴはまたレッシウスのコストと価格の関係論を改良したと考えられるかもしれない。価格固定について論ずる際にこう述べるからである。「第一に、コストと経費、適正な利益が国に仕える者の一種の賃金なので、比率が公正であるためにはそれらを計算に入れなければならない。だから一地方全体で売手がとったコストが諸価格より大きければ、その価格は不公正である」(Disp. 26, Para. 53)。

(45) St Thomas Aquinas, *Summa theologica*, II-I, Qu. 114, Art. 1 resp. アクィナス『神学大全』第十四巻(II-I, qq. 106-114)、稲垣良典訳、創文社、一九八九年、二〇三—四頁。

(46) 賃金支払の実状に十分な注意を向けた特筆すべきスコラ学者はサンアントニオである。彼はフィレンツェの製造業の状況について書き残している。ただ賃金率の理論を展開してはいないようである。次を参照。R. de Roover, *San Bernardino of Siena and Sant' Antonino of Florence*, Boston: Baker Library, 1967, pp. 24-7.

(47) Lessius, op. cit. II: 24: 4: 24. レッシウスが価格づけ政策の二分野の同じ問題を解決する基準として供給面の反応と生産コストを用いたことは、財や用役の生産では供給の状況がコストの条件と密接につながっていると受け止めていたことを示す。

(48) Ibid., n. 25.　法学ラテン語の「alimenta」には単なる「食糧」以上の意味がある。しかし最低限の公正賃金とは「家族〔扶養水準の〕賃金」だとう示唆は見られない。

(49) Ibid.　彼は議論の中で労働者の正味産出が正であるすべての職業の最低水準の市場賃金率が生存水準以上の賃金率だと仮定している。

(50) Ibid., n. 24. Cf. Alfred Marshall, op. cit., p. 51. 「……どの職業もその中で求められる疲労以外の非優位 disadvantage をもち、どの職業も貨幣賃金受取以外の優位性をもつ。ある職業が労働に対してもたらす真の報酬は、そのすべての非優位点の貨幣表示での価値を、そのすべての優位性の貨幣表示での価値から差し引いて計算すべきである。そしてこの真の報酬をその職業の〈正味の優位性〉と呼んでよい。」

(51) Lessius, op. cit., II: 24: 5: 28.

(52) 関連した議論としては次を見よ。A. Marshall, *Principles of Economics*, 6, viii. マーシャル『経済学原理』長沢越郎訳、岩波ブックセンター信山社、一九八五年、第四巻、一五〇―七八頁（第六篇第八章）。

(53) Lessius, op. cit., II: 24: 5: 29.

(54) Op. cit., II: 21: 21: 146.

(55) Ibid., n. 147.　ルーヴァーは独占を「共謀的」とすることにコメントして述べている。「私見では、独占禁止法の共謀論はスコラの先行者に遡り、中世の公正価格概念に起源をもつ」（R. de Roover, 'The Concept of Just Price,' *Journal of Economic History*, Vol. 18, Dec 1958, p. 427）。同じ著者の次の論文も参照。'Monopoly Theory Prior to Adam Smith,' *Quarterly Journal of Economics*, Vol. 65, 1951, pp. 492–524.　このコメントにスコラ学者は独占学説を労働組合にも適用しようとしていた点を追加してもよい。これも賃金を公正水準以上に引き上げる共謀であった。だから労働組合は取引の制約を働きかける労働者の結託だという十九世紀の見方はスコラ学に先例をもつわけである。

(56) Lessius, op. cit., II: 21: 21: 153.

(57) Ibid., n. 148.

(58) このころレッシウスの同時代のイタリア人ジョヴァンニ・ボテロ（Giovanni Botero 1544–1617）も、公的裁可による独占の成立根拠を考察した。ボテロはイエズス会の庇護下に研究や教育を行い、ヴァチカン国務相の聖カルロ・ボッローメオやサヴォイ公の書記官になる。彼の『国家理性』（一五八九）の議論によると（第八巻十四章）、君主は次の三つの状況すべてで商業活動の部門を自ら独占できる。私人市民の手段では交易の維持に不十分なとき、私人市民が莫大な富を得るほど交易が重大なとき、活動が国の厚生にとって肝要なとき、である。

(59) Lessius, op. cit., II: 21: 21: 150.

(60) Ibid., n. 151.　参照先は Molina, *De justitia et jure*, Disp. 345.

(61) Op. cit., II: 21: 21: 144.

(62) Op. cit., II: 21: 21: 144.

訳者あとがき

著者の業績と本書の意義

本書は世界的に稀な古代・中世のみの経済学通史である。原書の書誌は次のとおりである。

Barry Gordon, *Economic Analysis Before Adam Smith: Hesiod to Lessius*, Palgrave Macmillan, 1975

時間面で古代に始まる経済学は空間面では主に地中海沿岸諸国で発達したので、本書の地域的広がりは中東から西欧までとなっている。著者バーリ・ゴードンは古典派、キリスト教経済思想の専門家で、オーストラリアのニューカッスル大学教授であったが一九九四年に他界した。主な著書・編著を挙げる。

『経済学と議会』*Political Economy and Parliament, 1819-23*, Macmillan, 1976.

『経済学研究と西洋思想　前七〇〇—紀元一六〇〇年』*Economic Enquiry and Western Thought 700 B. C.-A. D. 1600: A Bibliography of Research in the History of Ideas*, University of Newcastle, 1977.

『経済学説とトーリ自由主義』*Economic Doctrine and Tory Liberalism, 1824-30*, Palgrave Macmillan, 1979.

『タルムードの経済学』*Economic Analysis in Talmudic Literature: Rabbinic Thought in the Light of Modern Economics*, Roman A. Ohrenstein and B. Gordon, Brill, 1992.

『聖書と教父思想の経済学的問題』*The Economic Problem in Biblical and Patristic Thought*, Brill, 1997.

『古代・中世の経済思想と社会公正論』*Ancient and Medieval Economic Ideas and Concepts of Social Justice*, ed. by Todd Lowry and B. Gordon, Brill, 1998.

現代の経済学史研究の支配学説によれば、経済学は重商主義や重農派をアダム・スミスが乗り越えて形成された古典派をもって成立したが、十九世紀後半にその労働価値説に対する疑問から限界革命が生じて刷新された。だがこの主張に確たる根拠はない。歴史叙述には、たとえ現在は未達成でも目的が必要である。現行の経済学史とは、経済学がいま主流派をなす古典諸学派（狭義には新古典派 Neoclassical や新生古典派 New Classical だが広義にはマルクス派とケインズ派も含む）にたどり着いた物語である。ところがまずそれが何を達成したのかは不明で、おまけに経済学の起源像が真っ向から史実に反する。

デムシー、ルーヴァー、ヌーナン、グライス－ハチンスンらが主に一九五〇年代に展開した戦後中世経済学史研究は、一次文献の発掘と系統化、経済史学との連携により「経済学啓蒙起源説 Enlightenment origin of economics」と呼べる通説に根本的な疑問を突きつけた。古代ギリシアや中世ヨーロッパの経済学の研究は戦前からあり、ローマ法学者もその経済思想を叙述してきた。しかし本書はこれらを「経済分析」という観点から束ねてユダヤ経済思想も含む古代・中世の通史にまとめ、そこに新たな中世経済学史の成果を加味している。著者が序文で経済学啓蒙起源説について「本書の目的の一つはこの間違った考えを正すことである」と断ずるのも自然である。本書が掘り起すか再構成した経済分析の言語は現在わが国ではほとんど関心を寄せられておらず、西洋でも専門家以外は同様である。だが本書の解明を受け入れるなら学史の主要部分が書換えを迫られるだろう。これはそういう本である[1]。

理論的示唆

著者は本書を主に理論的関心から書いたのではなかろうが、それに導かれた学説の歴史なので理論的になっている。最も重要な関心は貨幣の価値貯蔵機能が経済学にとってもつ意味である。これは結局貨幣的ミクロ経済学の諸問題に向き合うことを意味する。現代経済学は交換分析から無批判に時間と貨幣を捨象して即時に低次財（消費段階の財）を引き渡しあう物々交換に自らを限定しており、ミクロ理論では貨幣の「三大機能」のうち価値貯蔵機能（貨幣のもつ時間因子）のみをほぼ無視する。アリストテレス『ニコマコス倫理学』の影響を強く受けているためだが、この点はいまなお理論家はもちろん歴史家にすら明確に自覚されるには至っていない。貨幣は生産要素購入のとき資本機能（実際には消費段階以前の高次財や補完財の交換手段機能だが）を発揮し、企業家でもある貸手は自分の事業に投資していたら得られたであろう期待利益の補償を求める。ローマ法学史ではすでに帝政初期に、日常的な買物に適用すべき法理は物々交換と同じでよいとするサビヌス派と別にするように説くプロクルス派が対立していたが、資本主義が勃興した中世イタリアではボローニャ大学の法学者が貨幣‐貨幣交換の割増料金としての利子の徴収を擁護するための法理論構成に後者の考え方を適用して時間が交換に与える影響を直視したので、それが一般化してゆく（第5章）。適用は初め慈善目的の貸付に限定されていたが、次第に法理が自らを貫徹して業者貸金、さらには貸付原資が企業家の余剰資金でない場合にも拡大されてゆく。これは経済学が目前で進行中の事態が生む訴訟の法実務に適用するための商理学 econoprudence として発展していったことを意味する。[2] 主観的に価値評定を行う主体から出発している点で、それは本質的に近代的な理論である。

ところがその後の展開は実に目を覆いたくなるものであった。熟成に熟成を重ねた経済学の五百年史を驚くほどあっさりと無視し、あるいは定義も曖昧《あいまい》な「階級」なるマクロ・カテゴリから分析を始め、あるいはすでに貨幣がある社会の一隅で不便な物々交換に執心する本質的に不合理な主体に着目し始めるのである。つまり経済学は啓蒙期以降再古代化してしまった。これは最後に挙げられたフランス重農派（の一部）やイギリスはもちろん、近代経済学でも同様である。

中世経済学史家ラングホームによると、中世の伝統を無視する伝統はホッブズに始まる。[3] ヨーロッパで経済学的思弁が生まれた頃にはまだ西洋世界にアリストテレスが知られていない。だから物々交換ではなく目前に実在する財－貨幣交換や、貨幣－貨幣交換の分析が発達してゆくのである。他方アリストテレス復興を担った大アルベルトゥスらパリ学派の手で古典諸学派に近い主張（物価安定論）を含む経済学も興る（第6章）。啓蒙期以降は古典派の手で貨幣を交換の外にくくり出して財に対して中立な第三物ととらえる（だからミクロでは無視する）新サビヌス派的な「無貨幣実物主義」の経済学が形成された。

ところがカエタヌスらポスト－アクィナス世代が近代化を推進し（第7章以下）、その後啓蒙期フランス経済学（「重農派」に括られるチュルゴらを含む）、オーストリア学派に受け継がれ、訳者が大陸経済学と呼ぶ伝統を形づくる。スミス以降の英米経済学ではミクロから始めて景気循環論の形でマクロに着地する体系が未完成なのに対し、大陸経済学ではミーゼスがそれを完成したことは拙著で概説した[4]。重要なのは、それが貨幣を実物と見て財との交換を論じたために貨幣理論が財理論と別個にではなくそれと統合されて新プロクルス派的な「貨幣実物主義」の経済学（貨幣価値の変動を考慮に入れる）が発展した点である[5]。

経済学史史――経済学史叙述の歴史

歴史を振り返ると、経済学啓蒙起源説が支配学説になってから実はまだ日が浅いことに気づく。

日本の研究史から見る。日本の学史研究は明治前半に始まる。東京大学に学び大蔵省主計官、東京市長、海軍教授も務めた阪谷芳郎の『経済学史講義』（哲学書院、一八八七年）、慶應義塾に学び明治法律学校（現明治大学）で教えた乗竹孝太郎の『理財学講義　歴史編』（講法学出版、一八九〇年）は古代からの通史である。当時の日本の古代・中世経済学研究は国際的に十分レベルが高かった。福田徳三が一九〇三年から発表し始めた「トマス・ダキノの経済学説」が嚆矢となり[6]、学史家たちは古代や中世の経済学史を書き始める。野尻武敏によると「わが国の経済学界はトマス研究とともに始まったといっても、言い過ぎではないほどである」のに、この伝統は「今ではほとんど忘れ去られている[7]」。小野寺良則『経済学大集成』（中央出版、一九二四年）、小林丑三郎『経済思想及学説史』（日本評論社、一九二七年）、慶應義塾大学の高橋誠一郎による『経済学前史』（改造社、一九二九年）、滝本誠一郎『欧州経済学説史』（春秋社、一九三一年）、東京商科大学の上田辰之助による『聖トマス経済学――中世経済学史の一文献』（刀水書房、一九三三年）、『トマス・アクィナス』（三省堂、一九三四年）、『古代及び中世経済学史』（『新経済学論集』第五巻、日本評論社、一九四二年）、また北沢新次郎『経済学説史』（東京泰文社、一九四一年）、大野信三『経済学史――経済学説の世界観的な研究』（千倉書房、一九四一年）など、かつては古代から始めるのがスタンダードな経済学史であったことは明らかである。この点をあらためて銘記しておく。

ところが戦争が始まる前後から一種の「学史革命」が起こる。[8] 大河内一男『経済思想史』（勁草書房、一九四〇年）は、中世までは経済思想が哲学や神学に従属していたが市民社会の発展につれて独立の学になったからとして重商主義から説き興す。堀経夫『経済学史通論』（実教出版、一九五〇年）、内田義彦『経済学の生誕』（未来社、一九五三年）もこれに類す。内田の『経済学史講義』（未来社、一九六一年）によると、経済学の研究分野を理論、歴史、政策に三分すると学史は理論に属し（六頁）、アリストテレスや聖トマスに経済思想があってもそれは奴隷制や封建制を背景にするのに対して、封建制の解体と社会主義への移行が問題になっている現代日本ではむしろ資本主義を分析した狭義の経済学に限定すべきである（八―九頁）。また出口勇蔵は編著『経済学史』（ミネルヴァ書房、一九五三年）で「経済学の若さ」という小見出しを掲げて「経済学を経済生活の知的反省というごく一般的な意味に解すると、経済学はきわめて古くからあったことになるだろう。けれども科学としての経済学は生まれてからまだ二百年を経たにすぎない」と断ずる（二八頁）。つまり戦後の学史家は中世には資本主義が未発達だと考えて経済学史から古代と中世を切り捨てた。理論の内容を検討もせずに。[9] ところが本書が述べるとおり、経済学史とは中世イタリアで生まれ西と北に伸長する資本主義に適応した理論近代化史であった。

西洋の事情も少し見ておこう。十九世紀半ば頃から学史叙述が始まり、イングラムやアシュリなどの歴史学派は古代からの通史や中世の学説史を残した。[10] イタリア人コッサの『経済学研究序説』は「歴史編」第二章で古代オリエントも含む学史を描いた。その英訳にはジェヴォンズが序文を寄せ、のちに邦訳も出た[11]。またハーニの『経済思想史』なども古代から説き起こしている[12]。

西洋では戦争は転期になっていない。本書も重用したシュンペータの『経済分析の歴史』のほか、ベルの『経済思想史』、ロールの『経済思想史』、スピーゲルの『経済思想の発展』など戦後の研究も古代から始まる[13]。ただ古典諸学派の勢力伸長とともに啓蒙期から始めるハイルブローナー、ブラウグなどの影響力が相対的に増す[14]。それでも日本的付和雷同は起きず、非啓蒙起源の学史は書かれ続けた。エクルンドとエベール、ガルブレイスは古代から始め、ロビンズ卿の講義『経済思想史』はルーヴァーやグライス-ハチンスンも参照してオレームらにふれた[15]。共編著でも、サミュエルズらの『経済思想史必携』、欧米の学会を挙げたファカレロ、カーツ編の『経済分析史読本』全三巻は古代・中世に章を割いた[16]。現代では専門分化のせいで通史の単独執筆は至難の業になったが、ロスバードによる古代から古典派までの通史『オーストリア学派の視点から見た経済思想史』全二巻はルーヴァー、ヌーナン、グライス-ハチンスンのほか本書にも依拠して中世経済学を詳論した[17]。

いわば十七世紀のニューヨークたるハプスブルク帝国領低地地方に生きたレッシウスは非企業家資金への利払いも擁護する法理を導いた（第9章）。ここから、自らは営業しない消費者の時間選好が利子率を決めるという現代オーストリア《ハプスブルク》経済学の学説まではあと一歩である。ベーム-バヴェルクは『資本と資本利子』第一巻で中世利子学説を掘り起こしたとき彼に注目しなかったが、のちにフェッターやミーゼスが同説を完成し[18]、ロスバードはこれを受けてオーストリア学派中世起源説を唱える通史を上梓した[19]。同書の刺激から最近は一次文献の英訳も進んでいる[20]。戦後中世経済学史研究の地道な努力はここに実を結んだ。この趨勢はもはや覆らない。グローバル化の波は研究界にも及び、世界共通語《リンガ・フランカ》の英語でロシア、ラテンアメリカ、インド、イスラムなど周縁部の経済学史が書かれ、欧州各国では十九世紀にも主観的価値論が通説だったことが判明した[21]。古典派とは要するに経済学のガラパゴスであった。

日本の学史革命がマルクス主義史観に基づくことは明白である。政治的示唆が正反対なのでほぼスミスからマルクスまでの島国の百年史を全理論史と見て、続く社会主義千年王国に憩う絵が描けた。だが経済理論の枠組については二人とも同じである。歴史叙述に目的が必要ならむしろ壮大な世界観から歴史を描くべきである。ただし歴史の中で実際に生じた事実を認めることが条件となる。予断で事実を歪めた知は人々がそれに気づくと決まって自分の居場所を失うからである。

経済学は十七世紀にかなり完成に近づいていた。ホッブズやスミスはそれを無視したが、経済学は一度確立されると微動だにしない離在明示的 apodictic な知である。[22] 日本の学史革命は中世経済学史ルネサンスとほぼ同時進行した。後者への反応の東西差は戦争の意味や研究蓄積の差に起因する。今年はいわば明治一五一年だが、メディアでは明治維新を否定し江戸を礼讃する声が高まっている。ただ本書が扱う経済学を江戸人は学ばず、おかげで明治人は文明開化の中で全ての時代と学派の経済学に一挙に晒された。あれから私たちは何かを学んでこられたのか。日本人は小さな誤りには敏感だが大きな誤りは平気で見逃すと西洋人はよくこぼす。その一帰結が、学問を過度に細密化し飽きると骨組ごとそっくり入れ替える年来の奇習であろう。西洋人も自文明の過去を一度忘れてしまったが、記憶を回復しきったら、啓蒙期から始めながらも通史を謳う断代史はおそらく書かれなくなる。本書の古い経済学はいま目新しい。しかし阪谷‐福田路線を続けていたらそうでもなく、西洋の動向にも冷静に対応できていただろう。その後数理的経済学がマルクス経済学を押しのけたが、それは通俗化された新カント派哲学や論理実証主義に基づく自然科学主義の形而上学のもと物々交換か確率加重された貨幣利得しか見ない反事実的交換学に根ざし、前者ではアリストテレスの等価交換論以来の無貨幣実物主義が無傷で受け継がれている。[23] かくて日本にほぼ英米経済学一色の研究体制がそう気づかれぬまでに深く根を下ろした。経済学史全体に関する認識でここ八十年ほぼ進歩のない私たちには、宿題をせずに廊下で立ちつくす単なる劣等生の疑いがある。教室の戸口のぼやけた文字に目を凝らすと、どうやら「第二次文明開化」と読める。

日本は一国では世界でも学史家数が多い。近代化には経済学が必要だと見抜いた先人の遺産であろう。だが欧米全体に比べると層は薄く、経済学史学会の会員も年々減っている。他方、理論界では過度の専門分化が経済学から体系を奪った。とはいえ各自の専門に没入する理論家も歴史の中に位置づけられて初めて自分の仕事が認知される。その前提条件は理論史の知悉となろう。ところが学史の核は理論史だから、学史を理論に含める内田説は正しい。理論家がもっと学史家になり学史家がもっと理論家になる日が待たれる。F・フクヤマに反して、歴史は終わらない。歴史を軽んじる社会はきまって迷走する。経済学がそれをやると必ず経済が、それゆえ国が衰える。国難を救うのは一人の英雄の奇跡か、それとも多数の市民の漸次的でも不可逆な覚醒か。後者だと思う人には、多数派が自らを過去から断って道に迷うなか、経済学史の中で実際に展開した理論的事実を知るよう勧める。歴史なき理論研究も理論なき歴史研究もない。いつも過去は古く現在は新しく見えるが、現在として到来しなかった過去も、過去にならない現在もない。時を超えるのは論理の明晰のみである。本書は刊行後四十年以上をへてもこの分野の研究水準をよく伝え、学史研究の深化に不可欠と思われる。だからここにその邦訳をお届けする。ぜひ多様な関心から読んでいただきたい。

西洋諸語の邦訳では言語構造の違いから訳文の不備は避けられない。ご指摘いただければ対応していきたい。最後になったが、編集作業の労をとっていただいた晃洋書房の西村喜夫氏に感謝申し上げる。

二〇一八年九月良日

村井明彦

注

（1）　欠落部分もある。著者は序文で相対的に研究が手薄な領域に集中したと断っているが、啓蒙期フランスとイタリアの経済学も出てこない。とはいえ、この点は本書の価値を損なわない。

（2）ホランダーが本書に書評を寄せているが（*Journal of Canadian Economics*, vol. X, Feb 1977, pp. 170-3）、個々の論点にこだわって縦軸としての理論の内的発展史にあまり注目しない文面となっている。

（3）Odd Langholm, *The Legacy of Scholasticism in Economic Thought*, Cambridge University Press, 1998, p. 148. 彼がラテン的学術の世界に明るいだけに、これは実に不可解である。本書にも見えるベーアの『十三―十八世紀前半ブリテン経済学史』は唯名論者の経済学は拾っている。ただホッブズはそれも大陸経済学も無視した。英米経済学（古典諸学派）とは彼が敷いたレールの上を走る知であることになる。ホッブズ・パラダイムについては次を見よ。Akihiko Murai, "Selfish, Therefore Reciprocal: The Second Marginal Revolution of Mises", Susumu Egashira, Masanori Taishido, Wade Hands and Uskali Mäki, eds., *A Genealogy of Self-Interest in Economics*, Springer, 2019.

（4）村井明彦『グリーンスパンの隠し絵――中央銀行制の成熟と限界』名古屋大学出版会、二〇一七年、第3章、補論1。ここでは訳者の理論的立場を詳論する紙幅はない。詳しくは拙著の参照を請う。

（5）ゴードンはワルラスの貨幣論に彼が評価する十七世紀ベルギーのレッシウスの所説に通じる視点を見出しているが、同理論は財市場での一般均衡論（物々交換理論である）とは未統合な孤立論点に終わっている。

（6）福田徳三『経済学全集第三集　経済史経済学史研究』同文館、一九二五年。なお本書「訳者あとがき」では旧字体の漢字は改めた。

（7）『経済社会思想史の地平』晃洋書房、二〇一一年、一五頁。ポスト福田のトマス研究者の系譜として上田辰之助（一八九二―一九五六年）、『キリスト教所有権思想の研究』（南窓社、二〇〇三年）の五百旗頭《いおきべ》真治郎（一八九四―一九五八年）、飯島幡司（一八八八―一九五七年）が挙げられている。福田らの仕事はトマス研究史でも重視されている。稲垣良典《すけ》によると、近代日本では神学への無理解からトマスは初め軽視されていたがケーベル博士や岩下壮一神父の努力で改善され、福田論文によって思想家としての彼の重要性が初めて認識された。左右田喜一郎がこれを評価し、上田や五百旗頭が継承する（『トマス・アクィナス』講談社学術文庫、一九九九年、二五―九頁）。ただ実はすでに明治二〇年代（十九世紀）に学史研究は始まっているので、野尻はやや言い過ぎている。

（8）啓蒙期から始める早期の例に、舞出長五郎『経済学史概要』（岩波書店、一九三七年）がある。

（9）大戦期の国家統制を経験した世代が封建期の経済学を無用と見たことはある程度自然だが、切捨ての意味は、後者のその後の発展、資本主義発達段階の地域差（イギリスの後発性）を踏まえて今後再検討を要する問題であろう。

（10）John K. Ingram, *A Hsitory of Political Economy*, Macmillan, 1888. 阿部虎之助訳『哲理経済学史』経済雑誌社、一八九六年；

William J. Ashley, *An Introduction to English Economic History and Theory*, Longman, Green and Co., 1888.

（11） Luigi Cossa, *Introduzione allo studio dell'economia politica*, Ulrico Hoepli, Milano, 1876. 関末代策訳『コッサ経済学史』厳松堂、一九三〇年。英訳は次を見よ。*An Introduction to the Study of Political Economy*, tr. by Louis Dyer, Macmillan, 1880. Roger Backhouse, ed., *Early History of Economic Thought, 1824-1914*, vol. IV, Routledge, 2000.

（12） Lewis H. Haney, *History of Economic Thought: A Critical Account of the Origin and Development of the Economic Theories of the Leading Thinkers in the Leading Nations*, Macmillan, 1911. わが国の早期の学史研究はこうした二次文献に依拠する場合が多かった。前掲阪谷『講義』一―二三頁、コッサの『序説』邦訳第一章にはその紹介が見える。なおここでの記述は英語圏を中心にしたものにすぎない。また古代や中世の扱い方の差は捨象する。

（13） John Fred Bell, *A History of Economic Thought*, 1953; Eric Roll, *A History of Economic Thought*, Prentice-Hall, 1956; Henry William Spiegel, *The Growth of Economic Thought*, Prentice-Hall, 1971.

（14） Robert L. Heilbroner, *The Worldly Philosophers: The Lives and Ideas of the Great Economic Thinkers*, Touchstone, 1953. ハイルブローナー『入門経済思想史――世俗の思想家たち』八木甫・松原隆一郎ほか訳、ちくま学芸文庫、二〇〇一年。Mark Blaug, *Economic Theory in Retrospect*, R. D. Irwin, 1962. ブローグ『経済理論の歴史』久保芳和ほか訳、東洋経済新報社、新版、一九八二―八六年。また学者別二次文献集成「Pioneers in Economics」シリーズは第一巻の総論に続く二巻がアリストテレス、聖トマスだが、ケインズまでの全四十六巻のうち古代・中世は二人で尽きている。

（15） Robert B. Ekelund, Jr. and Robert F. Hébert, *A History of Economic Theory and Method*, McGrow-Hill, 1975; John K. Galbraith, *Economics in Perspective*, Houghton-Mufflin, 1987. ガルブレイス『経済学の歴史――いま時代と人を見直す』鈴木哲太郎訳、ダイヤモンド社、一九八八年；Lionel Robbins, *A History of Economic Thought*, The LSE Lectures, ed. by Steven G. Medema and Warren J. Samuels, Princeton University Press, 1998.

（16） Warren J. Samuels, Jeff E. Biddle and John B. Davis, eds., *A Companion to the History of Economic Thought*, Blackwell, 2003; Gilbert Faccarello and Heinz D. Kurz, eds., *Handbook on the History of Economic Analysis*, Vol. 1, *Great Economist Since Petty and Boisguilbert*, Vol. 2, *Schools of Thought in Economics*; Vol. 3, *Developments in Major Fields of Economics*, Edward Elgar, 2016.

（17） Murray N. Rothbard, *A History of Economic Thought from Austrian Perspective*, Vol. 1, *Economic Thought Before Adam Smith*; Vol. 2, *Classical Economics*, Edward Elgar, 1995; Ludwig von Mises Institute, 2006.

（18） Frank A. Fetter, *The Principles of Economics: With Applications to Practical Problems*, The Century, 1904. 河上肇評釈『物

財の価値』有斐閣、一九一一年。Ludwig von Mises, *Theorie des Geldes und der Umlaufsmittel*, Duncker & Humblot, 1912. 東米雄訳『貨幣及び流通手段の理論』日本経済評論社、一九八〇年。

（19） Cf. Jeffrey M. Herberner, ed., *Pure Time-Preference Theory of Interest*, Create-Space, 2011. ロスバードはこの説を一九七四年の歴史的なサウスロイヤルトン会合で披露した（村井明彦「マリアナの貨幣論――貨幣を操作する暴君は王にあらず」、田中秀夫編『野蛮と啓蒙――経済思想史からの接近』京都大学学術出版会、二〇一四年）。

（20） E.g., Thomas Cajetan, *On Exchange and Usury*, Christian's Library Press [CLP], 2014; Martin de Azpilcueta, *On Exchange: An Adjunctive Commentary*, CLP, 2014; Luis Molina, *A Treatise on Money*, CLP, 2015; Juan de Mariana, *A Treatise on the Alternation of Money*, CLP, 2013; Leonard Lessius, *On Sale, Securities, and Insurance*, CLP, 2016.

（21） Vincent Barnett, *A History of Russian Economic Thought*, Routledge, 2005; Oreste Popescu, *Studies in the History of Latin American Economic Thought*, Routledge, 1997; Ajit K. Dasgupta, *A History of Indian Economic Thought*, Routledge, 1993; Ahmed A. F. El-Ashker, *Islamic Economics: A Short History*, Brill, 2007.

（22） 離在明示的とは事象の本質を外または後から確然と示す性質である。例えば三平方の定理はある時代に確立されたが、その後はもちろん、実はその前も含め、あらゆる直角三角形に常時あてはまる普遍的法則である。

（23） この見解については前掲拙著、英語拙論のほか、次の財―貨幣交換の定立理論を見よ。村井明彦「一般効用理論から買物理論へ――ミクロ経済学の交換学的基礎づけに向けて」『同志社商学』第六六巻六号、二〇一五年。

著者紹介

バーリ・ゴードン（Barry Gordon）

オーストラリア，ニューサウスウェールズ州ニューカッスル大学教授．他にもMIT（マサチューセッツ工科大学）やLSE（ロンドン・スクール・オブ・エコノミクス）でも教えた．キリスト教経済思想や古典派経済学が専門．

主要著書

『経済学と議会』*Political Economy in Parliament 1819-1823*, Palgrave Macmillan, 1976.

『聖書と教父思想の経済学的問題』*The Economic Problem in Biblical and Patristic Thought*, Brill Academic Pub, 1997.

訳者紹介

村 井 明 彦（むらい　あきひこ）

京都大学経済学部卒，京都大学大学院経済学研究科博士後期課程研究指導認定退学．関西大学で教える．専門は貨幣的ミクロ経済学に基づくマクロ経済学，新オーストリア経済学．

主要業績

『グリーンスパンの隠し絵――中央銀行制と成熟と限界』名古屋大学出版会，2017年．

論文「マリアナの貨幣論――貨幣を操作する暴君は王にあらず」，田中秀夫編『野蛮と啓蒙――経済思想からの接近』京都大学学術出版会，2014年，所収．

古代・中世経済学史

2018年10月20日　初版第1刷発行

＊定価はカバーに表示してあります

訳者の了解により検印省略

著　者　バーリ・ゴードン
訳　者　村　井　明　彦
発行者　植　田　　実

発行所　株式会社　晃　洋　書　房

〒615-0026　京都市右京区西院北矢掛町7番地
電話　075（312）0788番㈹
振替口座　01040-6-32280

装丁　㈱クオリアデザイン事務所　印刷・製本　創栄図書印刷㈱

ISBN978-4-7710-3122-7

索　引

1）数字は原書の頁（本文中で【　】内の数字）を示す．
2）語が注に入っている場合がある．章末も参照のこと．
3）太字は大項目（以下がそれに属する小項目）を示す．
4）「聖（サン）」や「フォン」「デ」などは省いて配列した．
5）固有名詞の綴りは原書に従う（英語化されている）．

〈あ　行〉

アイスキュロス Aeschylus　1, 13
アヴィケンナ Avincenna　154
アヴェロエス Avorres　154
アウグスティヌス，ヒッポの聖 Saint Augustine of Hippo
　価値と効用の関連づけ　109, 175-6
　葛藤　105-6
　経済活動の評価　96, 102
　経済成長　107-8
　後代への影響　108-9
　合理的な種子説　199
　財産と労働　132
　修道院の伝統と——　97
　人格・時間概念　103, 107-8
　ソクラテスとの共鳴　103-5
　高い質の生活　106
　歴史観　103, 105, 107
アキバ，ラビ Rabbi Akiba　117
アクィナス（聖トマス）Saint Thomas Aquinas　81, 84, 91, 123, 125, 152, 188-9, 193, 203, 206, 219, 221, 247
　アリストテレス価値論に関する所見　60-2, 175-6
　カエタヌスによる批判　173, 210, 228-9, 236
　価値論　175-7, 179-86
　貨幣価格　164-5, 192, 257
　貨幣残高　161-2, 165-70, 197-9
　貨幣の本質・機能　159-65, 190-2, 200, 208
　為替銀行　170-3, 205
　共通性
　　アウグスティヌス　96-7, 109, 175-6
　　アラヌス　147
　　アリストテレス　42, 53, 109, 154-5, 159, 164, 166, 170-2, 175-6, 178, 180-1, 185-6, 205, 210, 228, 269
　　アレクサンドリアのクレメンス　95
　　オリヴィ　222-3
　　カエタヌス　173, 201-2, 210, 228-9, 236
　　クワドール　182-3
　　サンアントニオ　197-9
　　サンベルナルディーノ　197-9
　　重農派　272
　　スミス　177-8, 184
　　大アルベルトゥス　61, 159, 172, 174
　　デモクリトゥス　52-3, 180
　　ニーダー　208-9, 221, 230-1, 233
　　ビュリダン　221
　　フグッチオ　147
　　プラトン　162, 164, 168
　　マルクス　179, 181, 184
　　ランゲンシュタイン　228
　　レッシウス　248-9, 257, 269
　　ローマ法学者　134, 160, 162, 164, 174, 182-3
　　ロック　183-4
　　ワルラス　170
　経済成長の無視　109, 181
　経済分析の存在理由　157-9
　公正　158, 177-9, 228, 269
　公正価格　174-5, 179, 218, 236
　財産獲得　181-2
　生涯と著作　153-6
　商人　172-3, 205, 210
　所得の企業家精神由来　185
　所得のリスク由来　168-9, 179, 184, 253
　所得の労働由来　179, 184
　所有権　53, 168, 179-81
　『神学大全』　155
　生産・分配論の不在　157, 159, 176-9, 228
　ソキエタス　168-70
　賃金　184, 262-3
　貧困と経済活動の関係　156-7
　返済・補償　167-8, 196, 248-9
　封建制との関係　155-6, 164-5
　法体系　158-9

利払い　162-3, 167-9, 199, 253
労働の意味　185-6
アクルシウス Francesco Accursius　132-3, 148, 152
アステサヌス Astesanus　206-7, 232
アスピルクエタ Martin Azplicueta Navarrus　245, 247, 249
価格決定論　215
貨幣数量説　212-14, 239, 255
将来割引　215
停止利益　203-4
反法定価格固定論　239
アゾレヌス Azo　133, 163
アタナシウス Saint Athanasius　91
アテナイ　2, 14
——での経済活動の新機軸　12
——の経済発展　7-13
——文化における人格概念　31-2
公収入　18
高等教育拠点としての——　15
政治的社会的没落　21-2
アナクシマンドロス Anaximander　2, 10
アナクシメネス Anaximenes　2
アラヌス Alanus　147
アリストテレス Aristotle
価値論
主な主張　53-4
——と効用　57-60, 62
——と社会均衡　56-7, 69
——と世帯間取引　55, 66, 174
——と労働コスト　60-2, 178
数学的定式の利用　63-5
比例的応分性　56-7, 62-5, 68
貨幣
——移転による均衡回復　67
——建て価格固定　46-7
——蓄積　36-9, 47
——起源の疑似歴史　47, 193, 211
——機能　44-7
金属主義的——解釈　48, 51, 190
後代への影響　42-3, 50-3
購買力変動　45-6, 166
資本と資本用役の区別　38-9
非金属理論　44-5
流動性用役概念の不在　39
共通性
アウグスティヌス　103-5
アクィナス　42, 53, 109, 154-5, 159, 164, 166, 170-2, 175-6, 178, 180-1, 185-6, 205, 210, 228, 269
アルキュタス　63-4
アレクサンドリアのクレメンス　94-5
ウェーバー　34-5
エウクレイデス　64
オーストリア学派　59-60
オリヴィ　222-3
カエタヌス　211-2
クセノポン　20, 39, 40
サビヌス派　126-7
スミス　17, 28-9, 48, 55, 57, 126-7
ソピスト　16-17, 21
ソロン　8
知恵文学　79-82
デモクリトゥス　14, 52, 58
パウルス　134
ピュタゴラス　63-4
ビュリダン　190, 223-7
ヘシオドス　3, 7, 34, 55
ペトゥルス・ロンバルドゥス　172
マーシャル　67
マルクス　36-7
ミル　27, 68-9
ユダヤの預言者　77
ランゲンシュタイン　228
ロック　61
ワルラス　38, 65
近代の経済思想と——　35, 65, 249
経済学
手段獲得術としての　35, 36-9
統治法としての　34
目的の科学としての　34-6
公正の類型　54-6, 269
小売業　30, 41, 55
財産所有　52-3
自然的過程　29-30, 40, 186
社会研究の方向性　25-7, 69-70, 154-5
生涯と著作　22, 24-5
人格概念　30-2, 39, 51
世界に対する姿勢　71
高い質の生活　33, 35
反経済成長論　7-8, 27-33, 37
貧困論　29
不合理な経済活動　36-9, 50
ヨーロッパでの再発見　154

利子
——と貨幣　49-50
——と「不胎の金属」概念　51
——と流動性　51
労働による非人間化　28, 73, 185
アルキュタス Archytas　63-4
アルベルトゥス，聖大 Saint Albert the Great　61, 81, 84, 109, 153, 159, 172, 174, 221
アレクサンデル3世（教皇）Pope Alexander III　149
アレクサンデル，ヘールズの Alexander of Hales　172, 174, 221
アントニオ，フィレンツェのサン Saint Antonine of Florence　235
貨幣残高　198, 203
銀行活動　207
決疑論と——　197
賃金　263
停止利益　197-8
利払い　199, 202, 253
アンブロシウス，ミラノの聖 Saint Ambrose of Milan　97

〈い　行〉

イーヴォ，シャルトルの Ivo of Chartres　142
イエス，ナザレの Jesus of Nazareth 生涯と教えの社会的背景　84-5
稀少性論　85-6, 120
（古典古代的）教養との関連性　97, 100-1
才能としもべの寓話　85
仕事倫理　86
倫理の終末論的色合い　86-7
イスパヌス，ウィンケンティウス Vincentius Hispanus　133
イスパヌス，ラウレンティウス Laurentius Hispanus　133
イブン-ハルドゥーン　→ハルドゥーン，イブン 参照
イルネリウス lrnerius　125, 130

〈う　行〉

ヴァイス Johannes Weis　88-9
ヴァカリウス Vacarius　144
ヴァチカン公会議（1963-5）　82
ヴィーザー Friedrich von Wieser　225
ウェーバー Max Weber　34-5, 90, 229
ウスラ　215, 253
アリストテレス　50
ハバククによる弾劾　77
ニカイア公会議　140
ナイメーヘン教規　144-5, 148
『アドリアナ』　145
ミシュナにおける定義　118-9
経済学の発展と——　141, 145
ホスティエンシスにおける——の一般的禁止の例外　150
アクィナス　160, 162, 164, 171
レッシウスと——　244, 250
独立の交換と——　257-8
ウルピアヌス Domitius Ulpianus　124, 127-8, 137

〈え　行〉

エウクレイデス（ユークリッド）Euclid　64
エウリピデス Euripides　1, 13-14, 28
エピクテトゥス Epictetus　92
エピクロス Epicurus　71
『エリュクシアス Eryxias』　40
エレアザル Simeon b. Eleazar　120

〈お　行〉

『オイコノミコス Oeconomica』（クセノポン）　40-1
オッカム William of Ockham　189
オドフレドゥス Odofredus　130, 148, 152
オドンネル Matthew O'Donnell　186
オリヴィ Pirre de Jean Olivi　221-3, 234
オリゲネス Origen　91, 93-4
オレーム（オレスメ，オレスム）Nicholas Oresme　188-92

〈か　行〉

カール大帝 Charlemagne　142, 144-5
ガイウス Gaius　124-5, 182
外国為替
アントワープの——取引　247, 257
カエタヌス　210-12, 257
貨幣金属主義と——　48
為替交換業による信用拡張と——　171
購買力平価理論　214
散発的活動としての——　194
ビール　209
モリナの——相場論　214, 241
レッシウスにおける——市場と貸付市場

254-8
『開穀集』　135
外国貿易
アクィナスにおける――の是認　173
アリストテレスにおける世帯間取引と――　66-9
エウリピデスと――　13-14
社会的不安定性の源泉と見たプラトン　28
社会的不安定性の源泉と見たユダヤの預言者　77
ソロンによる推奨　7-8
カエタヌス Cardinal Cajetan（Thomas de Vio）　239, 245
貨幣　201, 210-13, 257
為替銀行　209-10
公正価格　236
商人・銀行家　173
蓄積と社会変動　228-9, 236
停止利益　201-3
価格
アスピルクエタの貨幣・――論　215
交渉の帰結としての――
アリストテレス　64-5
教会法　142
ローマ法　128-31
公正――
アクィナス　174-5, 179, 218, 236
アクルシウスの――論　132-3
イーヴォのシャルトルの――論　142
ヴァカリウス　144
カエタヌス　236
価値論と――　174
カロリング朝教規　143-4, 150
教会法学者　148
キリスト教による刷新　130
コンソブリヌス　235
サンベルナルディーノ　234-5
ジェルソン　230
スコトゥス　223
スコラ学の接近法における二元性　220
ソト　237-8
ニーダー　231-5
バレンシア　242-3
モリナ　240-1
ランゲンシュタイン　227-9
レッシウス　258-62
ローマ的伝統における――基準　130-1
市場での――形成
アリストテレスによる無視　66-7
オリヴィ　222-3
サンベルナルディーノ　234-5
ミシュナ　115
モリナ　215, 240
レッシウス　215, 259, 270
市場の知識と――　115, 260
社会的地位と――
アクィナス　178-9
アリストテレス　56-7, 61-2, 178
ニーダー　231
ランゲンシュタイン　228-31
生産コストと――　61, 176-7, 223-5, 231, 235, 237, 241, 260-2
分配理論と――　176-9
法定――固定論
アリストテレス　46-7, 166
ジェルソン　230
ソト　237
ニーダー　233
ランゲンシュタイン　228
ヨーロッパ各地方の――規制　218-19
加工 specificatio　131-2
カジェ，サラビア・デ・ラ Saravia de La Calle　240
価値逆説　242
価値と効用
アウグスティヌス　109, 175-6
アクィナス　175-6
アリストテレス　57-60, 62
オリヴィ　222-3
クセノポン　20
コバルビアス　239-40
サンベルナルディーノ　234
ソト　238
デモクリトゥス　15
ニーダー　231-2
ビュリダン　224-7
価値と労働
アクィナス　176, 179-86
アリストテレス　60-2
加工と――　131-2
スコラ学の伝統　183-6, 220
ソト　238
ドゥンス・スコトゥス　223
ニーダー　233-4

パートナーシップと——　132
バレンシア　242-3
ビュリダン　224, 226-7
ペティ　15
ロック　183-4
貨幣
アリストテレスによる——の誤解　48, 51
アリストテレスの——蓄積論　36-9, 47
価値の多元性
アクィナス　166-7, 208
アスピルクエタ　213-15
アリストテレス　45-6, 166
ニーダー　208-9, 215
ボニーニ　206
ミシュナ　116-17
モリナ　216, 241
リドルフィ　207, 213
レッシウス　216-17, 255-8
貨幣残高
アクィナス　161-2, 165-70
サンベルナルディーノとサンアントニオ　198, 203
スペイン学派　203
レッシウス　249, 251, 270-1
——市場の概念　174, 192-4, 205, 208, 209-14, 227, 239, 248, 254, 257
——数量説　212-14, 239, 255
——の封建的とらえ方　165, 190-5, 227
貨幣預託
——と債務者贈与　151
ミシュナ　116-17
ローマ法　135-6
計算——　166-7, 193-5, 210-11
互換物としての——　134, 136, 162, 192
消費可能物としての——　134-5, 160
将来割引と——価値　215-17
ズンメンハルトにおける——の所有と使用　200-1
投機目的での需要
カエタヌス　211
レッシウス　249-50, 270-1
本質と機能
アクィナス　159-65, 190-2, 200, 257
アリストテレス　44-8, 51, 67, 227
カエタヌス　201, 210-13
サンベルナルディーノとサンアントニオ　197-200
パウルス　134
ビール　190-3, 209
ビュリダン　190, 192, 227
プラトン　43-4, 48
歴史的誕生　10, 47
ガマリエル，導師 Rabban Gamaliel　118, 120
ガリレオ Galileo　223, 242
カルヴァン John Calvin　90, 96, 108
ガルシア Francisco Garcia　240
カルロマン帝 Carloman　143, 150
為替 cambium　205
為替手形　187, 194-5, 207, 209, 247

〈き　行〉

機会費用　195-6, 224-5, 233, 261-2
企業家精神 entrepreneurship
アクィナス　172
アテナイにおける投機的活動と——　11
教会法学者による推奨　147-8
共観福音書における　85
古典古代的存在理念と——　33
所得源泉としての——
アクィナス　185
カエタヌス　211
サンベルナルディーノ　199-200
スコトゥス　223
ニーダー　233
レッシウス　248, 265-6, 270
精励としての——　184-5, 198-9
知恵文学における　78-9
レッシウスにおける　270-1
キケロ Cicero　122
技術変化
アイスキュロスとソポクレス 13
オリゲネス 93-4
ギリシアにおける——の不支持　33
クセノパネス　9-10
ソロン　8
中世ヨーロッパ　187
ディオゲネスの反——論　70-1
ヘシオドス　6
モーセ五書　74
稀少性問題
アウグスティヌス　104
イエス　85-6, 120
オリゲネス　93-4
知恵文学における　78-9

ヘシオドス 4-6
ミシュナにおける労働と―― 120
モーセ五書 73-5, 86
目的の再調整と―― 34, 39-40
キヌス Cinus 130
キュニク派 cynicism 70-1, 91-2
キュプリアヌス，カルタゴの聖 Saint Cyprian of Carthage 97
教会法
カロリング法制と―― 143-5
――における衡平と公正 147-51
――における財産所有権 146-7
――における資本主義の台頭と――における経済的自由主義 146-8
――の発展 140-2, 145-6, 149
経済学と―― 141, 143
利子問題 141
共観福音書 84-7
競争
アリストテレスにおける破壊的な―― 7, 30, 46, 66
カロリング朝法制における 143-4
ヘシオドスにおける有益な―― 5
ミシュナにおける――と市場 115
モリナにおける 240
レッシウスの完全――定義 259-60
キリル，イェルサレムの聖 Cyril of Jerusalem, Saint 91
銀行家
アクィナスの――論 170-3, 205
カエタヌスの――論 173, 209-12
小売業者との混同 171
サンアントニオの――論 207
ニーダーの――論 208
ビールの輸送論と―― 209

〈く 行〉

クセノパネス Xenophanes 9-10
クセノポン Xenophon
『オイコノミコス』 39-40
均衡の回復 20
市場の部外性 66
自然的過程と農業重視 40
収穫逓減と効用逓減 19-20
重商主義的政策 18-9
プラトンやアリストテレスの経済学との対照性 20
分業 14, 121
『方策』の著者付会 17-8
グラティアヌス Johannes Gratian 145-6, 147-9
グリエムルス，モエルベクムの William of Moerbeke 171
グレイ Alexander Gray xii
クレイステネス Cleisthenes 10
グレゴリウス，ナジアンゾスの聖 Saint Gregory of Nazianzus 91
グレゴリウス，ニュッサの聖 Saint Gregory of Nyssa 91
クレメンス，アレクサンドリアの Clement of Alexandria 91, 94-6
クワドール John of Paris 182-3, 230, 233

〈け 行〉

経済学
アウグスティヌスの――への影響 108-9
為替銀行業分析と―― 215
教会法と―― 141-3
――におけるウスラ禁制の役割 141, 145
決疑論の――への影響 189, 197
現代――とアリストテレス 35, 65
工学としての―― 16, 21, 35, 271
最初の職業的――教師 2, 15
修道院運動の中で阻まれた―― 91-3
初期キリスト教終末論の――への影響 87-8, 99
諸目的間での選択の学としての―― 34-6, 39-40
人口爆発説と―― 98
「政治学」と互換的な語としての―― 34
聖書の文書における 72, 112
世帯運営の学としての―― 3, 15-16, 34
トマスの体系における 157-9, 174, 178-9, 228, 266
ヘシオドスにおける稀少性と―― 6
ポスト-ソクラテス派隠遁主義と―― 70-1
ポリスと―― 16, 26-7, 70
ミシュナと―― 112
ランゲンシュタインにおける 228-9
レッシウスの独占分析の――にとっての意義 266, 268-70
ローマ的教養と―― 122
ローマ法と―― 122-3, 125-6
経済活動

アウグスティヌスと——　96
アクィナスにおける　106-7, 156-7
アリストテレスにおける合理的——と非合理的——　36-9, 50
アレクサンドリアのクレメンスの——論　94-6
共観福音書における　85
——と「都市国家的生き物」としての人間　26, 71
社会活動とは異なる——の機能　117
修道院運動における　82-3
誠実な交渉者の概念と——　249
第二次ヴァチカン公会議における　82
デモクリトゥスにおける——と私有制　14, 52
東方教父における　91, 101, 106
パウロの著述における——に関する静穏主義的態度　88-9
ヘルマスにおける　99-100
ポスト－ソクラテス派哲学の——に対する隠遁主義的態度　71
モーセ五書における創造主のための管理・運営としての　72-3, 76, 112
モーセ五書における——の規制　75-6
ヨハネ文書における　89-91
経済人　31, 249-50
経済成長
アウグスティヌスと——　107-8
アクィナスと——　109, 181
アテナイ劇作家における　13-14
神が定めた人間の課題としての——　73, 82, 90-1
共観福音書における——問題の無視　86-7
人格概念と——　32-3
ソロンの——論　7-8
プラトンとアリストテレスの反——論　7-8, 27-33, 37
ヘシオドスの——論　6
ヘルマスにおける　99-100
経済的自由主義
アクィナスにおける　172
カエタヌスにおける　203, 236
教会法学者と——　46-8
スペイン学派と——　203, 214, 240
中世ローマ法学者における　126
ホスティエンシスにおける　148-9
ユダヤ思想における　112
レッシウスにおける　259, 272
ロンバルディア地方と——　205
経済の概念
アクィナスにおける　155-6
アリストテレスにおける　26, 65-6, 117
ヘロドトスにおける——の欠如　12
レッシウスにおける　65, 262
ケインズ John M. Keynes　iv, 251, 271
決疑論　189, 197, 212
ゲリンク Joseph de Ghellinck　246
ケルスス P. Juventus Celsus　124
原罪
アクィナスにおける財産所有権と——　180
修道院運動における労働と——　93
人口爆発説と——　98
ヘシオドスとロビンズにおける稀少性と——　4
ミシュナにおける労働と——　120
モーセ五書における稀少性と——　73-4
ケンスス（年金）　205, 216, 251

〈こ　行〉

交換
アリストテレスにおける——行為　54-5, 66-7, 126
アリストテレスにおける応分性と——　56-7, 62-5, 68
アリストテレスにおける世帯と対外——　66-9
ビュリダンにおける——からの相互利得　225
ミシュナにおける　113-4, 127
ローマ法における　126-8
公正
アウグスティヌス　106-7
アクィナスにおける価格決定と——　174-9
アクィナスにおける経済学と——　157-8, 177-9, 269
アリストテレス
社会的均衡と——　26, 69
取引条件と——　56-7, 68
類型　54-6, 269
教会法の衡平概念と——　147-51
ランゲンシュタインにおける価格決定と——　228-9
レッシウスにおける　266, 268-70
効用逓減　15, 20, 58, 225-6

コール G. D. H. Cole　229
古典派経済学　65, 163, 271
コバルビアス Diego de Covarrubias Y Levia　239-40
コペルニクス Copernicus　213
コンソブリヌス John Consobrinus　235

〈さ　行〉

財産 property
　アウグスティヌスの――獲得論　132
　アクィナス　181-2
　加工と――　131-2, 182
　クワドール　182-3
　所有権と財産使用
　　アクィナス　53, 168, 179-81
　　アリストテレス　53-4
　　アレクサンドリアのクレメンス　95-6
　　教会法学者　146-7
　　金口ヨハネ　96, 132
　　デモクリトゥス　14
　　プラトン　52
　ニーダー　233-4
　ビール　190-2
　ホスティエンシス　149-50
　ミシュナにおける――の支配　116-7
　モーセ五書における――の移転　76
　ロック　183-4
サウル Abba Saul　116
サビヌス Masurius Sabinus　124
サミュエルソン Paul Samuelson　xii

〈し　行〉

ジェヴォンズ William Stanley Jevons　225-6, 232, 264-5, 271
ジェルソン Jean de Gerson　230
自給　3, 9, 14, 25, 27-8, 69, 83, 104, 173
市場（概念としての）　129-33, 143, 150, 156, 174, 215, 234-5
自然的過程と人間
　アリストテレス　29-30
　『オイコノミコス』　40-1
　クセノポン　40
　修道院運動と――　92
　スコラ思想における　185-6
　モーセ五書　73-5
実害 damnum emergens　168, 195, 248
使徒書簡 epistles　87-9
資本
　アクィナスと――　159, 161, 181
　アゾレヌスとアクルシウスの――価値評定　133
　アリストテレスの――論　37-9, 47
　クセノポンにおける国家政策と――　18-19
　サンベルナルディーノとサンアントニオにおける貨幣の――性　197-9
　中世スコラ学者における――市場概念の欠如　194, 258
　奴隷の現在価値　138-9
　ヘルマスによるもたぬ勧め　99
　ミシュナの社会――論　115
　ヨーロッパにおける――市場の発達　199, 204, 212, 246-7
資本主義
　アクィナスと――　181
　アテナイの――　11
　アリストテレスと――　37
　ウェーバーの――論　90, 229
　教会法と――　146-8
　修道院運動と――　93, 185
　16世紀の――　195, 246-7
　中世の――　125, 146, 187
　中世のローマ法学者と――　112, 126
　マルクスの――論　37, 79
　ユダヤ思想と――　79, 90, 112, 121
シャントル，ル Pierre le Chantre (Peter Cantor)　188-9
シャンマイ学派 school of Shammai　117
重商主義　41, 243
　クセノポンによる支持　17-19
　ソピストと――　17, 21, 110, 271
　ソロンやペイシストラトスの――　8-9
修道院運動 monasticism　153
　アウグスティヌスの――への影響　97
　キュニク派と――　91-2, 102
　経済学研究の不支持　91-3
　資本主義への実践的駆動力　93, 185
　――における経済活動に関する隠遁主義　82-3
　――における余暇　83
重農派 Physiocracy　40, 271-2
商人
　アウグスティヌスと――　109
　アクィナスと――　156, 172-3, 205
　一種の厚生への寄与　41, 94, 172

カエタヌス　173, 210
為替銀行家との混同　171
教会法学者による——利益の容認　148
クセノポンによる支持　18
「富」の誤解　50
ニーダー　208, 230
非自然的な道　55
批判
知恵文学　81
テルトゥリアヌス　97
プラトンとアリストテレス　30
ユダヤの預言者　77
ボニーニ　172
消費貸借 mutuum　135-6, 162, 253-4
人格概念
アウグスティヌスにおける　103, 107-8
貨幣思想と——　39
経済成長と——　33
古典古代の理念　30-3, 103
利払いと——　51
レッシウスにおける　249-50, 253-4, 265
人口増大　18, 28, 98
信用売り差額 vendens sub dubio　150, 206-7, 232

〈す　行〉

スアレス Francisco Suarez　151, 245-6
スカエウォラ Q. Cervidius Scaevola　124
スコトゥス Duns Scotus　173, 200, 207, 221, 223, 230, 234-5, 240-1, 259
スコラ学者
価格固定のとらえ方　219-20, 228-31, 259
価格と所得の二分法　228-9, 238-9
貨幣思想の二元性　193-5
貨幣と財の二分法　159-60, 239, 254, 257
ギルド批判　220
経済学の範囲　158-9, 174, 269-70
衡平と利子　151
財産論　14, 53, 180
自然的仮定と人間　186
将来割引　215-17
——とパウルスの貨幣論　134
——とプラトンの利子論　49
同業組合と——　144, 267
反独占禁止法　267
二つの公正価格論　220
マルクスの先駆者　179, 183-6
利子と資本収益　161, 163, 199
労働と価値の関係　183-6, 238-9
ローマ法の損害論の——への影響　136-9, 163
ワルラスの貨幣分析と——　255-6
スデク Joseph Soudek　62-5
ステファヌス，トルネーの Stephen of Tournai　148
ストア派　91-2
スミス Adam Smith　xii, 42, 80, 211
価格メカニズム　177-9
共通性
アクィナス　177-8, 184
アリストテレス　17, 28-9, 48, 55, 57, 61, 126-7
クセノポン　41
サビヌス派　126-7
スコラ学の伝統　186, 242
プラトン　28-9
ヘシオドス　5-6
マルクス　184
レッシウス　266
ロック　61, 184
重商主義者のソピスト性　17, 271
——と学問としての経済学　228, 266
「見えざる手」説　55
労働価値説　61, 184, 186
ズンメンハルト Conrad Summenhart　200-1, 209

〈せ　行〉

世帯運営　3, 12, 14-16, 34, 39, 117

〈そ　行〉

ソクラテス Socrates　22, 25, 39
ソト Domingo de Soto　201, 203, 236-9
ソピスト　2, 15-7, 21, 79, 110
ソポクレス Sophocles　1, 13
ソロン Solon　7-8, 11, 31, 49

〈た　行〉

大学（研究拠点の）
アテナイ　15, 24-5
アルカラ　203, 236, 253
ウィーン　189, 207, 227
エボラ　203, 214
カオルス　203

ケルン　153-4
コインブラ　203
サラマンカ　203, 212, 214, 236
13世紀の　154
チュービンゲン　189, 200
トゥールーズ　203
ナポリ　153-4
ハイデルベルク　203
パリ　149, 153-4, 172, 189, 212, 221, 223, 227, 230, 236
フィレンツェ　196
プラハ　230
ボローニャ　125, 130, 132, 145-7, 149, 154, 163
リスボン　203
ルーヴァン　245
ローマ　154
高い質の生活（生活水準の高さ quality of life）　22-3, 28-9, 33, 35, 44, 106
タレス Thales　2
タンクレドゥス Tancredus　133, 148

〈ち　行〉

チェスタトン G. K. Chesterton　229
知恵文学
企業家精神　78-9
稀少性　78-9
資本蓄積　79-80
修道院運動における余暇と――　83
ソクラテス派の姿勢　80-2
――とマルクスの資本家論　79
労働と余暇　79-82
蓄積
アクィナス　181, 228
アリストテレス　36-9, 47
カエタヌスにおける――の社会的意味　236
修道院活動と――　185
知恵文学　79-80
ディオゲネス　71
ヒエロニムス　101
地代　118, 266
賃金　119-120, 184, 233-4, 262-6

〈て　行〉

ティアーニ B. Tierney　181
ディオゲネス Diogenes　70-1
停止利益 lucrum cessans　139, 150-1, 167-8, 195-204, 238, 248, 253, 255
デムシー Bernard W. Dempsey　xiii, 185, 244, 254, 259
デモクリトゥス Democritus　2, 14-15, 52, 180
デュオニシウス，偽アレオパギタ Dionysius the Pseudo-Areopagite　91
デュピュイ A. J. E. J. Dupuit　226
テルトゥリアヌス Tertullian　97-8

〈と　行〉

同業（取引）組合　144, 267
トウニ R. H. Tawney　179, 184
東方教父　91-6, 101
独占　143-4, 220, 266-70

〈に　行〉

ニーダー John Nider
価値分析　221, 231-3
貨幣価値の多元性　208-9, 215
財産所有権　233
社会的地位と稼得　230-1
商人と銀行家　208, 230-1
所得源泉　233-4

〈ぬ　行〉

ヌーナン John T. Noonan　xiii, 145, 169, 196, 200, 209-11, 238, 244, 250

〈ね　行〉

ネラティウス Neratius　138

〈は　行〉

パートナーシップ societas　132, 168-70
パウルス Julius Paulus　124, 128-9, 134, 138-9, 164
莫大損害 laesio enormis　130, 132, 150
バシレイオス，聖大 Saint Basil the Great　91-3, 96
バチカン公会議 →ヴァチカン公会議 参照
バニェス Domingo Banez　214
パノルミタヌス Panormitanus　193, 196, 251
パピニアヌス Papinian　124
バルディ Bernard Baldi of Pavia　149
ハルドゥーン，イブン－ Ibn Khaldun　121
バレンシア Pedro de Valencia　242-3
万民法 Ius Gentium　123, 147, 158

〈ひ　行〉

ビール Gabriel Biel　188-93, 200, 209
ヒエロニムス，聖 Saint Jerome　97, 101-2
ビシニャーノ Simon of Bisiguano　148
ビトリア Francisco Vitoria　201
ピュタゴラス Pythagoras　1, 63-4
ビュリダン（ブリダヌス）Jean Buridan　188-9
　価値論　221, 224-7
　貨幣金属主義理論　190-2, 227
　貨幣の望ましい属性　192, 227
　機会費用　224-5
　交換の相互利得　225
　効用逓減　225-6
　消費者余剰　226
ヒラリウス，ポワティエの聖 Saint Hilary of Poitiers　97
ヒレル学派 school of Hillel　117
貧困
　アウグスティヌス　104
　アクィナス　156-7
　アレクサンドリアのクレメンス　94-5
　生き方としての――の否定
　　ソクラテス　29
　　「ベン・シラの知恵の書」　81
　ヒエロニムス　102
　「ヨブ記」における艱難と――　78

〈ふ　行〉

フーゴー，サンヴィクトールの Hugh of Saint Victor　154
ブオニニセーニ Tommaso Buoninisegni　260
フグッチオ Huguccio of Pisa　146-7
プラトン Plato　189, 249
　貨幣の非金属学説　43-4, 48, 164
　共通性
　　アウグスティヌス　103-6
　　アクィナス　162, 164, 168
　　アレクサンドリアのクレメンス　94-5
　　クセノポン　20, 39, 41
　　スミス　17, 28-9
　　ソピスト　16-17, 21
　　ソロン　8
　　知恵文学　80-2
　　中世スコラ学者の利子論　49, 168
　　ヘシオドス　3, 7, 34
　ミル　27
　ユダヤの預言者　77
　経済成長の回顧　27-8
　小売業　30
　財産共有制　52
　社会研究の方向性　25-7, 70, 109
　生涯と著作　22-4
　人格概念　30-2
　人口政策　29
　高い生活水準　33, 44
　反経済成長論　7-8, 27-33, 37
　反貧困論　29
　『プロタゴラス』　15
　分業　28-9, 41
　ポリスの自給　28
　利子論　49, 162, 168
　労働の非人間性　28
フランチェスコ，アッシジの聖 Saint Francis of Assisi　83
フリスクス Sinabaldus Fliscus　191, 251
プロタゴラス Protagoras　2, 15
分業　13-14, 28-9, 41, 81

〈へ　行〉

ペイシストラトス Peisistratus　8-11
ベーム－バヴェルク Eugen von Böhm-Bawerk　115, 141, 215-16
ヘシオドス Hesiod　1, 7, 13, 34, 73, 78-9, 83
　稀少性と配分　4-6
　競争　5-6
　経済成長観　6
　『仕事と日々』の構成　3-4
　仕事と余暇　5
　抽象性　3
ペティ Sir William Petty　243
ペトゥルス，アンカラーノの Peter of Ancharano　196
ペニャフォルト Saint Raymund of Penafort　149, 234
ベネディクトゥス・ディアコヌス Benedictus Diaconus　142
ベネディクトゥス，ヌルシアの聖 Saint Benedict of Nursia　83
ペリクレス Pericles　2, 11-12, 15, 21
ベルナルディーノ，シエナのサン Saint Bernardine of Siena　206, 272
　貨幣残高　198

企業家精神　198-200
公正価格　222, 234-5
資本としての貨幣　197-9
信用売り差額　207
利子　199-200, 202
リスクと利子　253
ベルナルディーノ，フェルトルの祝福 Blessed Bernardine of Feltre　206
ヘルマス Hermas　97-100
ベロック Hilaire Belloc　229
ヘロドトス Herodotus　12
ヘンリクス，ガンの Henry of Ghent　221

〈ほ　行〉

ボールドウィン John W. Baldwin　xiii, 130, 148, 184, 196
ホスティエンシス Cardinal Hostiensis　193, 234
ウスラ禁止の例外　150
経済的自由主義　149
衡平　148-9
財産獲得　149-50
債務者贈与　151
停止利益　150-1
ボテロ　Giovanni Botero　268
ボニーニ Alexander Bonini（Lombard）　206-7, 232
ホメロス Homer　1, 3
ホランダー Samuel Hollander　176-7
ポランニ　62
ポリス（都市国家）　12-13, 21-2, 25-6, 32, 37, 70, 93, 104-5, 155-6, 249
ポンポニウス Pomponius　129

〈ま　行〉

マーシャル Alfred Marshall　67, 68, 233, 250, 260-1, 264, 266, 271
マイモニデス Maimonides　121
マサイアス，クラクフの Matthew of Cracow　230
マルクス Karl Marx　36-7, 79, 101, 105, 121, 179, 181, 184, 186
マルサス Thomas Malthus　98
マン Thomas Mun　72

〈み　行〉

ミシュナ
稀少性と労働　120
経済的機能と社会的機能の違い　117
経済分析の形　112
交換活動　113-4, 127-8
後代の思想への影響　121-2
財産・貨幣預託に対する支配　116-7
市価　115
所得類型　118-20
ミル John Stuart Mill　27, 68-9

〈め　行〉

メイア，ラビ Rabbi Meir　117
メイジャー John Major　240-1
メディナ John Medina　253, 259

〈も　行〉

モーセ五書　Pentateuch　91, 96, 99, 112
環境問題　74-5
技術変化　74
稀少性問題　73-5, 86
経済活動の規制　75-6
経済成長　73-4, 89-90, 108
財産所有権の再三の移転　76
堕罪前に定められた労働　73
モデスティヌス Modestinus　124
モリス William Morris　229
モリナ Luis Molina　246-7, 253, 269
外国為替相場　214, 241
価格決定　215
貨幣価値　214, 216
「競争」概念　240
経済的自由主義　203, 214, 240-1
ケンスス　216
公正価格　240-1
モリナエウス Molineaus　161, 164
モンテ・ディ・ピエタ Montes pietatis　206

〈ゆ　行〉

唯名論 nominalism　189, 201, 212, 221, 229-30
ユスティニアヌス Justinian　25, 125, 128-30, 162
ユスティノス，殉教者聖 Saint Justin Martyr　91
ユダ，ラビ Rabbi Judah the Patriarch　111, 114-17
ユリアノス Salvius Julianus　124

〈よ　行〉

用益権 usufruct　136
預言者　76-7, 101
ヨハネ，金口（の）Saint John Chrysostom　91-2, 96, 132
ヨハネ，ダマスコスの聖 Saint John of Damascus　91
ヨハネ，トリッテンハイムの修道院長 Abbot John of Tritheim　93
ヨハネス・テウトニクス Johannes Teutonicus　133, 146
ヨハネ文書 Johannine literature　96, 105
　終末論の実現　90-1
　モーセ五書の経済活動論の再述　89-90
　――における初のキリスト教的な歴史の神学　89

〈ら　行〉

ラクタンティウス Lactantius　97, 100-1
ラスキン Ruskin, John　229
ラベオ M. Antistius Labeo　124
ランゲンシュタイン Henry of Hesse（Heinrich von Langenstein）　189, 190, 227-31, 236

〈り　行〉

リカード David Ricardo　42, 101, 120-1
利子
　アクィナス　162-3, 167-9, 199
　アリストテレス　49-51
　カエタヌス　201
　カロリング朝法制　144-5
　教会法の経済学にとっての――問題の中核性　141
　共観福音書　85
　サンベルナルディーノとサンアントニオ　197-200
　実物資本収益と――の違い　161
　スコラ思想における衡平と――　151
　スペイン学派　203-4
　ズンメンハルト　200
　前6世紀アテナイにおける不調和と――　7, 49
　プラトン　49
　ホスティエンシス　150-1
　ミシュナ　118
　モーセ五書　73-6
　――の生産性理論　51, 163, 202
　リドルフィ　196-7
　レッシウス　248-54, 256-8, 270-1
　ローマ法　135-40
利子（インテレッセ）　148, 150, 162-3, 248
利潤（利益）
　アクィナスにおける――とリスク　168-9, 185
　貨幣価値の多元性と――　216
　為替銀行業における　171, 208-12
　企業家精神に対する報酬　185, 211, 223, 233, 270
　教会法における根拠　148
　才覚と――　231
　市場の知識に対する見返り　230
　ミシュナでの定義　118-19
　利子の根拠としての逸失――　139, 150-1, 167-8, 195-6, 199, 202-3, 250
　ルゴが定義する通常――　233, 261-2
　労働の報酬としての――　109, 184, 223, 238
リスク
　アクィナスにおける所得と――　179, 184
　アクィナスにおけるパートナーシップと――　168-9, 184, 253
　交換取引と――　127-8
　サンベルナルディーノにおける　253
　知恵文学における　78-9
　ニーダーにおける　233
　マタイ伝における　85
　レッシウスにおける利子と――　252-3
リチャード，ミドルトンの Richard of Middleton　173, 221
リドルフィ Lorenzo Ridolfi　196-7, 207, 213
リプシウス Justus Lipsius　245
流動性用役概念
　アクィナス　170, 253
　アリストテレスにおける――の欠如　39, 51
　サンベルナルディーノ　199-200
　スコラ学による分析　200, 239
　ズンメンハルト　200
　ミシュナ　118
　レッシウス　51, 200, 248, 250-4, 256-7

〈る　行〉

ル・シャントル　→シャントル，ル 参照
ルーヴァー Raymond de Roover　xiii, 143, 171, 195, 203, 207, 221-2, 229, 244, 267

ルカ Giambattista de Luca　244
ルゴ Juan de Lugo　233, 244, 249, 253-4, 261-2
ルチェライ Fra Santi Rucellai　210

〈れ　行〉

レッシウス，尊者レオナルドゥス Venerable Leonard Lessius
　外国為替と貸付　214, 254-8
　価格決定因　215, 259
　貨幣貸付市場　250, 254, 257-8
　貨幣残高の類型　249, 251
　完全競争の定義　259-60
　企業家精神　248, 265-6, 270
　共通性
　　アクィナス　248-9, 253, 257, 269
　　ケインズ　251, 271
　　ジェヴォンズ　264-5
　　スアレス　245-6
　　スペイン学派　246-7, 249-50, 259
　　スミス　266
　　ズンメンハルト　200
　　ボテロ　268
　　マーシャル　250, 260-1, 264, 266
　　ワルラス　65, 255-6
　経済思想の統合性　262
　経済人と――　249-50
　経済的自由主義　259, 272
　経済の概念　111, 65, 262
　経済分析への寄与　215, 217, 248, 270-1
　公正価格論　258-62
　公正と経済学　266, 268-70
　紙幣（手形）の割引販売（購入）　216-17, 251
　主観主義的手法　249-50, 253-4, 265
　生涯と著作　244-8
　生産コストと価格　260-1, 263, 268
　賃金決定論　262-6
　停止利益　248-50
　投機と――　250, 270-1
　独占論　266-70
　利子・流動性論　51, 248, 250-4, 256-7
　リスク論　252-3

〈ろ　行〉

労働（仕事）
　アクィナスにおける　185-6
　祈りとしての　82, 86
　ヴァチカン公会議における　82
　オリゲネスにおける　93-4
　共観福音書における　86
　知恵文学における　79-80
　東方教父における　92-4
　トリッテンハイムのヨハネにおける　93
　聖ヒエロニムスにおける　101
　フランシスコ会やベネディクトゥス会の会則　83
　分業と――　28
　ミシュナにおける稀少性問題と――　120
　モーセ五書における　73
　余暇と――　5, 81
　――の反人間性　28, 73, 185
ロウリ S. Todd Lowry　30, 64-5
ロー John Law　242
ローマ法
　アクィナスと――の貨幣観　160-4
　経済学と――　122-3
　経済的価値と――　131-3
　初期資本主義と――　112, 126
　――における価格　174-5
　――における価格形成の見方　128-31
　――における貨幣　133-5, 160
　――における所有　182-3
　――における損害の回復　132-3, 136-9, 163
　――における奴隷の資本価値　138-9
　――における販売をめぐる論争　126-8
　――における利子　135-40, 162
　――における利子　162-3
　――の公正価格論　130-1, 175
　――の発展　123-5
ロス W. D. Ross　60
ロック John Locke　61, 132, 183-4, 230
ロビンズ卿 Lord Lionel Robbins　3-4, 73, 78
ロング Norton E. Long　35-6
ロンバルドゥス，ペトゥルス Peter Lombard　154, 172-3, 223

〈わ　行〉

ワルラス Leon Walras　38, 65, 170, 255-6, 271